U0828366

我眼中的教育

中学校长行思录

李延彬 著

暨南大學出版社
JINAN UNIVERSITY PRESS

中国·广州

图书在版编目（CIP）数据

我眼中的教育：中学校长行思录/李延彬著．—广州：暨南大学出版社，2017.8
ISBN 978－7－5668－2138－6

Ⅰ. ①我…　Ⅱ. ①李…　Ⅲ. ①中学—校长—学校管理—文集　Ⅳ. ①G637.1－53

中国版本图书馆 CIP 数据核字（2017）第 152015 号

我眼中的教育：中学校长行思录
WO YANZHONG DE JIAOYU：ZHONGXUE XIAOZHANG XINGSILU
著　者： 李延彬

出 版 人： 徐义雄
策划编辑： 黄文科
责任编辑： 李倬吟
责任校对： 徐晓越
责任印制： 汤慧君　周一丹

出版发行： 暨南大学出版社（510630）
电　　话： 总编室（8620）85221601
营销部（8620）85225284　85228291　85228292（邮购）
传　　真：（8620）85221583（办公室）　85223774（营销部）
网　　址： http://www.jnupress.com　http://press.jnu.edu.cn
排　　版： 广州尚文数码科技有限公司
印　　刷： 广州市穗彩印务有限公司
开　　本： 787mm×960mm　1/16
印　　张： 18.25
字　　数： 348 千
版　　次： 2017 年 8 月第 1 版
印　　次： 2017 年 8 月第 1 次
定　　价： 48.00 元

（暨大版图书如有印装质量问题，请与出版社总编室联系调换）

前　言

何为卓越？

《现代汉语词典》告诉我们，卓越是指杰出的，超出一般的，如卓越人才、卓越功勋、卓越的才能、卓越的社会活动家、卓越的成就。

我对卓越的理解就是“卓尔不群，超越自我”。

广州市首期卓越中学校长培训班的学习从2013年开始，站在“卓越”面前，在反刍咀嚼的同时，我还常常反问自己一个问题：对于此次学习有没有良好的心态和准确的定位？

大家知道，工作中的校长是领头人，因为校长的职责是让意见达成一致，是观点的分享和责任的分担。而学习中的校长是什么呢？大家必须清晰知道，学习中的校长只是学习中的一种角色，负责的主要是学习过程中的探讨与交流，而不是只求现成的结论和经验。校史只是对过去的总结，可能只从某个角度见证了学校的发展，不免有美化的成分，更何况各个学校的情况千差万别，更不能一概而论。

在学习中，作为“影子校长”，要摆正自己的位置；作为领头人，要意识到学习的重要性。每个校长在任职前肯定是好教师，当了校长后更应该是优秀的教师，切忌自命不凡。

当然，在学习的过程中，可能会产生惰性，惰性的改变要有外推力，因为学而不厌是优秀领导的重要特征。修行中的校长，要发挥自己更多的智慧，在不断的感悟中成长。学习一定会使你高瞻远瞩，学会学习本身就是学习的重要目的，不管是聆听讲座，还是跟岗学习，都是学习的好机会。没有任何课程或个人可以直接教给你智慧，智慧只能从你丰富的经历和内心世界中生长出来。

卓越永无止境。

李延彬
2017年3月

Contents

目　录

校长智慧

教师修养

教育情怀

课程开发

课堂教学

备考策略

德育研究

学生发展

家校共育

师生安全

党团建设

真光文化

理念新探

未来教育

结束语

领导寄语

任重而道远，上下而求索

2013年3月8日，广州市首期卓越中学校长培训班开学典礼在广州市执信中学举行。参加会议的领导有广州市教育局局长屈哨兵、党委书记华同旭、教育部校长培训中心主任陈玉坤等。在大会上屈哨兵局长、华同旭书记、陈玉坤主任及学员代表分别发表了讲话。

屈哨兵局长的讲话，高屋建瓴，重点阐述了广州市市长陈建华同志的设想，特别强调了本次培训的意义。每个学员首先要成人，然后成才，最后成为“大家”，希望大家好好努力，尽快脱颖而出，希望更多的人能够加入“大家”的行列，为广州教育事业的发展发挥引领作用。同时还重点强调了要想成为“大家”必须达到六个标准：家长认可、学生认可、社会认可、教师认可、同行认可、政府认可。标准不可谓不高，作为卓越中学校长培训班的一员，确实感到肩上的担子不轻，离开岗位82天，如果不学点真东西，思考一点真问题，要想顺利完成学业也不是件容易的事。

华同旭书记的致辞，站在教育领导者的高度，强调有一名好校长，就会有一支好的、充满智慧的教师队伍。他告诉大家一定要明白教师智慧的内涵和基本框架：提升教师的教学智慧，激发学生的学习智慧，建构师生学习的智慧共同体，营造和谐的师生关系。华同旭书记不愧是专家型、智慧型的领导，让我们从几句寄语中领略了学者的风采和远见卓识。

陈玉坤主任重点阐述此次卓越中学校长培训班的培养目的：提高理论水平、搭建交流平台、提供反思机会。虽然只有寥寥数语，但让我们每个学员感觉到机会难得、责任重大。

学员班的班长徐绍武校长代表团队发言：一是感谢领导的厚爱；二是不辜负领导的期许；三是表达严格遵守有关纪律要求的决心；四是强调任重而道远，上下而求索。

学员代表刘永刚校长重点表达了学员们的心声：转变角色，换位思考，好好读书，高效研修。

接下来的82天，我们将全力以赴，认真学习，严格要求自己，为成为一名优秀的学校管理者奠定理论基础。

最后，我们的班主任王俭老师就学习期间的安排、课程要求和有关作业要求提出意见与建议。虽然见面的时间不长，但王老师工作的务实、为人的豪爽、语言的幽默风趣、学识的渊博、对大家的关爱和厚望，以见一斑。

笔者感言：读万卷书，不如行万里路；行万里路，不如高人指路。

良好的开端是成功的一半

2013年9月23日上午9点，广州市首期卓越中学校长培养对象华南师范大学培训班开班仪式在华南师范大学基础教育培训与研究院四楼培训室举行，与会的领导有广州市教育局副局长吴强、华南师范大学基础教育培训与研究院院长吴颖民教授、华南师范大学基础教育培训与研究院副院长王红教授等。会议由班主任童汝根博士主持，整个会议主要包括五个方面的内容：一是吴颖民教授致欢迎词；二是实践基地导师聘任仪式；三是导师代表——广州市第四中学校长陈秋兰讲话；四是学员代表李洪奇发言；五是吴强副局长代表教育局和市政府提出希望和要求。

学员的“器官”要全面动起来，这是吴颖民教授的期望。

吴颖民教授在他的欢迎词中，主要强调了三点内容。一是各位学员是幸福的，有机会进行如此长时间的培训和跟岗学习，向各路专家面对面请教和学习，与各地名校长、名教师面对面进行对话，这是前所未有的。二是广州市政府和教育局非常“给力”，第一阶段在上海有82天的脱产学习，第二阶段是17周的市内、省内、省外的跟岗学习，接下来还要进行1年的挂职锻炼，需要投入的时间、人员和经费都是空前的，这让我们看到了广州市市长陈建华的高瞻远瞩和大手笔，看到了广州市教育局的实干和务实。三是希望学员们到达跟岗单位后，要调动起自己所有的器官，眼到、手到、脑到，全面认识和思考。首先，要多看，多带一双“眼睛”——相机、录像机等，尽可能多地记录下有影响的场景；其次，要多听，特别是要多听课以及各种会议、各种场合的讲话等，校长的、主任的、老师的、学生的都要听，要把更多精力投入课堂，了解课堂的实况；再次，要手脚勤快，勤到现场，把握细节，接触各种人和事。最主要还是要开动脑筋，多思多想，大型活动、学生社团、校园生活等，都要兼收并蓄，取其所长。最后，吴颖民教授特别强调，作为一名跟岗的校长，必须时时牢记，一个有思想的校长的工作重心都是围绕着培养人才而展开的，包括培养学生，也包括培养老师。工作核心就是通过课程的设置、校园的活动、环境文化的营造等达成学校的追求，从而实现校长的办学思想和教育追求。

“卓越”要成为大家永远的追求，这是跟岗导师广州市第四中学校长陈秋兰的期望。

陈秋兰校长既是广州市内的卓越班跟岗学员的导师，也是华南师范大学的名校长培养对象的学员，她的讲话代表了双重身份。一是作为学员代表对卓越班的学员表示祝贺，对于“卓越”进行解读：卓尔不凡，超越他人，更要超越自己。希望大家因卓越而更加努力，因幸福而更加珍惜。二是作为导师代表提出进一步的希望。首先是希望通过大家的努力，使学员练就一流校长的行政领导力，希望大家朝着教育的本意、本质去努力，时时记住自己的教育使命，在前行中不要迷茫，更不能迷失。其次是课程的领导力，课程文化是学校文化的核心，校长的办学理想要得以实现，课程是重要的载体。再次是校长的变革领导力，学校的管理是一个系统工程，面对形形色色的人和事，校长要能做到静观其变，即使刚到一所新学校，也不要急于改革，切忌匆忙燃起“三把火”，工作的重心要放到了解校史、了解教师、了解学生、了解行政团队的领导力和执行力上，在传承中渗透自己的思想，做好在传承中创新的准备和积累。最后对学员们提出四点要求：会学习、善学习、在学习中成就自我、在成就学校中使自我走向卓越。

洗礼和历练，这是学员代表李洪奇的心声。

李洪奇的发言主要体现两点内容。一是感谢广州市人民政府和广州市教育局的周密计划，感谢华南师范大学的详尽安排，感谢导师们的辛勤付出。二是表达决心，在上海的82天学习中，先进的理念驱走了我们心中的迷茫和困惑。接下来的跟岗学习将是我们走向卓越的第二步，团结合作，克服困难，多观察，多思考，将是我们的追求，也是对自己的要求。

责任、希望和评价，这是广州市教育局副局长吴强的要求。

吴强副局长的讲话主要强调了三点内容。一是承担责任，大家是广州市首期卓越中学校长培训班的学员，卓越意味着什么？意味着你要与众不同，你要比别人优秀，所以学员们肩负着建设教育强市的责任，希望大家成为一批在省内外有一定影响力的粤派教育名家。二是提出希望，希望大家通过系统学习，在教育改革的路上勇于探索，在课程改革等方面走在全国的前列。三是创新评价机制，促进学员的全面发展。对于各位学员的评价将通过跟岗基地评价、专家评价及第三方评价进行，体现公平、合理和科学性，进一步促进卓越校长的成长和成才。

笔者感言：卓越不是光环，而是沉甸甸的责任；卓越不是目标，而是成就卓越的一段心路历程。酸甜苦辣咸，五味俱全，这才是生活，这才是完整的教育。

学校管理

多彩教育是生命绽放的过程

面对生命，我们是平等的、自由的、需要光彩的。

从事教育，我们要遵循规律，尊重个性差异，实施多彩行动。

教育是生命交流的过程，我们要用自己的生命温暖、呵护、灿烂其他人的生命；教育是生命价值提升的过程，我们要珍惜生命、尊重生命、敬畏生命；教育是师生共同享受生命的过程，我们凡事要适时、适度、适应。只有这样，我们才能真正理解多彩教育，才能见到多彩教育的实效。

福建泉州一中的经验给我们提供了很好的素材和版本。

不同的美丽

衡阳八中是一个美丽的地方，给人留下最美丽的记忆。

105 年的办学历程、尚实求真的办学理念，成就了今天的历史。四季景色宜人，沙沙作响的香樟树下留下学子匆匆的脚步，树影婆娑的银杏树下留下学子勤奋耕耘的身影。上课前和放学后的校园音乐广播，洋溢着自由的气息。丰富多彩的体育活动，让校园充满激情和活力，既强健了学生的体魄，也练就了学生举手摘星的本领。丰富的校本课程，百年廊下，字字珠玑，谆谆教诲，环境育人，文化育人。走出校园，志愿服务，参与社会，奉献爱心，体味责任和担当。在衡阳八中，不缺少美，更有着发现美的精神，有着分享美的品格。在衡阳八中，认识一生的朋友，享受快乐。这就是充满湖湘文化特色的名校：一个因为美丽而让人留恋的地方！它甜美而不娇艳，端庄而不俗气。

我在品味、欣赏、感叹衡阳八中的发展，同时也在“把味”广州市真光中学的美。

真光中学创校于1872年，已历经沧桑。校训“尔乃世之光”激励着一代代“真光人”发愤图强。以人为本、崇实求真的办学理念，促进真光中学快速发展。高三毕业班工作连续13年获广州市一等奖，连续6年进入广州市十强行列。真光中学的五大文化、“真光儿女十标准”，成为发展的核心文化和精神。四大类57个学生社团成为真光中学最亮丽的风景线；高效课堂和“宽银幕”课程为真光中学的发展插上翅膀；科研促校，成就了一批名师和大师，影响着真光学子，影响着荔湾的教育；红墙绿瓦，鸟语花香，校园里的中草药有100多种，为校本研究提供了丰富的资源。这就是真光中学，这就是孕育在全市让教育同行刮目相看的“真光人”的地方。

看衡阳八中，观岭南真光，就像两颗明珠南北呼应，历史文化在传扬，民主与自由的学术氛围在扩大。我在仰慕先哲的创造的同时，更敬慕当代人的默默奉献：务实，创新，关注个体生命，尊重个体生命，激发个体生命的光彩。

我想说，不是因为校园的美丽而赞扬它的魅力，而是因为这里的人个个都是美丽的，这才是硬道理。

教育就是成人之美

崇明岛是上海的一颗明珠，人杰地灵，被称作“上海的后花园”。

2013年3月13日是一个晴朗的日子，我们来到崇明岛的成桥中学参观学习。

一踏进校门，我不禁有些愕然。学校的规模不大，高考的成绩也一般，我们来学什么？

沈钢校长的一番介绍解开了我的疑团。

崇明岛远离大上海，生源处在全市的最末端，大多是农村的孩子，即使这样也难以完成招生任务，怎么办？经过特批降低分数录取，2005—2012年，成桥中学每年新生录取分数线处于全市公办高中的最低水平，有的时候低于全市的最低控制线10~20分，以满足更多孩子走进高中的愿望。

面对这一窘境，沈钢校长难以入眠，辗转反侧，决定走一条前人未走过的路，杀出一条“血路”，为学业处于最低端的孩子找到一条出路。他做出了让上海教育同行震惊的成绩：2012 年高考，本专科录取率超过 90%（高于全市平均水平），本科录取率超过 50%。

亮点与反思一：

聪明、智慧的“成桥人”在不乐观的情形下，在沈钢校长的带领下，走出了一条“体艺结合”的路，而且办学成效显著：荣获“全国体育教育先进单位”“全国艺术教育先进单位”称号，高考本专科录取率超过 90%。

亮点与反思二：

成桥中学的办学理念是“让每一个学业低端的学生走向成功”。

沈钢校长是这么想的，也是这么做的。首先，对于理想教师有一个明确的定位：理想的教师一定要有育人为本的理念，这就决定了每个教师都是德育工作者；“发展为本”的育人目标决定了每个教师都要成为学生学业规划的雕刻师。其次，对于学校的教学理念有一个理性的定位：尊重差异，贵在发挥，因势利导，重在发展。对此，学校的校本目标采取了“二不二要”原则：学生达不到的降一点，学生不适合的删一点，学生需要的增一点，时代发展需要的调一点。真正实现因材施教、分层教学，从而达成“会做人、会生活、会健体、会发展”的目标。再次，课程和方法具有多样性。成桥中学侧重上午完成国家规定的必修课程，下午学生根据自己的兴趣特长选择专项训练（乒乓球、武术、板球、篮球、田径、绘画、音乐、科技等），完成专项课程。我们知道“木桶原理”，木桶盛水的多少在于最短的板，而不在于长板；而成桥中学的做法，我认为是反“木桶原理”，对于学业成绩有困难的学生，能否得到发展，是由长板决定的，这个长板就是学生的兴趣特长。他们课程多样性和方法多样性的根本价值有三：一是强调尊重，每个学生都是有价值的，突出眼光的发现；二是抱着信心，每个学生都是有潜能的；三是发现老师、发现学生。

由此，我想到了一个《雕刻家》故事：雕刻家叫他的儿子和徒弟到处找树根，找回后他并不急于进行雕刻和艺术的深加工，而是端详数月，等心中有了基本的想法和思路，再告诉儿子和徒弟如何进行雕刻。

人何尝不是如此？学生将来能成为怎样的人都需要我们一年、两年，甚至三年的琢磨和打造。不但要关注学生的学业厚度，更要关注学生的情商，还要关注学生人格是否健全、品行是否端正、身体是否健康。

这就是我们的追求，这就是我们想要培育的人！

教育就是体验

全国教育看江苏，江苏教育看南通，南通教育看如东，如东教育看如东县高级中学。

如东县高级中学的前身创办于1838年，现有规模80个班，学生4 586人，教师340多人，是江苏四星级学校、全国教育系统先进单位。

印象一：生本德育。

生本德育的核心是体现德育的“人文性、生态型、数字化”，学校的德育工作者就是要做理性教育的守望者，让师生成就最好的自己。学生具有健全的人格、宽厚的知识、健康的体魄；教师具有教好学生的基本素质、具有为学生提供素质提升平台的能力、具有良好的专业素养。学生的生本德育主要依托课堂、社团活动、校内外活动来落实，如科技节、艺术节、体育节、“红五月”歌唱节；教师的生本德育主要通过教师的专业化发展和学校提供的平台来落实，重点落实四个方面的工作：理念更新，理念引领；校本教研，评价引领；聚焦课堂，实践提升；课题研究，科研引领。

印象二：精致管理。

学校在落实精致管理时，首先，落实一个观念：把每一件简单的事做好就是不简单；其次，校长抓好与人相处的三原则：与人为善、成人之美、常怀感恩之心；再次，打造高效的课堂，备课求实——预设、生成、相辅相成，课堂求活——形式、方法、把握有度，使原来死气沉沉的传统课堂焕发勃勃生机，让学生在听中学、看中学、想中学、议中学、演中学，突出以学生为中心的课堂模式和教学改革。

印象三：“班主任节”。

在中国有很多关于职业的节日，如教师节、护士节等。如东县高级中学的“班主任节”让我看到了校长的智慧，并进一步领略到学校设立这个节日的深层含义，那就是尊重和理解。首先，班主任是学校付出最多和最有爱心的人。班主任早出晚归不说，关键是他们用自己的教育智慧、宽容、爱心、奉献，以及无私的付出来换取学校的发展和学生的成长。其次，班主任对于学校和学生来讲，是贡献最大和最值得尊重的人。班主任在承担繁重的教学任务的同时，肩负家长、学校和社会的重托，学生的学业规划需要班主任，学生成长中消除烦恼需要班主任，学生学业的厚度积累需要班主任。即使学生毕业，在他们记忆深处的人还是班主任。再次，班主任是最需要理解和帮助的群体。班主任工作事务繁杂，身心的压力也比较大，工作的性质决定他们与家人相聚的时间要比其他人少些，同时他们还要和学生一起成长、读书、研究、写作等。对于他们的工作，学校要给予充分的理解、信任和帮助，学生也要常怀感恩之心，自主发展，主体发展。

办一所学校，首先，校长要头脑清醒，明确何为“以人为本”。以人为本就是以生为本，以师为本，在实施教育的过程中看到鲜活的生命存在，尊重学生和教师的人格，以奠定学生和教师的可持续发展。其次，校长要知道自己是谁，带领学校走向何方，这就涉及校长的个人和学校定位问题、校长个人的教育境界问题。校长的办学理念必须要建立在对人的理解上，人文情怀不仅限于我们的育人目标，也体现于我们的团队管理中。一个好的学校领导者应善于为学生服务，为教师服务，让人的生命价值在丰富多彩的学习和活动中彰显。再次，在育人的过程中，教师和学生要有密切的生活关系、精神相连关系，强调生成。同时，一所学校要有内涵和品质，必须实施精细管理，必须重视教师专业化的发展，因为细节决定成败，名师成就名校，这一切都需要校长的智慧，需要校长把握高度、把握方向。最后，校长的办学还要回到原点和根本性的问题。我们教育的终极目标不是让学生在高考中拿高分，而是让学生成为一个对社会和国家有用的人，简单来说就是做一个好人，学会关心他人。我们采取的途径可以是榜样引领；可以是开诚布公的谈话；可以是实践活动，在体验中自我成长；可以是认可，认可就是评价，主要以鼓励为主，当然也需要适当的批评和惩戒，我们现行的教育缺乏的就是惩戒，这也是目前我们的教育普遍不“给力”的主要原因。

教育是什么？有人说，教育就是慢艺术；有人说，教育是农业；我说，教育就是体验。

感动“最中国的学校”

著名教育家陶行知曾提出：“要解放学生的头脑，让他们去想；解放学生的眼睛，让他们去看；解放学生的双手和双脚，让他们去实践；解放学生的时间和空间，让他们去发展。”

苏州十中被称为“最中国的学校”。

未见真容前，苏州十中给我的感觉只是有许多的期许。当我真的来到它的面前时，我被它的惊艳所震撼，流连它的亭台楼阁、小桥流水，痴迷它的满园文化，感叹它的“织造府”沉淀的厚度，惊羡“十中人”的奋发有为。

园林文化，以景育人。走进十中，除了满目的苍翠，给人印象最深的就是学校的园林：尖尖的小亭、通幽的长廊、超凡脱俗的太湖石等，让我第一次领略了苏州园林的美。我深切体会到无论站在何处，望过去都是一份惊喜；刻在记忆最深处的是随处可见的太湖石，站在一旁细细端详，给人“皱、漏、瘦、透”之美，让我有了一种莫名的心灵悸动，难以言表。

幸福的“十中人”，就这样在画中生活，在画中奋进，在画中创世纪，与自然和谐相处。

校园人文，以人育人。校祖王谢长达1906年创办振华小学，开创中国教育的先河。第一届学生只有3人，但恰恰就是这三人改变了国人对女子读书的观念。这犹如清末的“广东三杰”：孙中山、康有为、梁启超，振臂高呼，短短数年就改写了中国的历史，改变了200多年历史的清朝的命运。

香火延续，继承发展。1924年，留学国外的校祖三女儿归国，不仅接替母亲出任校长（人称“三先生”），同时创办振华女子中学，为了她们的教育梦终生未嫁。

二十世纪二三十年代“振中”也开始接受男生入读，绵绵百年，培育无数英才：费孝通、竺可桢、杨绛等；他们的音容笑貌、他们的严谨治学、他们的人文情怀、他们的国际视野，都成为学校文化的一部分，影响深远而广泛。

尚实的“十中人”，就是这样把凝聚着百年血脉的文化拓展到整个校园，让校园成为生动的教育场所，以他们的文化沉淀，实践着每一天成就师生的本色人生：爱国精神、尚德精神、兼容精神、自强精神和创新精神。

校园生命，体验精彩。泰戈尔曾经说过：“教育的目的是应当向人类传送生命的信息。”高一组织“与太阳同行”春天行走活动，徒步行走30公里，考验“90后”的综合能力，此活动的目的就是要让学生的灵魂栖息在强健的体魄内；高二组织登山活动——翻越苏州最高峰，让学生体验登顶的快感，感受生活的丰富，感受生命的伟大，心怀对自然的敬畏，同时也锻炼学生的策划、统筹和组织能力；高三组织“青春风采”拓展训练，这是针对高三学生的学业规划而展开的，通过活动让学生体验生命的极限，感受超越自我的喜悦，对于即将面临高考的学生来说，也是一次很好的个人心理辅导，要过高考关先过自己心理关，自教远胜他教。

精彩的“十中人”，就是这样让学生在一次次的体验中学会“爱自己、爱生活、爱自然、爱生命”，并由此引发我对当下所谓丰富多彩的校园活动的思考。

好东西不在于多而在于精。校园文化活动何尝不是如此？热闹不代表有效，数量不代表质量。我认为好的活动有三个标准：一是学生有体验、有教育、有感悟；二是教育实践者在活动中能够捕捉到教育的契机和教育的元素；三是活动的经历要有烙印，不是烙在脚底，而是烙在学生的心灵深处，伴随其一生。

校园诗性，创新育人。苏州十中的校长柳袁照是江苏省语文特级教师，文学素养极高，擅长诗歌创作和散文写作，这就为他的诗性教育理念奠定了深厚的人文基础。

古之文人多有浪漫情怀，怀揣梦想和追求。

十中的诗性就浸透着校长和全体教职员工的教育理想与丰富的教育实践：共创诗意校园，构建校园的六种德育课程体系；打造诗化德育课程，构建浸润体验的校本课程体系；创设诗歌教育，建设省级诗歌课程体系；诗润心灵，开创诗性教育的经典活动；诗心化育，为学生本色奠基；诗性耕耘，在发展学生中发展教师。细细思考，这一切的核心就是让师生涵养人文精神，促进人性境界的提升，塑造理想人格和实现人格价值。让校园成为师生“学会选择、明白事理、大胆想象、敢为人先”的理想教育场所，时时处处激发潜能智慧，感悟人生的智慧、历史的智慧、民族的智慧，从而达成“四人”的育人目标：文明人——爱国为民，遵纪守法，诚实守信；聪明人——知识厚实，思想活跃，学法科学；健康人——身体健康，个性乐观，意志坚定；现代人——积极进取，团结合作，勇于创新。

这就是“十中人”的教育，这就是十中教育的真谛：直击学生心灵深处的教育——本真、唯美、超然！

本真的“十中人”，质朴大气；唯美的“十中人”，真水无香；超然的“十中人”，倾听天籁。

杭州教育的十四“阿哥”

今天气温很高，早上八九点的太阳，已叫人见识它的“热烈”。离蓄满杭州城灵气的“西子湖”，只有一步之遥，但我无暇领略它的神秘和迷蒙，因为我的任务是到杭州第十四中学考察学习。

看到“十四”这个数，我有些不以为然，以为它就是一所普通的中学，甚至揣测它是一所普通初级中学，但听了它的掌门人“山东临沂大嫂”邱锋校长的介绍，让我不禁佩服起它的正气、大气和灵气来。

历史悠久，屡创辉煌。杭州第十四中学是浙江省历史悠久的百年名校之一，创办于1904年，学校前身是省立女子中学，现为浙江省一级重点中学。西湖山水的秀美、古都文化的底蕴、八方才俊的智慧，铸就学校的优秀品质，学校先后荣获“全国先进单位”等60余项荣誉称号，多年来素质教育成绩显著，是令杭州市人民满意的学校。百年名校，积淀了深厚的文化底蕴，培养了一大批德才兼备的社会精英，如著名教育家吴贻芳、著名科学家邱爱慈、著名作家王旭峰等。

锐意改革，大气开放。近年来，学校积极推进以“创造适合学生的教育，让学生成为最优秀的自己”为办学宗旨的教育改革，本着“得天下英才而教育之”的理念，实施“融短促长，追求卓越”的和谐发展育人模式，开发学生的潜能，发挥学生特长。德育以培养具有“正气、大气、灵气”的新时期中学生为目标，教学注重培养学生的兴趣和学习习惯，引导他们自主学习。针对不同的学生，因材施教，运用导师制、走班制和分层教学等方式对其进行培养，使不同类别和层次的学生脱颖而出。

集团发展，国际课程。为了拓展优质资源，辐射学校的教育品牌，学校实现了集团化办学的格局，风起校区和康桥校区，一套班子，一支队伍，同时运作，协同发展。同时根据需要还开设了国际部和国际课程，为学生的全面发展和选择做出积极应对。就这样，春去秋来，短短几年时光，杭州第十四中学从秀美的西子湖畔到悠悠的古运河边，实现了跨越式的发展。

回味学习，结合实践，他们的成功经验让我思绪万千。

学生的潜能就是学校发展的动力。现在教育界有一个误区，认为好的学校成就优秀的学生，好的老师成就卓越的学生，其实不然。试想一下，没有好的材料，即使你有天大的本事也难以培养出色的人才，普通木材不可能打造成名贵的家具和艺术品，更不可能和金丝楠木、黄花梨等名贵木材相媲美。当然，在现实中，学生毕竟不是木材，有些男生的天分因心理年龄等因素，被开发和发现的时间相对于女生会晚一些，此时需要我们去创造机会、挖掘潜力。这个方面的工作，如果学校开始得早，工作务实有效，就会成为学校发展的新亮点，也是学校可持续发展的新方向。

融短促长，欣赏他人。人无完人，学生的发展是不均衡的，他们的知识水平、认知水平、思维水平不一样，甚至世界观、价值观、人生观也不一样。作为教育工作者，应该怎么办？我认为，对老师也好，对学生也好，应该从表扬开始，实施欣赏教育。没有人会喜欢别人的批评，要不断强化正面的、正能量的东西，这对信心的树立非常关键。同时，我们还要懂得欣赏别人，经常看到别人的长处，这样就会养成学生阳光、健康、开朗的精神面貌，教师团队也会形成和谐合力的新景象。

有人说："教育是一项系统工程。"对于此言，我不太认同，这句话把教育"美化"得复杂了些，如果此时非要给教育下个定义的话，我认为就是简单的两句话：教育就是要给学生更多的成长机会；教育就是要不断地让人感动，感动别人、感动自己。

精品学校是怎样炼成的？

办精品的学校，要有精品的学生；有精品的学生，必须要有超一流的育人达成目标。浙江省镇海中学吴校长是这样说的，也是这样做的。

镇海是宁波的一个区，只有20多万人，每年的初中毕业生只有7 000人，被择优选拔到浙江省镇海中学就读的仅有10%，但他们创造了让浙江省很多顶尖中学折服的素质教育成果，杭州二中、杭州学军中学、杭州外国语学校等著名学校也无法望其项背，被媒体和社会誉为浙江省"最牛的中学"。

究其原因，我认为主要表现在五个方面。

一是校长的决策力。校长既是学校的首雁，也是学校的一面镜子。校长决策力的基础是办学理念、办学目标和育人目标。学校的教育是以促进学生发展为本，适应社会需要、满足家长意愿的教育。这就要求学校的办学理念必须与时俱进，延续人脉和文脉。同时，校长还要在学校发展的关键时期坚持自己的判断，特别是当前面临外行行政管理人员指挥和指导专业性很强的校长的情况时，校长的果断和敢把乌纱端在手的气魄尤为关键，否则可能出现"一校十年三迁"的结果。所以，我想说：办精品学校，不仅要有品牌的校长，更要有"智勇双全"的校长。

二是教师团队的凝聚力。学校的团队包括领导班子、教师团队，教师团队又包括班主任团队、学科团队、年级团队、班级团队。作为班子主要核心的校长和书记，他们的配合尤为关键，他们团结，班子就团结；他们和谐，全校就和谐；他们有合力，学校的管理就"给力"，学生的规范落实就有力，教师的专业发展就会取得突破性的进展；教师的工作看上去是个体劳动，但他们工作的效果往往以群体性的效果呈现，所以说团队有合力，才会更加有效地贯彻学校的办学理念和方向，更加落实差异化的教学举措，更加促进学生的人格健全，为学生的终身学习和发展奠基。

三是教师的综合执教能力。这是一所学校发展的核心动力。教师的能力一般表现在三个方面：一是教师的专业知识和技能；二是教师的职业意识，如果教师不明确自己的责任和义务，就不会好好地为学校服务，甚至出现哪所学校给的薪水高就到哪工作的功利主义行为；三是教师的职业精神，说到底教师的职业精神就是无私奉献，教师要有自己的道德底线，课堂上不能“留一手”——这是底线，课外不能给自己的学生提供有偿家教等。我们必须明确，教师的价值是以学生、家长、社会的口碑来衡量的，如果自己教的学生有请家教的现象出现，就是自己的工作没有尽到职责，没有尽到关注全体发展、关注差异发展的义务。

四是学生的学习能力和主动性。新的课程标准是以学定教。学生是学习的主体，学习过程是否主动会直接影响教师的有效教学、学生的自我发展和成才，所以说主动学习是学好知识的基本条件。除此之外，优秀的学生还要具备“三强”的素质：一是学习的动力足，来到学校，有明确的学习目标，知道自己从哪里来，经过“凤凰涅槃”，最终到哪里去；二是有良好的控制力，在受到诱惑时能够控制自己的欲望，如面对网络游戏不沉迷，面对不健康的读物不触碰，面对男女同学的关系能理性处理等；三是有自己的学习策略，学习是一个技术活，它既需要良好的知识储备，更需要良好的学习策略、方法和方式，通过较多的自主学习，从而提高“质疑、探究、创新、评价”的综合实力和解决问题的能力。

五是学校的辐射和影响力。学校的发展是一个综合工程。它的文化符号的形成在学校的成长路途上呈现，在学生成长的征途上呈现，在教室的课堂、课程和校本研修中呈现。它不是贴在墙上的一句话，也不是哪个人的豪言壮语，它渗透于这个学校生活点滴的痕迹，渗透于这个学校每个人的自觉行动。它的辐射应该是身边的每个人，并通过他们带到祖国的大江南北，甚至世界的每一个角落；它的影响应该是一辈又辈人，通过他们让爱国、爱校、自爱，语善、视善、行善，尊重、平等、责任等精神薪火相传。

再回眸，尤在前；望岭南，念真光；上台阶，再发展；强三性，明目标。

一曰人性：读书读做真人，教书教做善人，悟得悟做美人。

二曰党性：“为国育才”必须突出国家意志和要求，必须突出优良的民族传统和文化，必须突出产生丰富情感的地方民俗和民风。

三曰理性：教书育人，讲究智慧；发挥个性，扬长容短；知人善任，追求卓越。

满怀期待的500亩学园

一大早，乘坐广州地铁赶往番禺广场，与南沙一中的张俊昌校长、花都新华中学的危德健校长相约一起前往500亩学园——珠海斗门一中。

一路顺畅，不到两个小时，珠海市委党校就在眼前。市委党校是我们本次珠海之行的第一站，到此的目的有三：一是跟岗单位珠海一中、二中的同学在此住宿，大家见个面，交流一下；二是我们将与跟岗单位负责接我们的领导老师在此见面，沟通跟岗的有关安排；三是向我们的领队崔博士报到并聆听有关跟岗的要求：学习期间，要观察和参与学校校长的日常工作，观察学校管理的日常运作并与校长进行深度访谈；以各种方式了解所在学校的教育理念、管理理念以及做法、成效等，深入研读学校的文件、管理文献、宣传资料；每周要听课两天，因为课堂是了解学校办学理念的最佳途径，同时还要了解和参加备课、评课及其他形式的主体活动；通过座谈和参观等多种形式了解学校的教育教学工作、团队活动、课外活动、家校合作、品牌建设、校园文化等；与班主任座谈，了解他们对班级管理、学生管理、家校合作等方面的看法、做法，并观察与思考；跟岗期间，大家不仅要做好有关资料的记录、拍照、摄像，还要做好两节课的听评课活动等。

珠海斗门一中来接我们的是办公室主任徐永斌和蒋老师，两位高大帅气的北方汉子，知性率真，中午陪我们共进午餐，并借此机会进行交流，介绍了珠海的风土人情和教育的发展情况，我们也借此机会表达了对他们的感谢。

来到珠海斗门一中，我被眼前的景象惊呆了。校园依山傍水，依山势而建，占地500亩，如果不看门口的校门和校牌，没有人会认为这是学校，太美了，像度假村，像乡村俱乐部，像旅游胜景，由此可见政府领导的高瞻远瞩、学校领导的辛勤耕耘、师生的福气与运气。

进入学校，我们的第一站就是德育处，这是学校专门为我们三人准备的办公场所。徐主任由于要上课，先行离开，委托办公室的王主任和杨老师负责接待我们。杨老师是一位勤快的年轻人，一边陪着我们聊天，一边为我们泡了好茶，当得知她是湖南妹子时，我们不禁感叹珠海人的包容和珠海人办大教育的气魄。王主任是办公室的副主任，我们下午的学习主要由他负责，首先他把学校的一些资料分发给我们，主要有珠海斗门一中治校方略，校报《黄杨风铃》，斗门一中教研动态，斗门一中招生宣传单，斗门一中 2013—2014 学年第一学期各年级教师、课程、值班安排表及学年工作计划，以及《参与社区服务、共建幸福家园》专刊，此外还有我们跟岗期间学校的详尽安排表，由此可见“斗一人”做事的细致和高效，让人产生敬仰之情。正当我们在德育处聊得火热时，尹校长走过来看望我们，并交代有关同志一定要安排好我们学习期间的生活、学习等。古人云：“兵马未动，粮草先行。”此时，总务处的赵主任已经把饭卡交到我们的手中，让我们感觉无比的温暖。

接下来王主任带我们领略校园的美。第一站是行政楼，窗明几净，分布合理，四个楼层各得其美。德育处、工会、校园安全办安排在一楼，因为他们都是直接为校园安全负责的部门；教导处和第二会议室在二楼，学校育人的主阵地是课堂、课程，而课堂质量和学校课程的谋划机关就是教导处，它的独处，显示了其重要性；三楼是总务处等部门，总务处是学校大管家所在的部门，教职员工的衣食住行都需要他们操心，学校的硬件发展需要他们早计划、细筹划、精打细算；四楼是学校的战略高地，校长们集中于此，为学校谋略，为学校的发展引航，真可谓登高望远，高瞻远瞩。第二站是高三教学区，功能布局分明，在学校的最高处，领导的用心可见一斑。第三站我们沿着蜿蜒的山路来到容纳 4 000 多人的生活区，4 个食堂一字排开，让我们见证了竞争的火热。第四站是学校的主教学楼，我们瞻仰了邓小平同志的铜像，领略了学校的校园文化，了解了学校领导的分工。我最感兴趣的是学校对于年轻干部，特别是后备干部的培养，这就是学校可持续发展的动力所在，给老师机会，更是给学校机会，给老师发展的平台，同时也为学校在珠海教育界的地位奠定基础。

斗门半日，浮光掠影；校园景美，师生更美。

存在就是价值

斗门一中的当家人尹祖荣校长是一位个性校长，快人快语，不喜欢兜圈子，不喜欢讲套话，无论是介绍自己的管理特色、工作之道，还是介绍自己的员工幸福观、个人时间分配等情况，都是直入主题，大同小异的不讲，没有特色的不讲，不能体现价值的不讲。

一所学校无论大小，无论等级高低，无论校长和老师的水平有没有差异，当家人的管理方式和方法差距并不大，真正有差距的是当家人的素养、战略、思路和目标。

管理体制“四线五块”。斗门一中在珠海地区是一所社会认可度非常高的学校，他们的培养目标就是“培养具有健全人格和创新意识的人”。为了实现这一目标，他们向管理要质量，实施了“四线五块”的管理架构。“四线”指的是德育处、教育科研处、总务处、党群。德育处负责学生的全面工作，还有班主任的培养、管理、评价等；教育科研处负责全体教师的管理、课堂评价、质量监督、教育科研、教师的专业化发展等；总务处负责学校的衣食住行、校舍的维修更新及建设等；党群负责学校的党务、侨联、教职员工的思想工作等。为了加大对学生的管理，学校又成立了安保处，侧重学校的体卫艺活动、宿舍等方面的工作。“五块”指的是三个年级、教职员工退休协会、教辅。这种学校内部的组织架构，分工合理，保证了学校各项工作的高效运转和实施。

运行体制“目标”管理。没有目标就没有管理，斗门一中工作的正常运行，实施的是目标管理和目标责任制。例如，每个学期高一、高二年级的目标就是学生健康成长，没有安全事故发生；高三年级的目标就是学生健康成长、高效备考，高考完成重点本科率20%以上，普通本科率75%以上；对于教师的目标就是根据学校的大目标，把任务再分解给班级和任课教师，重点班侧重重点本科率，普通班侧重普通本科率；班的目标再分到教师本人，强调双上线：总分上线和单科上线。在集体合作中，学校的评价和奖励体现合作与捆绑，奖励重在团队和集体，一人好不是真的好，大家好才是真的好。

绩效奖惩“标准”清晰。一所学校的发展离不开教师团队，教师队伍的建设将直接影响一所学校的发展。打造一支优秀教师团队，认可他们的师德、师能和师范就显得非常重要。斗门一中采取的办法就是优秀教师申报制度，定出三大标准：师德规范14个红灯；质量目标完成优异；每学期有一篇文章发表或获奖。从上学期的情况来看，有60%的老师被评为年度优秀教师，极大地鼓舞了整个团队的士气，改变了以往谁人际关系好谁上，而真正有水平、有贡献的人靠边的局面，当然，能够与大家和平相处并得到大家的认可，也是一种水平，也是优秀教师必须具备的素养之一。

年度评优看“实效”。年度的评优不仅是对教师工作的肯定，还关乎他们的经济利益和职称的评审，大家相当看重。斗门一中采取的方略总结起来就是3句话：教育有成效——此项主要针对班主任，班主任日常工作实施量化管理，量化积分前三名的就是年度评优的人选；教学有成绩——主要针对两类情况，一是班上有学生考上北大、清华的班主任，二是超额完成目标的老师；教研有成果——在省级以上核心期刊发表文章2篇。方略明晰了，大家的奋斗目标也就清晰了，避免了人为的猜忌，这也为校长减了压，解了烦恼。

诚信考试进“档案”。诚信是做人的底线，也是人的德行的首要体现。该项举措，主要由学生自己提出申请，单独编排考场并与德育处签订相关的协议，如果在高中三年的学习中违反了诚信考试的约定，该次考试0分，并取消诚信考试的资格。现在学校参加诚信考试的高一学生一般在30%，到高二会上升到70%，高三的比例更大。三年结束，学校会为诚信考试的全体学生颁发诚信证书，计入个人档案，档案随学生进入大学和未来的工作岗位，为他们以后的诚信人生奠基。

特长鉴定为“终身”。学校在培养人才的过程中，不仅重视学习能力的培养和学习习惯的培养，更侧重于发展学生的个性特长，让每一个学生都拥有一两项有技术含量的特长和爱好。学校借助学生社团和体育社团对有特长的学生每年鉴定一次，并依据有关条例颁发特长证书。这一活动的开展，大大激发了学生的热情，每到课外活动时间，学生踊跃走出教室，图书馆是满的，操场是满的，各个功能室是满的，学校成了学子们真正的学园、趣园和乐园。

爱心助学“春风化雨”。不让一个孩子掉队，斗门一中是这样说的，也是这样做的。学生一入学，德育处会协同年级组对学生进行一次详细的排查，理出三类学生：单亲家庭的、行为偏常的、家庭贫困的。对于单亲家庭的孩子，家境很好、成绩较差的孩子，以及品学兼优、家庭困难的孩子，每位教师都有一份“爱心守则”，教师的每次关怀要求要有记录，要有跟进，跟家长要有联系。对于前两类学生重在精神滋养，给予心灵鸡汤，春风化雨，润物细无声；对于后一类学生主要给予物质的援助，帮助他们顺利完成学业，树立信心，形成良好的心理状态，坦然去面对未来的学业、生活和家庭。

综上所述，通过管理特色体制我窥见了尹祖荣校长的大智慧，这些管理制度既见证了学校的发展，也为学校的可持续发展奠定基础。但我也在思考：制度要健全，切不可死板执行；教育是良心工程，教师的管理更要靠精神引领；大力提倡教育自觉，管好自己，学会享受工作。当然，一个成熟的团队，有几个调皮的、工作效率低的、对待工作拖沓慵懒的人，这都很正常。常言道：存在就是价值，他们的存在就是优秀教师的比对标杆，我们只是希望他们不要丢掉读书人的品格和境界，因为他们不仅是老师，他们起码还要“为人夫或妻、为人父或母、为人子或女”，否则，那是很遗憾的。

黄杨山的坚毅，黄杨河的柔情

今天下午我们对珠海斗门一中的德育处主任饶平进行了专访，同时出席本次专访的还有安保处吴主任、德育处何副主任、安保处主任助理张老师、徐老师、单老师等。

饶平主任首先向我们介绍了德育处这两年的变化。原来学校的学生工作、安全保卫工作等主要由德育处负责，2012 年开始，根据学校发展的需要，德育处分为德育处和安保处。德育处主要负责学生的管理和班主任的培训与评价；安保处主要负责学校的安全保卫、卫生、宿舍管理、体育艺术。接下来，饶平主任向我们介绍了学校的德育理念：培养有健全的人格和自主发展能力的人，并为此制定了系列管理制度，开展系列主题教育活动。

严抓管理，制度完善。完善的制度是学校各项工作有序进行的保证。为了落实德育育人目标，学校制定了详尽而完善的德育管理制度。如珠海斗门一中学生安全管理制度、校园安全事故应急机制和事故报告制度、升国旗制度、请假制度、文明礼仪制度、优秀学生和干部奖惩制度、师徒结对制度、运动场地管理制度、班级公物管理制度等。对于新加入斗门一中的教职员工，由办公室组织他们学习学校的“治校方略”，知晓学校的管理制度，明白自己的职责等；高一新生入学，学校就利用军训的间隙，由班主任组织他们学习，知晓自己在学校可以做什么，不可以做什么，开学的第一周还要利用晚自习的时间组织学生进行考试，并将其纳入班主任工作的考核中；利用好“互叫通”，把学校有关学生管理部分的要求告知家长，取得他们的理解和支持。对于违反学校规定的学生将依规依章处理，让学生明白，做事如果超出底线，自己是要为此买单的。

文明创建，标杆引领。为了鼓励班级和班主任，学校进行了文明班的评比。文明班的评比原则就是公平公正，制订了量化评比的方案，量化 15 个项目，涵盖宿舍、升旗、教室、卫生、墙报、仪容仪表等，并把不同的项目分到相关的德育处、安保处、团委、学生会等部门进行检查落实、信息反馈和处理。班级量化的成绩作为班主任年度考核和评优选先的主要依据，并与自己的绩效工资挂钩。当然重点班和普通班评比的标准要有区分。

主题班会，活动育人。学校非常重视学生健全人格的培养。根据面向教师和学生的调查，归纳出60个关键词，如习惯、规范、诚信、感恩、信念等。学校根据年级特点和学生的年龄特点，按照循序渐进的原则，每个年级负责并落实20个关键词，上、下学期各10个，通过主题班会和系列主题教育活动，提升学生的道德修养并形成良好品格。为使该项目成为学校的拳头项目，学校德育处正在着手编写《做人的品格——主题班会集锦》，将有关班级和老师的班会课教案、视频、音频等收录其中，力争使其成为广大班主任的读本，成为学生的学本，成为家长、学校的参本。

明德讲堂，好人在旁。中国是一个拥有五千年文明史的国家，不知从哪朝哪代开始，我们的信仰受到挑战，我们的传统与我们渐行渐远。每一个有良知的炎黄子孙都在为此伤感流泪和着急。在此背景下，珠海市的“明德讲堂”应运而生，它的目的主要是身边的人讲身边的好人好事，可以是中央文明办评出的中国好人和道德模范，也可以是珠海市评出的道德模范，还可以是广东省评出的英模人物，更主要是我们身边的那些道德标杆，那些给社会传递正能量的人。斗门一中还与主题班会嫁接，为学校的道德教育提速加码。当然，这个讲堂与广州的“道德大讲堂”非常相似，它还有一套完整的流程：讲故事、唱红歌、谈感想等，要求与会者积极参与。这真的体现了那句话：体验式教育是最好的教育。

最后，饶平主任重点向我们介绍了学校的教育咨询室。教育咨询室借助郑雪明老师的广东省名班主任工作室这一平台，接听家长的来电，解答有关问题和困惑。此项工作已开展3年，每年接访、接电600～700人次，媒体也多次报道，甚至远在深圳和江门的家长也带着孩子来此寻找“灵丹妙药”，这一平台在珠海地区已成为家长希望的寄托。同时，这一平台在班主任培训方面也做了大量工作，承担着市、区、校三级的任务，为打造“珠海德育人”做出突出贡献。

这就是斗门一中的德育，这就是快人快语的饶平主任，她和她的同事们用自己的青春与学识为学生的完美人生奠基，同时也成就了每一个“斗一人”的健康身体、高远志趣、优异学业、优良品格。

我非常敬佩他们，也希望自己身上能够有黄杨山的坚毅、黄杨河的柔情。

落花有情，流水有意

按照跟岗的计划，我们3名学员10月17日下午专访了珠海斗门一中教导处的谢艳林主任、赵焕强副主任、陶皓月副主任。依照学校的分工，谢艳林主任负责教务和教师的评价；赵焕强主任负责教学和学生的评价；陶皓月主任负责学生的研究性学习。

处室主任：明确职责，重在落实。处室主任是系列主管校长的防线和助手。斗门一中主任的首要工作就是针对学校特点和学生的情况，制订行之有效的计划，包括周计划、月计划、年计划，同时还要制定教师评价的有关制度并进行逐步的落实。

学校各项工作的落实，主要采取多种形式，发挥各系列的上下立体功能，一是学科科长和备课组长对于学科进度、学科方向、学科落实的检查；二是年级主管教学的级组副主任，根据年级的学情和教师的任教情况，落实教学的常规、检查、督导、评价，公正、公平地评价老师的工作效率与能力；落实学生课堂的高效开展，检查学业的掌握情况，并组织老师进行阶段诊断，召开家长会通报学生在校的有关情况等；三是队伍的建设、长青教师的引领、骨干教师的主导、青年教师的热情与活力等；四是课程建设和校园的课程文化、教师文化、课堂文化等，打造文化引领的学校、精神滋养的学校。

课堂模式：教无定法，有效就好。课堂是培养人的主战场，也是检验校长办学理念、育人目标能否得到落实的主渠道，一所学校是否办得好，学生的成长是否可持续发展，都可以从中得到检验。

斗门一中把学生能力的培养作为教育理念，我认为这是高瞻远瞩的。

新时期，学生不仅要有好的考试成绩，更要有自我学习、自我修正的能力和自觉。目前，教育改革进行得如火如荼，很多地方和学校提出了统一的课堂模式，对于这一统一要求，我有自己的思考。我的理念是“不管黑猫、白猫，抓到老鼠就是好猫”，什么是好的课堂模式和教法？我认为教无定法，小组合作式是一种好的教学模式，教师为主导、学生为主体是一种好的模式，质疑探究是一种好的模式，老师精讲、学生多练也是一种好的方式，一讲到底我想也未免不是一种好的方式，关键是老师的特长是否发挥出来，学生听讲是否专注。

斗门一中的课堂模式，跟我的思考不谋而合。

他们转变理念，深化改革，全校没有统一的课堂模式，大力提倡教师根据学情和自己的特长与兴趣，打造属于自己的风格，打造属于学生的课堂：学生能力提升的课堂、学生思想碰撞的课堂、学生人文素养和科学知识相得益彰的课堂、保持学生兴趣和探究性的课堂等，让学生时时保持对于知识的渴求，让学生时时保持战斗的状态。

教师队伍的建设：提供平台和机会。教师的专业素养和专业素质，以及师德和师能，将直接影响一所学校的办学水平，也将直接影响社会的认可度和知名度。

斗门一中作为珠海地区的一流学校，学校的领导和教师深知其中的利害，将教师队伍的专业化发展一直作为学校的中心工作来抓，主要采取了六项措施：一是加强师德师风的建设，通过专题讲座的开展、影视作品的观摩、身边优秀教师及好人好事的表彰，提高全体教职工的道德修养；二是加强青年教师的培训，树立他们建功立业的信心，帮助规划和提供发展的平台；三是发挥骨干的引领和带动作用，师徒结对，听一节讲一节；四是校本培训，全校铺开，科科有专题，这一措施取得明显的效果，学校曾被评为广东省首批校本示范校；五是通过科研打造优势学科，形成优势团队；六是教育科研，人人有课题，人人参与课题，把工作中的问题变成课题，提高课题的有效度，现在学校重点研究的就是“青蓝工程”教师培训课题，希望通过抓好这一重点课题，促进全体教师的专业发展，打造一支适应现代教育的、高素质的教师团队。

落花有情，流水有意。专访虽只有短短的 1 小时，3 位主任的职责意识、合作意识和团队意识都给我留下了深刻的印象。

可爱的校园我的家

10 月 17 日上午我们专访了珠海斗门一中的工会副主席韩斌同志。韩斌同志学体育出身，身形高大，为人豪爽。

斗门一中的工会组织，现有主席 1 名、副主席 2 名、委员 15 名，全部由广大教职工选举产生；工会委员的产生按比例下放到级组和部门，从下而上选举产生，并注意性别的比例、年龄的比例和职称的比例。工会每年的 8 月底组织一次教职工代表大会（以下简称教代会），教代会的议程主要有三项：一是学校工作计划的修正和确认；二是学校财务报告和审计；三是征询教职员工的意见和建议，各部门给予解决的结果，教代会由校长给予回复，工会再监督各部门落实。同时学校还成立了教代会常务委员会，它的工作职责主要是就学校比较急的重大事务做出决策，如财务问题、学校五年发展规划等，该组织的职责和效能就是及时解决有关问题。

学校重视广大教职工的师德建设和专业化发展，通过系列讲座、专题学习和读书活动，创建学习型校园，督促广大教职工争做学习型教师。近几年来，学校每月举行一次师德师风的教育，主要形式有名师师德报告，教育大家论坛和讲堂，组织观看关于最美乡村教师的视频和图像资料，建立职工书屋，工会采购并推荐对于师德建设有帮助的图书等。同时还组织大家撰写读书笔记，并进行评比和表彰，为建设学习型校园造势和蓄势。

学校不仅是教师工作、学生学习的地方，更应该成为教师的家园、乐园和花园。成长的不仅是学生，还有教师。他们几十年的时光就在此度过，他们的人生是否圆满、是否幸福全在于此。所以，广大教职工的贴心组织工会就要时时记着他们，为他们谋福利。一是成立各种兴趣俱乐部，组织开展丰富多彩的活动，强身健体，提高大家生活的质量和生命的品质；二是通过女工委员会，抓好计划生育工作，组织妇女体检，发放卫生用品，在妇女节和儿童节分别组织登山活动和亲子活动；三是对于新入行的教师，工会工作人员到车站接他们来学校，发放床上用品，组织他们聚餐，欢迎他们加入斗门一中大家庭；四是管好生老病死，无论红白喜事，工会都会积极上门，给予关怀；五是改善大家的办公环境和居住环境，学校正在建设教职工宿舍；六是给大家做校服，统一的不仅是校服，更主要是借此增加大家的责任感和对学校的认同感；七是关心离退休同志的身体状况和生活，聆听他们的意见。

工会如此为教职工着想，开展如此贴心细致的工作，难怪斗门一中的老师说："虽然我们距离闹市有些远，但我们的身心时时生活在充满人情味的闹市。"

抓住教育的契机

我今天起得特别早，天还是暗暗的，好像没有睡醒。

6点40分来到斗门一中，此时学生已开始在广场集中，准备参加升旗礼。

7点10分升旗礼开始。一眼望去，4 000多人的会场，安静、肃穆，班级学生的方队、年级学生的方队、年级教师的方队都井然有序。

本次升旗礼主要由4个环节组成。首先是主持人介绍自己的班级、班主任和姓名，从而凸显班级的荣誉、班主任的荣誉和学生的荣誉。主持人声音清晰，发音标准，形象气质俱佳；其次是升旗仪式，其有固定的模式，先由身着礼服的国旗队的同学升国旗，接着是学生面向国旗宣誓"面向国旗，忠于祖国"，时时在教育和提醒学生，祖国是我们强大的后盾，对祖国忠诚是每一个炎黄子孙所必备的道德素养和精神；再次是高二的学生代表在国旗下讲话，题目是“阅读丰富青春，书香成就人生”，通过列举大量的例子，告诉同学们，一个人养成良好的阅读习惯不仅终身受益，还能使自己每天的生活多了精神文明的滋养，这才是真的生活，而不是每天活着的生活。学生代表的很多观点我是非常赞同的，我每天的生活也是在阅读中开始和结束的。

升旗礼结束，我们又到“明德大讲堂”听了一节班会课。

班会课的主持人是高一（17）班的班主任肖老师，她是学校为数不多的毕业于中国人民大学的双学历高才生。

肖老师主题班会的核心内容是“经典与成长”。本节主题班会课主要有 4 个环节。

环节一是让学生谈一谈他们心中的经典人物、作品、句子等。大家通过讨论，在心中已经有了自己的标准：雷锋、托尔斯泰、贝多芬、《简·爱》、莎士比亚与《哈姆雷特》、《三字经》、《论语》、曹雪芹与《红楼梦》、屈原与《楚辞》、四书五经等，从中看出学生的阅读量还是很大的。

环节二就是看内容猜作品：《背影》《孔乙己》《长恨歌》等。当大家对经典有了认识的时候，肖老师进行总结：“何为经典？就是对于人类有价值的、历史沉淀下来的、影响深远的、永不贬值的、千年不朽的文化。”

环节三是让学生继续列举经典，加深对于经典的认识：《弟子规》《增广贤文》《礼记》《道德经》《训学斋规》《周易》等。这个环节，肖老师的智慧在于提出了“叫学生找出跟自己的生活、经历最有关系的一条并谈谈自己的感受”。

学生 1：不积跬步，无以至千里，告诉我们积累的重要。

学生 2：上善若水，告诉我们团结的重要性，告诉我们水的可塑性，告诉我们水的强大，最主要告诉我们“水”负载万物，不争名利。

学生 3（班长）：提到制定的新班规，希望大家遵守。

肖老师非常聪明，抓住这一教育契机，不仅把有关内容和学生的学习生活联系，还及时强调班会主题“经典与成长”。

最后，肖老师通过两条条幅为这次班会画上圆满的句号：“博学笃行”“宁静致远”。

因为“行胜于言”，也因为“静能生慧”，所以肖老师的人生目标是修身、齐家、平天下，教育追求也是培养“修身、齐家、平天下”的人。

没有规矩，不成方圆

何仕仁是珠海斗门一中德育处的副主任，主管学校的文明班级评比和高二年级的全面工作。初次见面，清瘦、干练、戴一副眼镜的何副主任给我留下了深刻的印象。

行政下级，全面管理。主管高二工作的校级领导是负责教学的李校长，李校长负责对高二年级课堂、课程、学生管理、教师评价、质量跟踪的指导；同时还有年级的主任、副主任和总务处的赵主任、德育处的饶主任、安保处的吴主任等，负责协助级组的三位年级长，开展检查和督察，及时发现问题，果断处理问题。级组的常务工作由何副主任和年级的两位级部主任负责，两位级部主任是学校的后备干部，他们三人协调互补，全面处理年级方方面面的事务。为了落实各项工作，学校每天都安排有关领导和班主任值班，对于学生的管理形成立体网络，从而保证学生在校的安全和级组各项工作的有序进行，从而保证“培养学生能力，发展个性特长”教学理念的落实和实施，从而保障“为师生的和谐发展提供最好的援助”的办学理念目标的达成。

德育为首，严抓规矩。学生是学校的主体，教师是学校的核心。一所学校要想办好，必须要建章立制、严格管理。何副主任负责的高二年级正好是学生开始出现分化的关键点，他们提出了“向管理要质量”的口号，主要抓好4项工作：一是利用国旗下讲话、专题讲座、集会、墙报和主体班会对学生进行规范、制度、信念、人生等方面的教育；二是严抓规矩，学校提出了“斗门一中学生十准十不准”，高一新生入学就组织学习并考试，进入高二再次组织学习，对违反规定的学生及时进行教导并告知家长；三是班主任和任课教师值班制，实施全员德育，从而形成晨读有人管、午休有人管、晚自习及宿舍有人管的局面，有学生的地方就有教师，时时处处可以向学生伸出援手；四是建立学生的成长档案，成长档案全面记录学生各种大型考试的成绩目标、存在的问题、解决的措施及取得的效果、个人喜好和特长等。从目前的情况来看，高二年级组的各项工作和学生的成长都朝着健康、和谐的方向发展。

教师管理，彰显人性。高二年级对于教师的管理更多地体现为人性化管理，教师的工作不仅仅在上班8小时中，更多的工夫还在8小时以外，学校的管理者非常尊重自己的员工，有章必循、有法必依，但他们并不是死板地去执行，而是科学地把制度落实渗透在工作中。一是把学校下达的200个重点本科上线的任务指标分配到班级和个人，实施任务目标捆绑制；二是对于教师的请假也给予更多的理解，请假半天由年级组批准，考勤也比较宽松，制度的落实主要从重点本科上线和完成率体现；三是对于教师的备课和作业定期检查，每学期两次，都有具体的数据要求和质量标准，行政人员还可以随时听课，检查课堂的落实情况；四是落实月考及各种大型考试的分析和监督，发现优势，找出不足，写出分析报告，班主任和任课教师面对面等，以此督促和监督教师的备考效果。

当然，高二的工作还需要教师们的敬业和热情，特别是20位新教师的加入，给这个团队增加了新的活力，也为年级青年教师的培训和班主任队伍的建设带来新的问题。为了加快他们的成长与发展，学校主要采取了师徒结对、青年读书会和外出学习等方式。从目前的情况来看，青年教师的成长非常迅速。有位伟人说过：青年是民族的未来。我从何副主任发亮的眼神中感受到高二的20位新教师已是年级的未来，更是斗门一中未来发展的中坚力量。

别样教育一样红

因为是高三联考学校，珠海二中对于我来说并不陌生，跟前任校长余校长、现在主管教学的李智萍校长都比较熟。

走进珠海二中，迎接我们的是办公室的于副主任，他领着我们参观了学校的教学区、学生生活区、行政区、运动区等，看到校园的小桥流水，我不禁感叹珠海二中的变化与发展。

来到会议室，接待我们并代表学校发言的是李智萍校长。

李智萍校长首先代表学校对广州首期卓越中学校长培训班珠海片区的校长们的到来表示欢迎；接着李智萍校长介绍了出席本次活动的有关学校领导和处室主管：刘校长、李校长、于主任等；然后，李智萍校长代表学校从“与特区同龄，优质示范学校”“环境优美，现代校园”“注重教师的专业化发展与成长”“文明教育，正校风，端学风”“积极探索，追求优质教育”“展国际视野，走培养国际人才之路”“乘东风，再跃进”7个方面全面介绍了学校的发展及办学情况，让我们领略了不一样的珠海二中。

别样一：学校重视学生的文明教育，提出了“三礼”“三正”的要求。“三礼”就是指讲礼貌、识礼节、懂礼仪；“三正”就是指形象正观、衣着正装、行为正规。通过“三礼”“三正”的常规落实，培养谦和、包容、阳光、感恩的学生；培养学生学会做人、学会做事、学会处理问题。

别样二：在教学上，以“学案制”为突破，把握教学规律生命线，积极探索高效课堂，打造品牌科组，以科研促进教育教学，在生源不理想的情况下，学生的出口得到社会的广泛认可，正应了那句俗语：“金杯、银杯不如老百姓的口碑，金奖、银奖不如老百姓的嘉奖。”

别样三：学校向社会购买后勤社会化服务，顺利实现从管后勤到选后勤的华丽转身。在选择服务公司的过程中，主要关注 4 个方面：一是公司的实力和资质；二是公司的管理理念；三是公司管理层，特别是项目经理安排、调整、协调等能力和水平；四是人员的薪水。李智萍校长特别强调：“物业管理公司的管理和品质很重要，经常更换不利于正常工作的开展，因为在合作过程中，双方的磨合需要花很大的力气。”

别样四：用好手头的钱。校长要清楚学校每年的预算情况、教育附加费情况、资金流动情况，做到心中有数，保证资金的正常运转，保证资金的合理分配和发挥最大效能。

当然，李智萍校长的介绍亮点还有很多，在此不一一赘述。笔者愚钝，只学到其皮毛，反复揣摩，结合实际，有用就好。

京派大师的教育真经

2013 年 11 月 18 日，我们一行 35 人到首都师范大学第二附属中学访问，切身体会和感受京派教育大师的教育真经和智慧，目睹北派教育家的魅力和成果。

接待我们的是学校办公室主任李银平女士。在学校四楼的艺术教室，我们听取了校长郝玉伟的专题报告，总体感觉就是：郝校长是好校长，好校长是郝校长。

历经半世纪，老树开新花。首都师范大学第二附属中学 1964 年建校，当时的名字叫花园村中学。2004 年更名为首都师范大学第二附属中学，从名字看好像是归属于首都师范大学的学校，实际上，学校与大学只是业务关系，人、财、物归属于海淀区教育局。现在学校两地办学，初中 27 个班在花园村办学，高中 18 个班在曙光新区办学，在校学生有 1 968 人。根据学校的办学规模，现有在编教师 192 人，学校管理的总体架构是一套班子、两个校区，便于人力资源的管理，便于人、财、物的协调和规划，这样便于打造有责任感、智慧型、执行力强的管理团队，更便于推动学校变成学生成长的乐园和教师工作的家园。我们眼中的情景，无不叫我们感动和心动。

理念先进，特色彰显。郝校长是一个具有教育理想和情怀的人，给人的印象就是朴实和务实。他的办学目标是争取利用三年的时间把学校打造成海淀区的优质学校，成为社会满意、家长放心、学生喜欢的学校，质量高且富有特色。

学校的办学理念是“以人为本，养心育智，树德立仁，创新发展”。郝校长希望在理念的引领下学校变成学生的乐园，学生喜欢学习、愉快学习、健康成长；在理念的引领下学校变成教师的幸福家园，教师主动关心学生，主动关注学校的发展，享受学校的办学成果，天天沉浸在学校创设的个人发展和温馨生活的天地中，体会家的温暖、自由和轻松。教学相长，共同成长，教师与学生共同打上了首都师范大学第二附属中学人的烙印——“读书、仰贤、润德、敬业、慎独、乐群”的符号和人文精神，从而培养出可持续发展的、适应社会需要的合格公民，他们具有社会责任感，具有创新精神和实践能力，具有学习的能力、分析问题和解决问题的能力。

关注文化建设，培养大智慧的人。郝校长是一个有大智慧的人，短短的时间，让我领略了他对教育的思考与认识，明晰了他的育人方向和目标。他将育人目标定为“大智慧、大本领、大胸襟”；德育目标定为“外显有规、内含有德”；教学目标定为“有知识、有思想、有能力、擅创新”。为了实现以上目标，郝校长带领自己的核心团队在干部队伍建设、校园文化建设、规范学校教学管理机制、校本研修制度等方面进行了尝试并重点提出了适合本校的全方位顶层设计。

团队建设：学校的发展需要一个能够追随校长、理解校长办学思想的团队。学校的快速发展需要一个高素质的管理团队，郝校长将管理团队的素质培养和追求目标重点定为“学习的能力、领导的能力、执行的能力和创新的能力”。学校的可持续发展更需要一支师德高尚、业务精湛、作风优良、充满活力的高素质、专业化、创新型的教师队伍，郝校长希望能够看到他们在日常工作中自觉关注教材、关注课堂、关注教育的主体，能够对教学的过程及量化检测的手段和效果不断反思与总结，能够熟悉课程标准，明晰高考和中考的备考方向，协同团队深度备课，育人在课堂，不断打造和强化高效课堂、道德课堂。高效课堂的重心不在于知识的梳理与传授，而在于通过学习知识将其转化为能力，转化为学生自己解决问题的能力；道德课堂不是要求教师把它上成班会课，每个学科都有其特点和规律性，教师在引导学生的思维过程中，要做到不留痕迹地达成文道统一，既教书又育人。

文化建设：一所学校的发展与引领最终要落到文化上。文化是一种自觉行为，这种行为要留下“首附二中人”的色彩、风骨、精神和故事。首都师范大学附属第二中学的学校主色调就是蓝色、绿色和白色，我从中看到大海“蓝”的宽广胸襟；从中感受到春天“绿”的勃勃生机，充满无限的力量；从中读懂纯洁“白”的内涵，坦坦荡荡做人，踏踏实实做事。春去冬来，一辈辈的教育人、一辈辈的“首附二中人”在努力着、守护着，半世纪的耕耘成就了“厚德博学、创新卓越”的校风，形成了“勤勉扎实”的教风和学风，这些高度凝练的词语符号都已成为学校文化的核心，都已演变成学校每一位教职工的共同追求和践行的准则。

规范教学管理机制：在学校顺利发展的路途上，离不开制度和规范的保驾护航，它是一所成熟的学校日常工作运作的保证。为此学校制定出系列规章制度，从而保证备课组、教研组的建设，保证教学质量评价机制的落实。特别是在校本课程管理和校本教研上，学校依托首都师范大学这棵“大树”，不只是研究教师是否把知识教给学生，而是把重点放在解决问题背后的思维方式是否教得清楚上。校本教研不是为教研而教研，教师要回头审视，逐渐养成开放的意识，教学中有太多值得我们关注的细节，只要坚持他山之石，千锤万凿，得到的不仅是教师教学和业务的成长，还有学生能力的提升、品行的浸润。

丰富的德育活动，培养敢于担当的人。郝校长在他的主题发言中，讲过这样一句话：“德育的功劳在学校的工作中占70%。”他的观点和珠海一中的韩延辉校长不谋而合。

一所学校只要学生的管理到位，学生具有良好的行为习惯和学习习惯，能够自觉远离电子产品，我敢断言任何等级的考试都不在话下。正是因为如此，首都师范大学第二附属中学的德育管理重点落在6个方面：一是主题班会，积极倡导观摩交流活动，构建生机盎然的德育课堂，重点突出体验式教育，切忌“大道理”的课堂；二是主题活动和社团活动，根据学生的学科特点和兴趣爱好成立各种社团，为他们提供展示的舞台和天地，借助首都的文化资源，举办更多深层次的主题教育活动，如“走进北大”“走进清华”“走进人大”等；三是班级文化的建设，通过环境熏陶濡染，以美育人，当然学生的环境不能五彩缤纷，这样会分散其注意力，而是要关注整体性，体现年级特点、班级特色，让人能够读出文化的味道、文人的味道；四是利用好道德大课堂，此课堂的开设不仅是为学生，更是一种社会责任，因此需要对课堂进行深入的研究，引领学生完善自我，走向“爱、善、责”；五是加强心理健康教育和体育健康教育，校园一定要有笑声，一定要见到学生奔跑的身影，创造机会和条件让广大师生都有释放负能量的地方，满足学生心智成长的需要，满足教师身心健康的需要；六是要关注学生的安全问题，通过学校、家庭、社会三结合的模式共筑安全防线，保证学生出行安全、身体健康，保证学生遵规守纪，知法、守法、护法。

传承精神，放飞梦想。作为海淀区的新教育实验学校，首都师范大学第二附属中学以“营造书香校园”等行动为途径，让学生以书本为友、以真理为友、以大师为友，帮助学生“过一种幸福完整的教育生活”，成为智慧明达、意气风发的青少年。

新时期，全体教职工在郝校长的带领下，以课程建设为依托，瞄准高品质学校的定位，朝着“学生成长乐园、教师发展基地”的办学目标前行，不断谱写北京海淀区教育的新篇章。

由此我想到，我们教师在做总结时一定要看到自己的不足，自觉地看到问题并纠错，因为改错是一种习惯，是不断认识自我的过程。教师的出发点还要时时落在课堂，反思自己的教学行为和教学方式，高效课堂的前提不是形式的改变，而是对于学科知识的不断再认识。

现在有些教师，只是盲目地跟从，对于怎么教、教什么，自己本身都是茫然的，这些都源于教师对于知识本身的了解和认知不充分，这样，即使自己的总结再华丽，对于工作也于事无补，对于自己的发展也不会有实质性的推动。

由此我想起了不同的人面对细雨的不同做法。

在细雨中，我们可以选择在屋檐下避雨，可以选择在雨中仓皇奔跑，也可以选择在雨中漫步。这一切，取决于你的修养和修为，也取决于你的心境。

我们的总结何尝不是如此，当我们能够正视自己的时候，我们的人生境界已在改变，由原来的“实干”上升为“巧干”，一些强人可能已上升为第三阶段“心干”。

不断敲打自己，可以强身健体；不断反思自己，可以不断进步；不断丰富自己，可以持续发展。

我不由得想起了猴子理论、南风法则和破窗理论，它们将成为我以后工作和总结的指导原则。猴子理论——不要把猴子换到自己的肩上，要让学生负重前行，注重逆向思维，课堂上流淌的应该是深度思维；南风法则——教育教学过程多表扬、少批评，有底线、不越线；破窗理论——关注细节，包括自己的、学生的、家长的、学校的、社会的。

教育的根本就是要给孩子创造良好的环境

今天下午3点，我们在首都师范大学附属第二中学的教师阅览室专访了常务副校长梅务岚，陪同参加本次专访的还有德育处的赖主任、高一年级主任刘老师、高三年级主任纪老师。

梅校长是一个直爽的人，她对学校的教育与教学情况的介绍也相当客观，她的语言既渗透着她的智慧，也蕴含着她的教育情怀，使我们受益匪浅。

一、关于教学：重在课堂，彰显特色

对于学校来说，教学是学生接受教育的主阵地，既要突出教师的教：以人为本，把握课标，注重将知识转化为学生的能力；还要突出学生的学：主动参与学习的过程，养成读书的习惯，具有良好的学习生活规范和习惯。

加强管理，明确职责。学校管理的主要途径是年级组管理，年级组负责班主任管理、学生管理和每周一次的备课组活动；学科组负责学校的学术节、学科科研活动、公开课等。通过明确的职责分工，高效推进学校各项工作的开展。

关注基点，重在落实。学校对于年级的管理给予极大的权限和责任，这也是北京市海淀区比较流行的做法，有些学校大力提倡和推行扁平化管理，强化年级主任的权、责、利。首都师范大学附属第二中学年级主任的权限有年级人员的使用、学生表彰和处分、班主任的管理、有关教师的考核等。

特色课程，培育全人。现在我们的教育是要培养智育、德育、美育全面发展的人，而且国家为此设定了不同的课程，但由于我们选拔人才的机制问题，取得的效果并不令人满意。在这种大背景下，学校如何冲出高中的常规应试教育，成为摆在教育人面前的新课题，为此“首附二中人”进行了大胆的尝试和创新。譬如他们在落实国家课程的基础之上，丰富学校的校本课程和研究型学习课程，如开设高尔夫、网球选修课程和德育课程等，通过这种“自助餐式”的课程，满足不同学生的需要，强化学生对自然科学、社会科学和个人特长的认知与兴趣，营造浓浓的读书氛围和研究气氛，打造书香弥漫的校园。

计划推动，重在日程。一所学校的工作千头万绪，如果没有一个系统的规划，那就是一盘散沙，所以每个学年，学校都会制订具有方向性和指导意义与价值的学校计划，包括指导思想、具体工作、学科标准、具体负责与实施的部门等。接下来各个处室、年级、教研组也要制订出详细的计划和日程安排表。例如，开放课堂的活动（如小组活动课、探究、概念课等主题）、学校展示课、学科节（作业展示、华夏文化展示、书法比赛）等。

突出主体，打造精品课程。教学的过程，我们要关注教师的学科素养，要关注教师的教学理念，教师自身还要注意德育渗透，突出学生主体作用。所谓的学生主体不是简单地给学生时间，还要看教师的主导作用有没有发挥出来：关注学情，了解学生的背景、需求；注重学生核心学科素养的培养，各个年级要有目标的达成，高一是思维外显的习惯养成，高二是学科能力渗透，高三是思维外显与能力提升。在此基础上，首都师范大学附属第二中学更多要改变的是“一言堂的课”，希望通过教师的专业化发展和教育科研的不断渗透，培养一批骨干教师、品牌教师和有思想的教师，由他们做出表率，来推出精品课。推动精品课程的关键是选准主题、选准切口，让教师用研究的眼光看待课堂，不断修正自己的教学行为。

二、关于德育：规范管理，润德启智

学校的德育工作是最繁复的一项事业，一是面向的群体都是活生生的有思想、向往自由而又心智不成熟的学生；二是德育工作所需时间最长，可以说是全天候 24 小时不间断的工作；三是不管校内还是校外，只要是关乎学生的事，有关的德育教师都要第一时间出现并解决问题；四是德育面对的还有学生的家长，他们是学校发展的积极因素，但有时也可能成为学校麻烦的制造者。面对林林总总的这一切，规范管理，润德启智成为我们德育的永恒追求。

抓好常规，落在关键点。首都师范大学附属第二中学在学生管理上，对年级和班级提出了“抓好常规是基础，抓在关键点是关键”的要求。

学校是这样要求的，德育人也是这样做的。

文化活动，彰显活力。周一到周四是首都师范大学附属第二中学的校园文化活动日，周五是班级文化活动日。对于出现的问题，如西服和衬衫比较皱、学生穿旅游鞋等，年级组对班主任进行培训。

搭建平台，文化育人。学校将每一个角落打造成育人的平台，班级值周、板报、壁报、班级日志等都成为学生发挥才干的平台；学校还利用周一学生领导力培养沙龙，为更多有思想和抱负的学生提供舞台，每期选准一个社会主题，学生进行充分的准备，然后在沙龙上阐述自己的观点，阐述的内容涵盖问题或事件的背景、个人观点及自己的解决办法等。

创设情境，高效育人。现在的学生缺乏吃苦耐劳的精神，缺乏意志力，缺乏对社会的担当等。对此，学校借助升旗仪式、家访、创设情境、争创全国文明城区等方式，引导学生对社会和政府赋予的责任产生理性认知。比如，“学生参与争创全国文明城区”的问题，有的学生认为这浪费学生的时间，不想去参加，面对这种情况，学校就要给予积极的正面引导和启发；再如，班主任说话不注意，班主任做事的方式、方法不注意，而学生作为旁观者却在意，时间一长，会影响学生对问题的认知，可能出现精神麻木，甚至对是非问题分辨不清。这就告诉我们环境对群体的影响是很大的，教师、学生要慎言，更要慎行。

现在的北京，还在延续家访的学校不多，但首都师范大学附属第二中学还在坚持；同时学校还借助家长学校，给学生做职业规划，给学生创造机会，让学校组织的丰富多彩的活动更有意思、更有意义，让学生展示自己的才华，让学生体验家庭、学校、社会的生活。

德育是什么？

德育就是良心活，为孩子创造良好的学习环境和生活环境，这是我们的责任，也是家庭和社会的责任。

教育是一门慢艺术

翟剑主任 30 多岁，原来在一所职业学校任职。

翟主任的理想是做一名有思想的行动者，为此，他参加了北京师范大学 MBA 的学习。他常说的一句话是：“教育是一门慢艺术，不能操之过急，只有走进学生的心田，才能把教育做好。”

作为德育处主任，他不仅紧跟校长的步伐，还不断拓展和创新校长的办学理念，具备蕴含自己思考和锤炼的德育理念。

翟主任就是一个爱思考的人，针对学校的情况，他提出了“四三二一”管理理念，交流后，给我留下深刻的印象，并引发我对工作的一些思考。

四方理念：一是让学生创造幸福，感知学校的生命力，在学校感到生命的活力，通过教学设施，不断对学生开展做人教育，重在实践和体验。因为体验是最好的教育，自己动手，自己感知，直触心灵的深处，生活和生命的酸甜苦辣尽在其中。二是对学生不能一味地说教，学生是有情感的，对他们的要求和目标要孕育在情意和故事中。小活动，大德育，对学生的教育不能功利性太强，要潜移默化，润物细无声。三是活动原则，针对学生的年龄特征，积极开展有意思、有意义的活动，基本原则就是学生愿意参加，他们感觉有意义，能够达到育人的目的和效果。四是德育发展目标，外显有规，内涵有德。人的发展有四个阶段：规范阶段，主要通过量化，强化规范和规矩；发展阶段，主要通过社团和社会服务等，发展学生的学力和特长；更深层的阶段，通过专题讲座，与专家见面沟通，每周与教师和家长进行心理交流等，初步形成学生的世界观、人生观和价值观；专业迸发阶段，形成自己的思想境界，具有学习的能力、认知世界的能力，以及认知世界真善美和假恶丑的能力，形成良好的心态和正确处理人际交往的性格。它的基本准则就是为学生今后走得更好奠基。

三个阶段：对于学生的成长，我们要有阶段目标和要求，这一点首都师范大学附属第二中学和真光中学的理念不谋而合。首都师范大学附属第二中学将他们的学段目标定为“初一是自律、初二是自立、初三是自主、高一是成长、高二是成熟、高三是成功”，而真光的学段目标是“高一（初一）是规矩、高二（初二）是规范、高三（初三）是成功”。所谓的规矩就是要熟悉学校的要求并自觉遵守，因为学生向往自由。何为自由？懂得规矩的人最自由，侧重的是学生良好行为习惯的养成。何为规范？就是要强化学生的学习习惯和答题规范，侧重的是学业规范，侧重的是学习能力的培养和良好思维的形成。何为成功？成功不仅仅是高考的硕果，更主要的是在这一过程中，磨砺意志和品格，为学生今后的发展蓄势、聚气、聚力。

两项重点：一是积极开展有意思、有意义的活动，如高一的阅读、学生干部领导力沙龙、“愤悱杯”讲课比赛、“走进北京名校”和“我和大师有个约会”等。二是活动要与学科结合，学生的在校教育，国家课程是大餐，课堂是主阵地，其他的校本课程、研究型学习、选修课等都属于配餐，都是为了保证学生营养的均衡，促进学生的全方位发展。为此，学校不断借助首都师范大学这棵“大树”，把他们的一些团队引进校园，从目前的情况来看，最成熟也最成功的是首都师范大学的英语社团队。

一项核心：就是德育队伍的建设。学校通过校本培训，对班主任队伍进行培训，通过名师工作站的带动，形成一个老中青的德育梯队，同时学校还积极组织有关教师参加海淀区与区外的一些培训和学习活动。在培训过程中，还把心理的培训作为德育培训的突破口。随着学业压力和生活压力的增大，学生出现的状况越来越严重，这就要求德育工作者掌握人的心理规律，帮助学生把心结解开，不能刺激；对于教师，我们也积极帮扶，把他们的亚健康和亚健康心理消灭在萌芽状态。

我们知道，在学校，人的工作是最难的，也是最繁复的，它没有时间的界限，学生的各种情况随时会发生，教师的神经不能有片刻的放松。

所以说，教育是一门慢的艺术，慢工出细活。

学校可持续发展的几个关键点

张凤英老师做教务处主任只有一年的时间，她原来是首都师范大学附属第二中学的年级主任。

张主任性情温和，说话非常客气，现在她跟随主抓教学的梅务岚常务副校长开展工作，重点主要是熟悉教务的常规工作与运行模式。

据张主任介绍，首都师范大学附属第二中学在海淀区是一所普通中学，从学生的教育来讲，学校的定位不是精英教育，而是合格公民的教育，这是由学生的思维深度以及与更优质学校有较大差距决定的。因此在教务处主导的各项工作中，对常规的落实抓得比较紧。

教师的专业化发展。首都师范大学附属第二中学主要是通过教研处实施教师的专业化发展，采取的主要手段就是学习。一是到外地兄弟学校学习，回来后把外地学校的特点、特长、特色写成文字报告，编辑相关的文刊，全校交流。二是每两周举行一次大备课活动，每次都有任务，教师结合自己的课题，重点解决学生综合学习能力的问题，这个问题更是课堂要解决的首要问题。三是同伴的互助，通过拜师学艺、互相听课、互相说课、基本技能大赛和对各种课型的学习，吸取别人的长处，促进个人的成长。

课堂与课程建设。学校的课堂与课程建设现在处于摸索阶段，高一、高二以素质教育为主，除了国家必修课，重点突出选修课程的建设，高三重点把适合学情的资源开发出来，自编校本教材。学校的精品课堂、高效课堂的建设，主要通过“推门课”、推荐课、“愤悱杯”课堂等进行落实。“愤悱杯”课堂已成为学校的拳头项目："愤"的原意是因不满而情感激动，"悱"的意思是想说又不知道怎么说，"愤悱"一词道出了教学中教师的"教"和学生的"学"的切入点。它的主要模式就是一个老师主讲，全校老师参与听课与评课，聘请外面的专家进行点评，"愤悱杯"的点评不是非要找出多少优点与不足，它主要是创设平台，评课以互相交流为主。

教师的评价。对于教师的评价，每学期进行一次综合评价，各年级、各备课组、教研处以量化分数的形式呈现，它涵盖论文、选修课、家长投诉、学生家长的评教评学等，对于课堂的评价主要参考重大考试的成绩、学生的问卷调查、家长满意度的问卷调查，据此评出学期末的一、二、三等奖。

当然，学校的评价体制希望更加公正、公平，因为成绩的排位只是我们工作中的一个方面，一些长远的东西很难进行量化，现在学校进行的补救措施就是每年都针对大家的意见和操作过程中存在的问题，对有关的条例进行完善和修正，让大家感知评价的公正与公平。

用人策略。作为教导处主任，她的职责要求她要贯彻校长的教育意图，意图的实现主要集中在学生和教师身上。教师是课堂的实际操纵者，一举一动都会影响学生的发展，体现学校的育人方向和目标。在一个近百人的团队中，如何用好人则凸显领导者的工作智慧和技巧。现实中，我们的教师基本可以分为两类，一类是实干型教师，他们在不断地成就学生，在成就学生的过程中，学校就要搭建舞台，也成就这类教师的成长；另一类是平时的工作不够踏实，花拳绣腿，对自己的事情关注比较多的教师，当然这类教师的特点也明显，思维活跃，不安于现状，我们就要用其之长。

当然，作为教导处的当家人，不能不给大家压力，因为我们要落实校长提出的校训、办学理念和育人目标，但也不能给大家太大的压力，因为教学中的每一项改革都是艰难的，"摸着石头过河"，这就需要创设宽松的环境，让每一个人都有安全感，同时，还要给予老师充分的尊重，允许先行先试，形成自主研究的习惯，形成个人特色，这是我们的终极追求。

飞扬的梦想

走进广州市第二十一中学，映入眼帘的是满目的苍翠，特别是教学中心区域的凤凰树叫人过目不忘，高大的身形、直冲云天的气势，都使它毫无悬念地成为“镇校之宝”，庇佑着学校的发展，见证了学校的沉浮与荣辱。

广州市第二十一中学创办于1954年，是新中国成立后人民政府创办的第二所完全中学。1957年改名为广州师专附属中学，1958年改名为广东师范学院附属中学，1964年复名为广州市第二十一中学。

20世纪80年代，广州市第二十一中学的办学水平和社会美誉度曾经可以与华南基础教育的翘楚华南师范大学附属中学媲美，声噪一方。后来由于区域调整，学校下放到东山区管理，生源的素质出现明显的下滑。即使在如此困难的情况下，学校的领导和广大教职工也知难而进，锐意进取，将“绿色教育”作为突破口，倡导崇文尚武、学有所长、可持续发展的理念。“绿色教育”侧重于3种习惯和3种能力的培养：环保生活习惯、阅读习惯、体育锻炼的习惯；学习能力、创新能力和社会交往的能力。历经10年，无论是校园文化的营造、学校课程的改革，还是高效课堂的探索都取得显著的成绩。2003年被评为广东省一级学校；2004年被评为国家级绿色学校；2008年被评为广东省高中教学水平优秀学校，评估组专家的评价是：广州市第二十一中学是一所办学理念先进、办学效果突出、社会声誉良好的优质完全中学。

进入校门，出现在眼前的就是一栋具有苏联风格的小洋楼，现在已是学校的艺术馆和图书馆；它的后面就是学生成长的乐园，这是一栋层次分明的教学楼，布局合理，场室充裕，设施完善，为学生的成长提供了优越的环境。学校还有300米环形跑道运动场以及篮球场、网球场、排球场、乒乓球场、游泳池及规模宏大的艺术体育综合大楼。同时，学校还拥有符合新课程需要的专用场室：通用实验室、理化生探究实验室、多媒体开发室、监控室等。每间教室都具有三大系统：网络系统、监控系统、冷气系统。

学校的办学理念就是“绿色教育”。所以学校特别重视以环境育人，体现人与环境的和谐相处，学校不仅设立了地理矿石展示区、生物标本室、模拟生态园、生物园、植物园等系列体现环境科技教育的场室，还建设了体现绿色主题的校史展览馆、近300平方米的青春心理室、成长乐园活动室等，为学生进行现代人文教育提供完备的硬件设施。

中国的教育被社会所诟病由来已久，原因是我们追求了30多年的应试教育，它禁锢了我们的思维，忽视了人的非智力因素的发展，这样培养出的人才最大的特点就是听话、没有主见、缺乏创新精神。

随着中国的崛起，有识之士早就发出了“教育要改变”的呐喊。现在的教育界，上至教育主管部门，下至普通学校，大家都有了共同的认识，教育的理念要改变，教育的课程要改变，教育的课堂要改变，教育工作者的专业素养要改变等。这一切的改变都要依附于学校所提供的各种机会和平台。广州市第二十一中学在学生创新精神、实践能力和激发个性特长等方面进行了大胆的尝试。

为了促进学生的全面发展和可持续发展，学校组织了丰富多彩的社团活动、科技活动、文体活动和社会实践活动。动漫社、绘画社、舞蹈社、地理摄影社、象棋社、武术俱乐部、合唱队、射击社、足球社等社团已经成为学校最亮丽的风景线，为学生的自主发展搭建了最有效的平台。每年学校还组织丰富多彩的系列活动，如读书节、体育节、科技节、学科节、武术节等。同时，学校还组织“天生杯”学科竞赛，素质教育活动日和社会实践课程：学军、学农、社会志愿等。各项活动的开展，不仅拓宽了学生的视野，让学生受到了自然科学和人文科学的熏陶，更主要的是在活动中提高了合作、探究的意识，养成做事严谨的习惯，使得每个生命个体得到更加人性化的发展。

近5年来，广州市第二十一中学在各类体育比赛获奖648项，艺术类获奖116项。在广州市第23、24届青少年科技创新大赛中，获得6个奖项，获奖数量和名次均列越秀区区属学校第一名；在全国数学竞赛、迎奥运作文竞赛、全国地理科技大赛、广东省中学生生物学联赛中获得国家级奖项128项，省级奖项78项。

真可谓素质教育，硕果累累；绿色教育，承载青春飞扬的梦想。

山海文化，独领风骚

为深入落实党的十八大以来党中央、国务院关于深化教育改革与发展的一系列战略部署，推进《国家中长期教育改革和发展规划纲要（2010—2020年）》的贯彻实施，广州市首期卓越中学校长培训班学员一行33人飞临青岛，开始为期3天的学习考察。在导师童汝根博士的带领下，走进青岛市基础教育氛围最厚重的青岛二中；感受办学特色最为鲜明的青岛九中；徜徉在中西文化交汇的中国海洋大学附属中学。三所学校给我的共同感觉就是“注重加强组织自身建设、注重不断提升专业服务能力、注重主动担当历史责任”。坚持立德树人，全面深化课程改革；坚持普及提高，推进基础教育协调发展；坚持强化制度建设，大力推进考试评价制度改革；坚持管办评分离，深入推进基础教育治理体系和治理能力现代化。

一、青岛二中：山海文化，独领风骚

八十年的历程，一部值得自豪的历史；八十年的精神，一个取之不竭的动力源泉。

青岛二中以“领先一步，追求卓越”的办学理念为指导，逐步形成了“开放、自主”的办学特色。学校始终遵循教育规律，大力推进“成功园丁模式”“创新教育模式”“学生自主发展模式”和“开放办学模式”，形成了“深化素质教育、优化教育资源、凸显办学特色、创建国际名校”的办学目标和“造就终身发展之生命主体”的育人目标。

在学校八十年的发展历史中，青岛二中始终坚持以人为本，始终坚持让学生做自己的主人的原则，给学生以主动选择的权利，以多样化的教育拓展学生的发展空间，为学生的终身发展奠定素质基础，积极创造条件让学生实现自我教育、自主管理、自我锻造、自主学习和研究等，为学生创新精神和实践能力的培养搭建了广阔的舞台。青岛二中在实施素质教育的过程中，全力打造了以创新精神和实践能力为基础的新型教育模式。学校在加强校本课程开发和研究性学习的同时，大力开展环境教育、艺术教育、心理健康教育、科学精神和人文素质教育等多领域、全方位的立体教育模式，并根据青岛二中学生素质全面、特长突出的特点，通过奥林匹克竞赛辅导和全国青少年科技创新大赛等形式加强对学生特长的培养。与此同时，在“以教师发展为本”的教育理念下，青岛二中为不同层次和不同年龄段的教师的专业化发展搭建平台，为他们营造自由、宽松和个性化的发展环境。青岛二中于2002年成立了人才资源开发办公室，系统性开展师资队伍开发和培训工作，如“沃土工程”“未来教育家学校”“名牌教师”“专家论坛”“教师论坛”等，学校师资队伍建设工作掀开了崭新的一页。近年来，学校实施“改造课堂行动方案”，鼓励教师创造性地改进课堂教学，通过“聚焦课堂”“亮出你的精彩”等活动营造了教学研究的良好氛围。学校名牌教师的教学开放周活动、竞赛首席教练员的公开课活动、教研组公开教研活动等，使教学工作“低起点、高观点、高目标”的指导方针落到实处。凭着科学的管理模式和竞争体制，锻造出一支具备终身学习能力和发展能力的高素质教师队伍。

当一所学校人才济济的时候，校长需要做的就是搭建平台，甘做人梯；更要掂量下，在我们手中出现了多少“韩寒”“蒋方舟”们。我一直认为，学业非常优秀的人、在某个方面有特殊天分的人皆为天才，作为有良知的教育工作者，要做的就是不要将天才变成庸才，更不能将天鹅变成丑小鸭。

二、青岛九中：百年名校，卓育栋梁

青岛九中的前身是1900年德国人尉礼贤创建的礼贤书院，是全国百所百年名校之一，省级规范化学校。

近年来，学校坚持“以人为本”的办学理念，不断解放思想，创新办学思路，深化教育教学改革，特别是2008年青岛九中和原青岛十一中合并以来，领导班子制订了学校的三年发展规划，强化“新九中”意识，将继承传统与发展创新相结合，秉承“见贤思齐”的校训，坚持“尊崇和谐，用心做事，不断超越”的管理理念，积极促进“并校”后“新九中”的稳定发展；坚持“品学兼优、身心两健、学创俱能”的人才观，促进学生全面发展，铺设英才成长之路。在这种优化机制的带动下，学校的办学设施逐步完善，办学层次不断提升，教育质量显著提高，在青岛市办学水平和年度教学质量督导中取得优异成绩。而今，“全面发展、文理兼通、外语见长”已成为青岛九中鲜明的办学特色。

回味百十载，该校为国家培养了一大批优秀人才，其中有“两院”资深院士、“两弹一星”功勋王大珩，中国科学院院士曲钦岳、解思深、朱兆良，中国工程院院士陈秉聪、高从堦、谢立信、戚颖敏八位院士，有中共中央文献研究室主任逄先知、原航空航天部部长林宗棠、北京军区副司令兼军区空军司令李永金等党政军领导，还有国家田径教练阚福林、著名书法家高小岩、著名诗人纪宇、著名电影演员崔嵬、国际象棋国际特级大师卜祥志等一大批文体名家。

当耀眼的光环退却后，校长要进一步思考的问题就是：学校如何才能可持续发展？不断反思我们的教育行为，不断反思我们的教育环境，我们给了学生什么？知识、能力、价值观，还是好的性格和健全的人格与心理？作为基础教育的践行者，我们更要盯紧眼前的莘莘学子。

三、中国海洋大学附属中学：依托海大，艺术见长

中国海洋大学附属中学（青岛三十九中）是一所具有60年历史的初中、高中兼备的完全中学。2003年根据国家教育部的意见，青岛市教育局与中国海洋大学共建青岛三十九中，并加挂“中国海洋大学附属中学”校牌。

近年来，学校不断丰富并形成了独特的办学理念和教育思想。校训：正心、立人、尚学、修能；校风：求真、向善、崇美；学风：博学、慎思、明辨、笃行；办学宗旨：每个孩子都优秀，每个学生都精彩。办学秉承优良的传统，吸收国内外先进的教育思想。在“德智结合、德美一体、德体渗透”大德育观的指导下，采取“严、爱、细、实、恒”的方法，坚持“制度化、系列化、主题化、主体化、人文化”的工作传统。

学校德育工作积极发挥了管理、导向、保证、育人等功能，提升了校内育人的品位。在全面实施新课改的进程中，强化“科研兴校”意识。学校以创新教育为龙头，以教学改革为重点；以“演讲进课堂、讨论进课堂”为主要突破口；以“问题解决式教育”和“六步教学法”为主要内容，注重学生求知欲、自学习惯、创造能力和科学精神的全面培养，实施“因材施教、分层次、个性化”教育，为学生的成功学习和终身发展奠定了良好的基础。艺术教育是学校的特色教育。从20世纪80年代起，表演艺术人才层出不穷，被誉为“表演艺术家的摇篮”。唐国强、倪萍、王绘春、赵娜、王静、张山、陈好等影视明星均出自该校。目前，学校每年招收一定数量的艺术生，开办艺术特色班，同时成立了军乐、民乐、管弦乐、合唱、舞蹈、表演等艺术团，为艺术特长生的成长提供了最适宜的氛围。学校先后被评为“青岛市艺术教育特色学校”“山东省中小学艺术教育示范学校”。学校于2011年9月14日正式建立了全国首个“海洋教育创新人才培养班”，这是全国第一个在中学阶段就专门开展海洋教育的班级。海洋教育正式成为学校除艺术外的第二项特色教育。

一所学校出现零星的达官显贵并不出奇，如果能不间断地出现社会名士，它的教育一定有不同寻常的路径。当我们大家不只是盯着高考和分数的时候，中国教育的春天就要到来了，我们期待，并为之努力。

借上海“东风”，助力“真光”教育

在荔湾区教育局与广州市学品公司的精心组织和策划下，2015年5月17—18日，荔湾区德育精英团队在荔湾区教育发展中心进行了为期两天的德育培训学习，并于6月11—15日到上海市多所著名中小学进行跟岗考察学习。

无论是“师有百行，以德为首”，还是“无德不成师，德高才为范”，乃至康有为的“蒙养之始，以德育为先”，都诠释了德育的内涵及性质，个中道理不言而喻。作为一名教师，尤其是一名德育干部，不仅要有渊博的知识、精湛的技艺，更重要的是要有高尚的师德，着眼于学校德育的高处，对德育管理的框架进行重组和优化。在荔湾区高级德育干部研修班短短的两天培训学习和上海市民立中学的一周跟岗考察学习中，我深深地感受到了专家教授们旁征博引、深入浅出的功力，感受到了上海一线德育工作者的教育情怀，可谓受益匪浅。

在荔湾区教育发展中心的培训学习中，佛山南海九江中学的梁刚慧校长通过播放宣传片，引发学员们对学校德育风格的思考和讨论，巧妙地引出了“点亮教育”的精髓——充当引路人，让学生自主发展，无为而无不为，在“蒙眼跨越障碍物”“一杯水的量”等实验中强调了团队精神、敬业精神、业务能力等诸多德育元素的重要性，指出凡为德育工作者，思想不能禁锢，应勇于承担责任，大胆创新，力求做到科学、民主，并落到实处，最终实现学生的自我超越，德育的成效也就不言而喻了。

上海市民立中学姚伟国副校长认为“心在一起才是真正的团队”，德育应是讨论性、对话性和分享式的教育，通过别样的升旗礼、成人礼、毕业礼、信任团队等形式，让班主任在德育工作中充当学生导师、精神领袖、知心朋友等角色，使学生成为班级真正的主人，并产生极大的归属感，以活动为载体推动他们的快乐成长，相信这也是我们所有德育工作者的共同心愿。

在上海考察学习交流活动中，上海市民立中学曹斌校长和主管德育的黄主任分别介绍了该校的德育现状和未来发展，他们都指出，社会主义价值观是目标而非现状，应把握其时代性、规律性和实效性，从小处着手，紧紧围绕“立德树人”的根本任务，以价值观为导向，正确对待自己、他人、国家和自然。领导们的观点就是说，凡事都要从小事入手，进行一系列的推动。无论是宣传、融合，还是示范、总结，都应细致入微。

上海师范大学附属第一小学随处都是德育场所，随处都是德育的痕迹，这一点弥足珍贵，送邮票、送“红包”给每一名学生并要求学生保留“红包”三个月后再收回、寄信给各行业工人、给每一名学生一份种子尝试种植、结对送祝福等活动，都是润物细无声的举措，人格示范和人格力量也是一种心灵的催化剂，而这一切都强调了以学生为主体的德育理念。

“蒙养之始，以德育为先。”德育工作，首先要以学生为主体，使之获得主动的发展。由此才能形成从自发到自觉的自律、自强、进取的班风乃至校风，才能使学生在积累知识的同时挖掘潜能，全方位提高素质，使我们的“教文育人”的教育本真理念能够并驾齐驱。

赋诗一首，以铭记心；专家引领，立德树人；实践体验，不枉此行。

（一）

美丽荔湾似磁场，德育精英聚一堂；
培训用心齐见证，每天收获共品尝。
专家引领高大上，理念更新价无常；
学员投入自不表，德育之花更闪亮。

（二）

北京教院吴松年，国学教育记在心；
以德育德培育人，爱学会学乐学情。
龙岗实验张浩权，志存高远励图精；
完善学校之章程，德艺双馨团队行。

（三）

上海附小校园行，科技特色引领人；
实践体验活动多，书香校园养精神。
荔湾团队赴上海，民立中学获首肯；
特色课程主渠道，杏花开放满羊城。

基于中学校长领导力的专业化标准解读

我国中小学实行校长负责制，建设优秀的中小学校长队伍是贯彻落实党的教育方针政策、国家教育法律法规，全面提高基础教育质量和学校管理水平的关键。进入21世纪以来，我国中小学管理制度改革进一步深化。教育部《2003—2007年教育振兴行动计划》要求“在普通中小学和中等职业技术学校，全面推行校长聘任制和校长负责制，建立公开选拔、竞争上岗、择优聘任的校长选拔任用机制，健全校长考核、培训、激励、监督、流动等相关制度”。因此，制定中小学校长专业标准，已成为改革与完善我国中小学管理制度，实现教育家办学理想的客观要求。校长专业标准可以为校长的遴选、培训、评价和绩效管理等标准的制定提供基本依据，有助于校长的专业发展，并使政府、教职工、学生、家长和社会明确校长的角色定位，从而更有效地参与和监督学校管理。

中小学校长是学校的法人代表，是学校的领导者、教育者和管理者，对外代表学校。校长的基本职责是在上级党组织和政府教育行政部门或学校董事会的领导下，对学校的教育教学和行政工作全面负责，不断提高学校管理水平。校长的核心目标是通过有效的领导、教育和管理，以学生发展为本，保证学校的所有工作按照国家规定的标准进行，确保教育质量。具体包括：校长有责任领导学校教职工，对学校发展进行内外部环境分析，确立学校的办学理念，构建学校的愿景和目标，制定学校的发展战略，规划学校的未来，培育有特色的学校组织文化；领导和管理学校的课程、教学和德育工作，引领教师专业成长，为学生发展提供有效的保障；运用合适的方法和技术对学校的人员、财务、时间、信息等进行全面管理，建立与完善学校的规章制度，提升学校的组织效能；通过建立和维持与学生家长、其他学校、社区及机构等的广泛联系，为学校的发展创设良好的社会环境；发挥学校党组织的政治核心作用，保证教代会参与学校民主管理和民主监督。

一、原则与构建

中小学校长专业标准的制定遵循了以下基本原则：以国家教育法律法规、党和政府的教育方针政策为指导；同校长基本职责的要求相衔接；以促进学生全面发展和全面提高教育质量为核心；确立校长专业发展目标；为校长遴选、培训、评选和绩效管理等提供专业衡量的框架。

校长专业标准的构建应该以校长的核心目标为统领，以校长的基本职责为依据，充分反映校长职业角色必须具备的基本专业素养，包括个人素养和职业素养。

校长的专业素养要求是由校长工作的核心目标和基本职责决定的，是校长专业标准构建的基本依据。在校长的专业素养中，个人素养和职业素养相互依存：个人素养是职业素养的基础和前提，而职业素养是个人素养的体现和提升条件。职业素养的六大领域涵盖了校长基本职责的外延，在校长核心目标的统领下，个人素养与职业素养共同构成校长的专业素养。

个人素养是指校长作为学校的领导者、教育者和管理者应该具备的教育思想、管理理念与价值追求。职业素养是指校长作为学校的领导者、教育者和管理者应该拥有的专业知识与专业能力，具体包括规划学校发展、保障德育实施、领导课程教学、引领教师成长、提升组织效能、协调公共关系六大领域。

二、专业标准

（一）个人素养标准

校长良好的个人素养是实现校长专业化发展和教育家办学理想的前提条件，也是校长达成核心目标和履行基本职责的思想道德基础。校长是学校的领导者、教育者和管理者，其教育思想、管理理念和价值追求应该符合国家的教育法律法规，符合党和政府的教育方针政策，与基础教育改革和发展的趋势相一致，并有利于校长负责制的完善和现代学校制度的建设。

1. 教育思想

忠诚党的教育事业；落实党的十八大精神；坚持以学生发展为本的办学理念；相信每个学生都能取得成功；给每个学生提供平等发展的机会；具有追求公

平和卓越的使命感与责任感。

2．管理理念

遵守国家的教育政策和法规；强调民主、平等、参与；提倡信任、沟通、分享；鼓励竞争、合作、创新；尊重学校每个成员的个性；善于发现和发扬学校每个成员的优点；勤于和善于听取教师的意见与建议；时刻保持危机意识。

3．价值追求

恪守公正、廉洁、效率的行为准则；维护教师、学生、家长的权利；承认和赞赏有效教学的实践与成就；关注和支持教师的专业发展；注重公正、进取、合作、开放的学校文化的创设；具有批判精神和自我反思能力。

（二）职业素养标准

1．规划学校发展

校长领导角色的关键是通过与政府教育行政部门、学校教职工以及其他利益相关者一起，融合校长个人的教育理想、信念和价值观，确立学校的发展目标，制订与实施学校的发展规划，以确保学生的全面发展和学校的可持续发展。

（1）专业知识。

国家教育法律法规、党和政府的教育方针政策；政府教育行政部门的规章制度；国内外政治、经济和社会发展现状；国内外教育发展的变革与创新；学生身心发展的特点和影响因素；学校发展的过程、特点与机会；学校发展规划制订的过程、技术与策略。

（2）专业能力。

制订与实施学校中长期发展目标及规划；明确学校工作计划及相应的实施方案；激励师生落实发展规划的领导力；保持学校发展规划落实的领导力；评价与完善学校发展规划及其实施方案。

2．保障德育实施

保障学校德育工作的有效实施，为培养合格的社会主义事业建设者和接班人奠定良好的素质基础。校长必须按照党和政府有关学校德育工作的方针政策，整合学校、家庭和社区的教育力量，努力创设优良的育人环境，培育学生的人文精神和团队合作能力，使学生的人格得到健康成长。

（1）专业知识。

党和政府有关学校德育工作的方针政策；教师职业道德的基本准则与规范；

学生思想品德形成的特点与规律；课程教学在学生思想品德形成中的作用；少先队、共青团、班主任等在德育工作中的作用；心理健康教育的一般原理和方法；艺术和体育对学生良好个性成长的作用；人文精神和团队合作能力对培养合格公民的意义；学校、家庭和社区对学生思想品德形成的影响与作用；学生综合评价的原理和方法。

（2）专业能力。

建立学校德育工作组织体系、优化育人环境；规范、培育与维护教师职业道德的制度和措施；指导教师在课程教学中体现德育因素；开发与实施体现优秀文化的校本课程；组织各类文艺、体育和专题教育活动；实施教师和学生的心理健康教育；培育学生的健康人格和良好个性；开展个性化的德育工作和个别教育；指导少先队、共青团、班主任开展德育工作；建立完善的德育工作监督、检查、考评和奖励制度；创建学校、家庭和社区有效合作的德育工作网络；创设以培育人文精神和团队合作能力为核心的校园文化；提升自身的道德修养，恪守道德行为规范；借鉴其他学校先进的德育工作经验。

3．领导课程教学

校长负有按国家标准设置与实施课程的责任。校长应当创设良好的教学环境，建立稳定的教学秩序，推行有效的教学活动，实施监督和评价教学的制度与方法，养成学生独立的学习行为与习惯，使之形成终身学习的意愿与能力。

（1）专业知识。

国家教育行政部门的课程设置及标准；学校教育质量保障体系的原理与构建；课程实施和管理的基本原则与程序；有效教学的一般原理与基本准则；课堂教学行为及其管理的有效方式；提升学生学业成就的多样性策略；监控和评价教学的原理与方法；信息技术对课程教学的影响及效果；校本课程开发的指导思想与一般原理；家庭与社区对学生学习质量的影响及作用。

（2）专业能力。

全面落实国家规定的课程设置及标准；确保学校教学秩序达到政府教育行政部门的要求；保障教学在学校工作中的核心地位；组织校本课程的开发与实施；创设提高学生学业成就的学校环境与制度；制订改善教学行为、提高教学质量的行动方案；分析与解释教学质量的数据和事例；选择达到课程质量标准的合理策略；创设满足学生个性化学习需求的条件；选择与运用信息技术，提高教学质量；提供课程教学改革的政策与资源；组织与指导教师开展教学研究；建立课程与教学实施状况的评价机制；形成与实施提高教学质量的激励制度和措施；研究和借鉴其他学校提高教学质量的制度和措施。

4．引领教师成长

校长负有引领教师专业成长和建设教师队伍的主要责任。校长应当培育促进教师学习的文化氛围，建立与实施激励教师专业发展的制度，选择与推选评价教师专业品质与成就的有效方法，引领所有教职工的行为达到专业标准。校长应致力于自身专业的不断发展，从而有能力承担领导学校的职责。

（1）专业知识。

教师专业的性质与特点；教师专业发展的阶段、途径与支持条件；教师专业发展互助合作团队的意义与策略；校本培训的策略与方法；教师的专业发展和学校的可持续发展；学校的组织管理理论与专业知识。

（2）专业能力。

创设满足教师专业发展愿望与需求的条件；建立与实施科学合理的教师工作绩效评价制度；制定与实施激励教师专业成长的制度和措施；选择与开发校本培训的资源、策略和途径；形成促进教师专业发展的互助合作机制；指导与激励教师的相互尊重、理解和欣赏；发现与矫正教师的工作失误和不足；制定与实施校本培训的制度和措施；提供教师继续学习的资源和机会。

5．提升组织效能

校长负有对学校进行有效的组织和管理的责任。校长必须充分发挥党组织的政治核心作用、教代会民主管理学校的职能，建立与实施学校各项规章制度，合理配置学校的各种资源，落实教职工的岗位职责，评估教职工的工作业绩，激励教职工的进取精神与行为，不断提升学校的组织效能。

（1）专业知识。

党组织和教代会在学校中的地位与作用；学校内部组织的构成、职能与管理规则；学校组织优化原则、策略与基本方法；学校涉及的教职工和学生的权益保障；学校人员聘用、辞退与绩效考核的制度与程序；学校财务预算管理和资产管理的制度与程序；学校设施设备安全和使用的制度与程序；校园危机处置的法律、专业常识与程序；学校校务公开和信息公开的意义与程序；信息技术在学校管理中的应用。

（2）专业能力。

贯彻落实国家法律法规和地方政策；构建公正、进取、合作、开放的学校组织文化；建立民主科学的学校决策机制和监督机制；落实学校各部门与教职工的职责；依法并按专业标准招聘、续聘和辞退教职工；明确与落实学校优先发展的事项；确定与分配教师团队与个人的工作任务；制订与改善学校设施设备的使用方案；指导、制订与解释学校的财政预算方案；推行、评估与改进学校各部门与教职工的绩效管理；监控、检查与评估学校各种事务及预算的实践效果；指导与选择信息技术运用于学校管理；检查与改进学校安全规章制度的实施要求；制订、演练与评估校园危机处理的预案；推进与落实学校校务公开和信息公开。

6. 协调公共关系

校长负有协调学校公共关系的责任。校长应当建立学校与政府部门、学生家庭、其他学校及机构的合作关系，为社区提供必要的人力与物力资源的支持，也为教师和学生的发展获取机会与资源，创设学校发展的良好社会环境。校长应当指导和帮助教师与学生、家长及其他部门的沟通协调，鼓励教师和学生积极为社区服务，参与同其他学校及机构的合作活动，不断扩大学校的影响力。

（1）专业知识。

社区的历史文化传统、现状及发展趋势；社区人力、物力等资源以及可利用方式；学校和学生家庭、社区及相关机构合作的方式与途径；学生家庭、社区及相关机构支持学校的方式与途径；社区资源和学校课程的开发与整合；家庭教育的功能、特点与多样性；学校、师生的成就获得社会认同的意义、条件与途径；当地以及国内外其他学校的状况、特点与发展趋势。

（2）专业能力。

建立和维护与家长、社区及相关机构的合作关系；构建学校、家长、社区共同为学生成长负责的机制；指导和帮助家长理解、接受与认同学生的学业成就；指导和帮助教师了解学生家庭以及跟家长的沟通；选择家长和社区满意的行动以改善学校教育行为；选择家长和社区机构参与学生学习与活动的条件；提供社区建设所需的学校设施设备及人员；创设家长和社区认同的学校文化与校本课程；寻求、发掘与整合学校发展所需的社会资源；把握与选择向社会展示学校及师生成就的时机和方式；帮助教师获得上级部门、学术机构及校外同行的支持与认同；帮助学生获得校外交往的态度、技能、经验及高一级学校的认同；开展与当地以及国内外学校之间的多种类型合作。

关于校长专业发展的一点思考

上海被誉为“东方的巴黎城”，这里有外滩、豫园、黄浦江、东方明珠塔、陆家嘴、华东师范大学……

我们怀揣希冀与期盼，来到华东师范大学教育部校长培训中心，参加为期82天的广州市首期卓越中学校长培训班的学习与培训。

4月16—19日听取了一系列的大师报告：徐海鹰博士的“我国经济、社会发展和教育”、陈立群校长的“学校精神生活和师生精神成长”、张俊华博士的“国外教育改革动向”、赵中健教授的“科技创新和教育改革”、杜成宪教授的“中国传统管理文化”、沈玉顺教授的“我国基础教育改革与发展”等，深受教益，并引发我对当代教育现状及校长专业化发展的一些浅显的思考。

30多年的改革开放，30多年的教育探索，30多年的教育发展和素质教育深化，我们与发达国家的教育距离不但没有拉近，反而更大了。面对美国的一枝独秀，面对周边国家的崛起，面对第三次工业革命的到来，我们的教育如何走下去？我认为一是国家政策应调整，二是行政部门权利应下放，实施校长办学、学校自主办学。这就对学校教育和校长的专业化发展提出了更高、更全面的要求，既有知识层面的，也有技巧层面的，还有方式、方法层面的。

由此我就想到了圣人管子在《管子·权修》中的话：“一年之计，莫如树谷；十年之计，莫如树木；终身之计，莫如树人。一树一获者，谷也；一树十获者，木也；一树百获者，人也。”也就是说：十年树木，百年树人。可见教育的重要，而教育的过程中学校又扮演着重要的角色。

中学作为教育链上的重要环节，对于12～18岁的学生专业知识的把握，价值观、人生观的形成都起着重要的作用。同时也对我们的培养目标提出新的要求：清晰而有效的沟通者（Communicator）、自我指导的终生学习者（Learner）、创造性的和实际的问题解决者（Solver）、负责的和参与的公民（Citizen）、合作的和优秀的工作者（Worker）、整体的且富有信息的思考者（Thinker）。简言之，就是学会求知、学会做事、学会生存、学会共存。

一所学校能否顺应时代的要求健康发展，关键在于校长和教师是否了解国际教育发展的动向、了解我们的差距，能否顺时转变教育观念、改变我们现有的课堂模式、重新定位师生的关系、关注学生的差异、关注全体学生的成长、创设探究的环境和气氛，重视学生的学力培养和教师的专业发展。这一切的引领和推动的关键在于校长，这与校长的领导力密切相关。因此，校长领导力也就日益引起教育界和学界的关注。

如何使中学校长尽快地得到专业成长，掌握必需的政策、知识、能力、技巧，从而形成团队的领导力，就成为我们广州市首期卓越中学校长培训班任务的重中之重。因此，观念的更新、理论知识的重组和丰富，也就成为我们学员的一种需求和追求。

一、观念更新，服务高效

在教育改革不断深化的进程中，观念的转变或革新往往是十分重要的。如果还用原有的眼光和经验从事管理，所带领的团队不可能有突破。在现有的形势下，校长的领导力首先要从人的选拔、培养和使用方面显现，强调在尊重人的价值的前提下，注重3~5年的教育战略规划，注重全员参与和团队精神，能够站得更高思考问题、协调工作，牢固树立“领导就是服务”的观念。高瞻远瞩，精心谋划，精神引领，高效工作。

二、制度完善，保障运转

学校管理制度是学校各项工作正常运转的保障，也是广大师生养成习惯的良药，同时也是一家单位形成规范和自有文化的有力手段，变领导高压为文化感化和影响，进入领导的最高境界“自主发展、自主管理”。它主要包括学生管理制度，教师专业化发展制度，绩效考核、奖励及学校文化建设制度，学校财务管理制度，学校发展战略规划等。

三、关注成本，重视效益

学校资源主要包括两个方面：一是学校人力资源，二是校本财政与学校财务。随着学校自主权的日益扩大和校本培训观念的深入人心，学校人员（以教师为主）的招聘、选任、培训、晋升、评价以及教师压力舒解（压力管理）等工作，正在逐渐下移到学校层面，校长要做好接纳的准备，并把它纳入日常工作，精细管理，高效管理，规范管理。

随着教育体制改革不断深入，办学校同样必须关注成本和效益，一要算经济账，二要算社会效益账，这对于公办学校是必需的。尤其是在学校的经费来源不再仅仅是政府财政拨款的情况下，校长不能再置身事外，仅仅依靠人事人员和财务人员所提供的信息。校长本人必须了解财务知识和成本管理知识，如预算编制、资金运作、成本管理、薪酬设计等。这些在当下和未来显得越来越重要，可惜还有相当多的校长并没有看清这一点，可见对于当前国际、国内的教育形势和校长领导力的理解与把握还没有真正到位。

四、课程领导，道德示范

校长的角色职能也在不断地转化，过去更多的是强调行政职能，随着素质教育和课程改革的不断深入，校长工作的专业化也产生了更高要求。校长要有课程的指导能力，并上升为课程的领导能力。一所学校的课程决定一所学校的层次。现在中学的课程主要包括三级课程：国家课程、地方课程和学校课程。在课程的实施过程中，无论是课程的选择、课程的新组合，还是课程的价值、课程的规划与开发、课程的实施与评价，都要求校长把以往具备的课程指导能力上升为课程的领导能力，也就是从课程管理走向课程领导。作为一校之长，仅仅做好学校的管理还是远远不够的，还要成为大家效仿的对象、道德的样板、学习的模范。这就要求校长在大力提倡“以德治校”的实践中，既要重视学校的文化建设，还要重视全体教职工的精神建设，特别是自己的精神建设，如价值观、信念、意义、承诺、专业精神、专业追求等，突出道德权威对教职工的引领作用，使学校共同体成员都能在正确的价值指引下做正确的事情。

五、学校文化，满园春色

一所学校的发展，离不开文化的引领和影响，它包括组织文化、制度文化、教师文化、学生文化、校史文化、社团文化、环境文化、传统节日文化、校长独特人格魅力文化、优秀教师团队文化等。正是有了这些独特的学校文化才使得广大教职工、家长、社会人士能够对学校的办学理念、办学目标、育人目标等达成共识，才使得学校能够形成自己的独特个性，才使得学校内部的所有人员能够凝聚在一起。传统名校和百年老校也在一遍又一遍地向我们传递着这样的信号：学校要发展，校长先改变；教师要发展，校长先发展；学生要成长，校长先成长。

关注人的发展是优质学校的重要标志，同样，关注人的发展更是校长专业化进程中关键的任务和责任。专业化程度高的校长绝不是一人的孤峰独立，一定是周围一群人的百花争艳。从学生层面到教师层面，再到领导层面，呈现的应该是一个团队总体的向上和发展。基于人的发展，校长才会思考学校的定位、引导变革现行的课堂、引领建设学校的课程……校长专业化的一个重要指标就是校长是否具备发现人、运用人、培养人的基本能力，人的发展才是一切发展的根本。

新任校长如何开展工作?

新任校长来到一所陌生的学校，面临全新的环境和陌生的群体，重点要做好哪几项工作呢？这个问题一直困扰着很多人。

校长作为学校的法人代表，他的一言一行不仅决定着学校的发展，更是代表政府履行权利。办什么样的教育？培育什么样的人？校长必须熟读5本书：一是《广州市教育收费和审计文件汇编》，大家知道，收费历来是社会和公民关注的热点问题，学校的收费必须要做到规范化、制度化，依法行政，依法执教，阳光办学，阳光收费；二是2007年汇编的《广州市中学教育教学汇编》，为学校的核心工作“育人和教育”找到遵循和评价的依据；三是《广州市普通高中新课程实验文件汇编》之一和之二，课程是学校的核心文化，也是校长领导力体现的主要指标，该文件既是学校课程实施的指导性文件，更是方向性文件；四是专业类的《广东省普通高中（学科）模块教学与考核要求》，对地方课程的学习标准和考查要点提出明确的要求，它是广东省高中课程落实的标杆和标准；五是《广东省普通高中教学水平评估工作手册》，这本书既是指导手册，也是对我们办学的质量、方向和发展提出更高要求的纲领性文件，也是学校上等级、求发展的必读书目。

学校发展的核心人物是谁？校长固然重要，但我认为核心人物不是校长，应该是教师团队。校长新来到一个团队，不应忙着“烧三把火”，而应尽快了解教师队伍的情况。了解教师队伍情况的渠道是多样的，但我认为主要有三种：看档案、招聘、听评课。看档案——可以全面地了解教师的履历情况、教育教学成果情况、教育科研成果情况等。招聘——可以与教师面对面交谈，基本了解教师的语言表达能力、受教育的背景、个人的喜好等。常言道：受过良好教育的人周围必然有一群受过良好教育的人，一个优秀人的身边聚集一群优秀的人。听评课——校长专注于管理，从道理上讲是可以的，但从效果上讲，还要精于专业，最好兼点课。一是要抓尖子教师，达成“以一带多”的目标，发展成型的学校，优秀教师必须是一个团队和梯队。二是把重点放在课堂，注重教师的教学行为是否突出五个维度：目标、内容、过程与方法、教师的素养、学生的参与；注重一堂好课的标准是否彰显：教得有效，学得愉快，考得满意。我想起了叶澜教授的一番话，一堂好课没有绝对的标准，但绝对有一些基本的要求，大致表现在“有意义，扎实；有效率，充实；生成性，丰富；常态性，平实；待完善，真实”。三是加强评课，分三个步骤，第一步为主讲人课前会议，侧重于主讲人说教材、析学生、谈设计；第二步为课中观察，侧重于课堂过程的实施和方法的选择，课堂问题的设计和生成等；第三步为课后会议，主讲人侧重讲三点：实效是否达成、教学行为是否有效、教学预设与生成如何。评课人侧重评三点：成功之处、个人特色、存在的问题。评课的基本原则就是从简单到复杂，从对立到理解，从业余到专业，对照学科的课程标准，优点讲足，主要缺点摆出来，废话、套话不讲。

一所学校工作很多，校长即使有三头六臂，一人也难以招架，这就需要左膀右臂，“一个好汉三个帮”，讲的就是这个道理。

对于群体的了解，校长要坚持四项原则。一是对照岗位职责，看到每个人的优点和长处；二是对照经历，看到每个人的业绩，经常夸一夸；三是用其所长看到工作的实效，发现缺点就私下谈，切忌当面指出；四是对照年龄，给予足够的尊重，看态度和未来。

在行政人员的使用上，校长还要坚持三项原则。一是个人私心比较重的人不能任用，即使能力很强，这类人只能做点事而不能委以重任，若是安排在手中有一点实权的岗位，这类人都会无限放大权力。对于前任已经使用的，逐渐边缘化，不刻意打压，实行自然消失法，不去过多关注，更不去刺激。二是对于能力有限的干部，只要勤快和充满正能量的，就给予鼓励和帮助。三是给团队不断制造麻烦的，以三招“闹跑、闹倒、闹好”智取，看似简单的几个字，恰恰包含了校长处理人事危机的的全部智慧。

校长的社会交往是学校公共关系的重要组成部分，采用以社会关系为基础的非正式组织沟通，进行无时不在、无处不在的广泛社会交往。

校长要处理的社会关系主要有五类。一是处理好与政府及教育行政部门的关系，为学校争取更多的财务和人力资源；二是要处理好与大学和科研机构的关系，为学校的可持续发展和学生的职业规划做好铺垫；三是要处理好与当地中小学的关系，从而保证学校优质的生源；四是要处理好与同类学校的关系，互助共赢，共同发展；五是要处理好与街道社区和派出所的关系，为学校的发展创设良好的社会环境和外部环境。

当然，因为要面临的部门和人员性情、工作方式、工作性质有差异，在交流与公关的过程中要采取不同的策略方式：优质教育，质量取胜；校长风采，魅力取胜。

学校的发展过程就是一个教育单位形成文化传统的过程，它涵盖了校长文化、制度文化、学生文化、课程文化、社团文化、历史文化等，集中反映了学校的校风、教风和学风，是一所学校育人素质的综合体现。学校文化的发展一定要有自己长期保持的风格，一定要结合社会发展和学校发展的实际，做到与时俱进、推陈出新。

校长到一个新单位，最不明智的举动就是完全推翻前任的东西，墙上的东西铲掉，纸上的东西去掉，脑中的东西洗掉。其实学校的发展难免打上时代的烙印和校长的痕迹。新任校长需要做的是了解学校发展的历程，了解历任校长对于学校的发展留下的印记，了解在学校工作过的人留下的教育故事，了解学校办学以来形成的核心文化和精神追求，结合当前的社会背景和时代要求，不断注入新的活水，突出社会主义核心价值观，打造精英团队，梳理新的办学方向，努力提高自己的行政领导力、课程领导力、处理社会公共关系的领导力等。在潜移默化中，使自己的教育理想和教育追求在学校的办学实践中、在教师的课堂中、在学校的文化中得到渗透、发扬和扩大，在外部的变革中引导教师的自觉变革和提升。

校长不仅是一所学校的首席管理者，更是在学校发展中，人格和魅力双线并举的旗手，我们不能要求教师做道德圣人，但校长必须做道德的高标，在朴素之中见光芒，在平凡之中见出众，在恬静之中具威力。

不看广告，看疗效

吃过午饭，我们利用午休的时间，就几个关心的问题，专访了郝玉伟校长。

李洪奇：请问郝校长，你怎么看学校的小帮派？

郝玉伟：小帮派的存在是一个事实，每个单位都有，他们之所以结成帮派，可能是基于安全的考虑，可能是基于利益的考虑，也可能是基于感情的考虑等。

对于帮派，我们要分析他们的背景和可能产生的后果，如果是良性的，就不要理会；如果是恶性的，就要想办法根治。对于边缘人物要多交流，对于中心人物不去更多地关注，要远离他们，冷淡他们；有时还要给予小的恩惠或者利益，让他们争一争、打一打。一所学校的话语权在校长，小的恶性帮派不会影响学校的整体发展，校长的为官之道就是平衡，弘扬学校的正气，挖掘学校的正能量，决不能让小人得志，这是治校的底线。

李延彬：在绩效工资的背景下，作为校长，如何提升校园的幸福指数？

郝玉伟：一是制订三年教学规划、德育规划，打造高端直播课堂，把教师的注意力吸引到教学，转向课堂。二是工会举行菜单式体检，在每人 1 000 元的基础之上，根据个人需要体检，具体操作由工会实施；校长的工作重心落在"鼓士气"上，大家的心气顺了，干起活来，就与别的学校教师不一样了。同时，校长还要积极引导教师改变"当老师发不了财，想发财就不要当老师"的价值观，教师就要有教师的职业追求和道德追求，这是由职业特点决定的。三是积极为教职工解决实际家庭问题，如孩子的升学、老人的入院治疗，甚至孩子大学毕业的就业问题。四是要把更多的权、责、利分给你的主要助手，如书记、主管副校长，自己要慢点，自己要懒点，这才能够当好校长并给助手们高度的尊重和尊严。

李延彬：作为校长，如何处理好副校长的权、责、利？

郝玉伟：即使校长委派副校长具体负责很多事情，副校长还是会跟校长汇报的。校长不要把手中的权力看得太重，放心交给主要助手，不仅自己轻松了，而且你的尊重和信任往往还会激发他们的工作活力和潜力，他们工作起来不仅自己开心，也乐于打开心扉，跟你交流内心的话。

危德健：我有一朋友也是校长，喜欢把自己认为做得好的几个人和他们的家属带到某个地方休整疗养，你怎么看，这种做法是否妥当？

郝玉伟：这要看学校的风气。如果学校有很多人喜欢说闲话，这种方式会毁掉学校；如果学校的正气很足，做得好就要奖励，立足于学校的发展，而不是自己的喜好，这样会激励其他人。当然，校长要提醒自己，手心手背都是肉，如果处理不好，你就要做好当孤家寡人的思想准备。对于学校骨干力量，我们要提供更多的平台，提供学习的机会，将培训当作福利，甚至提供更多发言的机会和场所，树立典型，通过他们的价值实现和自我发展留住人、激发人。

韩志捷：从副校长到正校长，你是如何实现角色转变的？你的立足点在哪？

郝玉伟：一言难尽啊！我刚刚转为正校长时也遇到了很大的困难。一是原来有校长的靠山，很多事情可以请示，而现在一转身一个人都没有了，向谁请示？

教委叫我来做校长是解决困难、解决问题的，不是让我来添堵的，无人能替我拿主意，我是学校唯一的法人，只能靠自己；二是由于遇到的困难很多，我经常给自己打气，电脑、手机中都录有国歌，低沉的时候听一听；三是假如你来一所新的学校做校长，更没有多少人希望你来当家，也不会有更多的人配合工作，你能做的也是最保险的一件事就是听课，在这个过程中，你还不能到处走走看看，直至你熟悉这个团队，直至团结你的人超过 50% 。

我们的专访就在意犹未尽中结束了，最后郝校长告诉我们，工作实际中，不要过多地去听个人的汇报，而要把更多的精力放在团队建设上，评价一个人的好坏不要凭个人的印象，要有科学的评价体系。

有句广告语，正好印证了郝校长的金玉良言：不看广告，看疗效。

校长的生活更要完整

何勇校长用 100 分钟的时间，诠释了广州市执信中学“还师生完整的生活”的办学理念、举措、成效及社会影响力。在感叹何校长思考问题的独特视角之余，我对于他的演讲主题，在聆听、消化的同时，也不免会和坐在我旁边的学员，交流下心得，同时对何校长提出的命题也产生了些许新的思考。

校长作为学校的大脑，追寻“师生要有完整的生活，心灵的起点站得有高度”的目标，但是我们要反问自己：我们的生活完整吗？我们有自己独特的教育理念和教育理想吗？我们有自己卓越的教育追求和热情吗？我们有“大家”的科研能力和课程指导能力吗？我们有与学校知名度相契合的专业化知识、专业技能和专业素质吗？

听君一席话，胜读十年书。心在路上，思考也在路上。

戚教授的点评让我更理解和欣赏何校长了：现代信息技术、物联网、云技术等改变着一切，虚拟交往已成为年轻人主要的交往方式，他们获取知识的渠道更多是网络而非老师，老师和学生的界限已不明显，所以有人提出“学生好好学习，老师天天向上”。

教育是一种生活方式，为师生创造今天的快乐，准备明天的幸福。

校长引领师生建立共同的精神家园，提升师生教育生活品质。一是价值追求；二是文化引领；三是环境熏陶；四是自主管理；五是人文管理，也就是人文关怀；六是生活关心，体现关爱。

我们要知道校园不是分数、升学率和精神的囚牢，它是一种生活，是一种接地气的生活。

校长，你的生活接地气吗？

唤醒要抓住要害

张彤校长的唤醒教育，让我看到了他的睿智和气场。

当我们在睡梦中的时候，最讨厌的就是别人的唤醒。

当我们习惯于某种习惯的时候，最讨厌别人叫你改变，哪怕你的习惯是一个坏习惯。

面对以上种种不愿被唤醒的情况，校长应该如何面对？

首先，从小事做起，能够“动”是一切改变的开始。主要体现在四个方面：一是通过小事唤醒师生的尊严和自信；二是通过小事激发师生潜在的思考和创造；三是通过小事唤醒师生的梦想和追求；四是通过小事唤醒师生的自觉和担当。其次，要关注每一个人，正视差异，满足需要。人既然有差异，那么我们的目标设定就要有差异。最后，要激发师生对目标的渴望，设定的目标不能太高，要一步步往前走，积少成多，这样就会“风雨兴焉”。

所以，唤醒要抓住要害，直抵心灵的底线。

如何激发教师的智慧潜能

上海金山中学徐晓燕校长端庄、大气、有智慧。她对于教育的思考有深度、有广度、有厚度。她心目中的教育、教师、课堂、学生标准让人耳目一新，在聆听报告的过程中，引发了我对于教师团队的一点思考。

“有一个好的校长就会有一个好的教师团队。”对于此观点，我持肯定意见，但前提是必须建立在校长熟悉身边人的基础之上。

在报告中，徐校长把教师队伍分成生存型、享受型、发展型，表现分别是：养家糊口、体验人生和品味幸福、服务社会和完善自我。在学校管理实践中，我也发现教师队伍大致可以分成三大类型：自我陶醉型、接受型、创新型。

自我陶醉型教师游离于团队之外，按照个人的方式生活、工作。这类教师在单位虽然不多，但会给团队带来负能量。对于这类教师，我会跟他们建立密切的工作关系，偶尔带入个人的生活圈子，让他们体味不一样的生活和处事方式，工作上安排的事情要让他们有满足感，但又能感知到你的担心和忧虑以及对他们主动工作的期盼。接下来就要把他们放入团队，感受气氛，感受合作带来的快乐，使他们的工作生涯发生蜕变：迷茫—彷徨—唤醒—发挥—发展—成功。

接受型教师在单位中占有的比例较大，工作上勤勤恳恳，认同学校的文化，接受校长的理念，交给的任务都能完成，但是缺乏创新，让你总是感知不到其对工作的热情。对于这类教师，主要应该采用“送出学习、提升理论、回来交流、提供机遇、搭建平台”的方法。通过外部信息源给予刺激和诊疗，让他们感觉到机缘就在眼前，只要想抓就有机会，五彩的生活要从个人改变开始。

创新型教师本身就很有智慧和思想，对于他们的要求从严、从高、从精。一要提供高端培训；二要帮其清除障碍，保障工作的连续性和积极性；三要给予平台和舞台，让他们走出校门、市，甚至省和国家。对他们的定位是学校管理核心成员、特级教师、“百千万人才工程”名师等。

当然，一个好团队的打造不是一朝一夕的事情，也不是一个校长就能完成的事情，它需要传承，需要肥沃的土壤，更需要在工作中注意“标签只能贴在暗处，底线不能触碰”。

跟岗学校导师案例分析

——由戴东祥校长“卓越永无止境”观点想到的

主持人：

华南师范大学基础教育培训与研究院副院长、教授　王红

跟岗学校导师：

广州市培正中学校长　吕超

广州市第二十一中学校长　戴东祥

戴东祥先生是广州市第二十一中学的校长，也是我这次跟岗挂职的导师。

第一次见面，戴校长的“卓越永无止境”观点就深深打动了我。于是，我决定追寻戴校长从培正中学、恒福中学、第二十一中学的办学足迹，探寻他作为广州市名校长的岗位体验和管理智慧。

戴校长讲话不喜欢拐弯抹角，第一次面对面沟通就指出：广州市首期卓越中学校长培训班的学员们10月8日起将到市内的名校跟岗学习，各位学员要做的最主要的一件事就是对于不同形式的校长要科学定位，在实职的岗位是实践，跟岗学习是镀金，学员的修行靠自己。

工作中的校长是领头人，校长的职责是让意见达成一致，分享观点和分担责任。培训学习就是学员们走向卓越的前奏，因为当校长不能试试看，做好校长前必须有充分的心理准备、知识储备和行政技巧的储备，时时牢记“校长当好了是享受，当不好有罪受”。

校长要干校长该干的事，校长要干好围墙内的事，占工作比重是80%；校长也要能摆平围墙外的事，占工作比重是20%。

校长要有实践经验，更要有理论知识，如果你觉得理论没有用，那是因为你没有去用。

校长要谨言慎行，校长要有自己的人格魅力。因为校长首先是学校的思想引领者，其次才是学校的领导者和管理者。领导者只有被追随者认同，其管理举措才更有效，校长领导力的落实关键在于“使优秀者卓越，让平庸者能干，叫懒惰者振作，令后进者惭愧”。

与名校长对话

——校长角色的转变

主持人：

华南师范大学基础教育培训与研究院副院长、教授　王红

广州市名校长：

广州市第四十七中学校长　彭建平

广州市番禺区象贤中学校长　谭小华

王红：今天请来的两位校长，都是广州市的名校长，有自己的江湖地位，请你们谈谈对卓越的理解。

彭建平：在座的大多数是副校长，我认为“卓越”暂时还只是一个符号，不代表大家的任何东西，它更多体现的是大家的一份期待，既是大家职业生涯中一直追求的目标，也是大家迈向校长生涯的知识准备、行政技巧准备、心理准备等，“卓越班”的学习过程主要是从专家的培养到自我提升的过程。

谭小华：我认为“卓越”是一份期待，因为它是市长工程，政府、社会翘首以待。各位学员，期待是别人的心态，你们也要有个人的心态。首先，要把握好别人的心态，不要玩空手道，要身怀绝技；其次，要发现自己的不足，查缺补漏。

王红：两位校长刚才谈得很好，现在这36位学员又聚在一起，两位校长对他们有何期待？

谭小华：希望大家在昨天的基础上有较大的进步。一是对于教师的专业成长给予建议；二是给予教师发展的平台；三是希望大家把自己的团队带好，把学校带到一个新的高度。

彭建平：希望大家做好两件事。一是深入了解学校的管理文化和教师的教学文化；二是在已经形成的文化结构中适度注入新的价值追求和办学理念，切忌盲目和不切实际。

王红：新官上任三把火，是值得大家警戒的一件事。请问两位校长，到一所新的学校任校长，要做点什么？

谭小华：到一所学校面对新的群体和思维，校长要进行角色转变。成熟的学校要有成熟的做法，重点抓好两件事：传承与超越。学校要发展，校长站的平台要有高度，要有期待，把握契机，慢慢渗透自己的思想和观点。同时还要区分学校的类型，针对具体类型抓药施药。不成熟的学校“烧三把火”可能还不够。大家记住两件事：一是搞好学校需要一个团队，教师团队尤其重要；二是把一所学校办好不能只靠校长一人，但把一所学校搞乱只要校长一人即可。

彭建平：到一所新的学校，情况千差万别，新任校长要按病抓药，抓的药可能是治病的药，也可能是补药。

谭小华：学校办学，教师是主体，学生是中心，大学办学靠教授，中学办学靠教师。校长在学校一定要摆好自己的位置，不能高高在上，权力不等于权威，所以校长要少用权力；校长的魅力来源于能力，平时工作中，要更多地展示校长的能力和亲和力。跟教师讲话，要讲人话，讲心里话，讲生活中需要的话；在处理问题时，要抓住问题的本质，不要只抓边缘问题和问题的皮毛。作为校长，你是学校的领头雁，要给大家带来希望，帮助教师的专业发展，除了钱，还要给予专业的引领，帮助教师团队实现自我价值。在工作中，校长还要公正、公平地处理问题，不能分派系，因为一个称职的校长在他的心中装着三杆秤：团结能人，干大事；团结好人，能干事；团结小人，不坏事。

王红：大家到一个新的团队，如何才能处理好人际关系呢？我认为首先要在人际交往和感情上下点功夫。同时还要问自己，是否还要分清“敌我”。

彭建平：到了一个新的班子，要时时告诫自己注意三点。第一点是不要怕有反对你的人，有反对的声音是好事，可以警告你不要“独霸天下”。没有反对的声音，就会变成“一言堂”。处理问题，对事不对人，要允许别人发表自己的观点，不要认为别人跟你唱反调。第二点要坚持底线，原则的问题绝不让步，大事讲原则，小事讲亲情。第三点要用好人，把合适的人用到合适的位置上去。

谭小华：处理好人际关系是一件很难的事，但只要你把自己的位置坐正了，难的事就变得不难了。我坚信，优秀的人，周围的人一定是优秀的；所以，一个优秀的校长身边的人也是优秀的，一个好校长一定要团结一批优秀的教师，并发挥他们的骨干作用和影响力。

王红：两位校长讲得非常好，很实在。在此，我还要特别强调五点。一是作为广州市首期卓越中学校长培训班的培养对象，工作中，面上讲原则，面下讲感情；二是善待身边的人，既要锦上添花，又要雪中送炭；三是对团队中的人做到心中有数，知晓孰优孰劣，孰长孰短；四是注意“二八”原理，在一个团队中，坚决执行校长理念的只有20%，校长要把握好这两成的人，打造核心团队；五是校长是高风险的职业，不害人，但要注意时时刻刻保护自己，依法行政，阳光行政，对于老前辈要多尊重，对即将离退休的人多给人文关怀和适当的利益。

戴东祥校长的教育智慧

广州市第二十一中学的戴东祥校长是一个坦率的人，在我接触的校长中无出其右。他用了整整一个上午谈他的工作经历、处世哲学、工作技巧等，我被他的直言感动，被他的胸怀感染，被他的智慧启迪。

校长是一所学校的核心人物，他的一言一行都会给学校的发展打上烙印。而在学校的发展历程中，每任校长的特长要得到极大的发挥，切忌用自己之短来发展学校。有的校长擅长课堂教学，那么在任期内就要重点在课堂教学上发挥自己的优势，在课堂模式、高效课堂、课堂的评价、教师的评价、学生学习效果的评价等方面下功夫；有的校长擅长课程的研究，在任期内就要在国家课程校本化、综合实验课程和研究型课程、校本课程等方面下足功夫，搭建框架，针对学生自主开发课程，借势提高教师队伍的研究氛围和开发能力；有的校长擅长德育管理，在任期内就要在德育课题、德育校本、学生社团、校园文化、道德讲堂等方面谋篇布局，因为学生的发展不仅仅是学业的问题，更关键的是非智力因素的问题，因为非智力的因素决定学生的可持续发展。这样，经历几任校长，学校就会发展成一个成熟的学校，方方面面有规有矩，发展稳定，办学成效势必显著。

校长在办学的过程中，要积极打造和谐校园，不允许不团结。当然，有的校长崇尚在矛盾当中取得平衡，他们最崇尚的两个人，一是清代在位 61 年的乾隆皇帝，二是中华人民共和国的缔造者毛泽东同志。而戴东祥校长则更加欣赏和崇拜前者。

戴校长来到广州市第二十一中学只有两个月，经过考察，他感觉学校最需要变化也最容易见效的就是办公环境、生活环境和干部风气，而这项工作的开展，总务处在其中承担着很重的任务，而总务处的两位主任在平时的工作中存在着不合作、不交流的状况。针对这一情况，戴校长并没有大刀阔斧进行整顿，而是采取了一种非常温情的中国传统方式，约两人吃吃饭、喝喝酒，当然这是戴校长的私请。在这次聚会中，戴校长明确指出，我请大家喝酒，希望大家开诚布公，打开心结，并提出了一个要求，不允许在背后讲别人的坏话，需要交流的，两人直接交流，如果在第三者面前讲另一方的坏话就是人品有问题。同时在聚会过程中，戴校长还明示，副主任要配合主任的工作，分清工作的职责和职能，高效工作。

戴校长到任已过去两个月，老师们已经感觉到学校的变化。其一，原来门前的路况较差，汽车乱停乱放的现象严重。戴校长经过与建设局、街道、交警的沟通，由总务处具体负责实施，乱象已在校门口消失；其二，临近环市路的学校牌坊也已立项，接下来将是工程的实施；其三，教师的办公环境和生活的改善也已提上工作日程，并在全校广泛听取了大家的意见等。

广州市第二十一中学所处的地理位置非常优越，方圆一公里内有广州最著名的金融街，还有 5 家五星级宾馆。也正是由于位置的特殊，学校经常遇到特殊的人和事。

学校门口的左侧有一辆长期停放的汽车，挂着领事馆的牌照，即使警察来了也无可奈何。针对这一窘境，戴校长组织保卫干部和有关人员，谋划方法和策略，争取在短时间内收回属于学校的地。我不由得想起了戴校长的一句口头禅：“钓鱼岛我们要保卫，门口的三寸硬土也要争。”

作为校长，应该有海纳百川的胸怀，宽大而有气量，不计较，不追究，不报复，不厚此薄彼。要允许自己的手下犯错误，只要改了就是好同志，切忌一锤定音。

作为校长，保持权威性是有必要的，但校长不能目空一切、高高在上。在学校的发展过程中，要给员工发表意见的机会和平台，虚心接受教师的意见和建议，即使是批评的声音，也要虚心接受，“兼听则明，偏信则暗”。

作为校长，还要经常换位思考。教师的工作是烦琐的，更是繁重的，教师的付出如果得不到认可，特别是得不到校长的认可，教师群体的荣誉感就会消失，所谓的爱岗敬业就只是一句空话。

作为校长，要让教职工，特别是你的左膀右臂，在单位有尊严地工作和生活，校长的关心不仅在专业发展上，还要扩大范围，包括教职工的身体状况、家庭状况，小到子女的上学，大到子女的就业等。只有以心换心，转换位置，充分用好学校这一平台，为广大教职员工营造幸福工作的环境，校长才能与他们真正建立良好的关系，有了这样的氛围，学校才能沿着健康的道路发展，学校才能可持续发展。

嘉高现象，秘籍何在？

嘉兴高级中学创办于1997年，第九届全国政协副主席钱正英为其题写校名。

创校16年来，在徐新泉校长的带领下，确立以“真”为校训，崇尚“文明、勤奋、求实、创新”的校风、“爱生、协作、敬业、善导”的教风、“尊师、求真、勤奋、多思”的学风，以“培养具有现代文明，适应现代竞争的中国人”为育人目标。

校园文化建设起点高、推进快、见效大，有串联起一年校园文化活动的系列项目，还有聚合学生共同爱好的学生社团，以及串联学科知识学习和学习能力培养的研究性学习活动。2009年开始，学校建立DSD项目，使嘉兴高级中学的学生可以直升德国一流的大学。嘉兴高级中学还与德国的阿尔伯特·爱因斯坦一级文理中学结为友好学校，实现双方的互访，拓展学生的视野，为学校的发展注入新的元素。

重视教师队伍的建设。一所好的中学，必须拥有一支精干的教师队伍。嘉兴高级中学特别注重教师队伍的建设，十几年来，培育了一大批敬业奉献、专业精湛、团结互助的教师，他们以高效的工作和优异的育人能力，赢得社会和家长的认可与赞誉，得到学生的尊重与景仰。

关注学生的全人成长与发展。教育的核心是学生，嘉兴高级中学积极推进素质教育，以学生的发展为本，注重学生的思想素质、文化素质、身体素质、能力素质的提高。积极创设“加强情感意识、加强主体意识、加强创新意识”的课堂模式，实行“30+20”的课时改革，教育教学成绩连年取得优异，成为有良好口碑的市级龙头学校。

16岁“少年”，稚气未脱；嘉高现象，引人寻味；快速发展，秘籍何在？

学校管理机制和春风化雨的文化。一所学校具有系统的管理制度是保障各项工作有序、高效运转的基础，但这只是校长办学的初级阶段，而不是一个有追求的教育工作者的愿景。教育家的追求是要把做事过程中发生的事、培育的人、孕育的精神和风貌，贯穿于教师和学生的生活学习，并影响他们的终身发展和可持续发展。最明显的表象就是教师勤奋、敬业，想创业也想创新，学生受其影响形成自主、自觉的行动，这一现象再进而演化为大家认可的“校园精神文化”，而学校的管理机制成为它的载体，双方通过不断的互相砥砺，进一步营造出更加丰满的校园文化，此时此刻，校长的管理已上升为文化管理、文化影响，学校的提升和发展已成为全体人共同努力的方向。

正德为首与育才为本。“正德为首”体现的是德育范畴的核心工作，“育才为本”体现的是教学范畴的中心工作。

在学校的办学中如何处理好这两者的关系呢？校长要有这样的意识，德育工作不是泛泛地去说，说起来重要，做起来次要，忙起来不要。德育工作要突前，抓好学生的一日常规，使得学校工作稳定、有序，这样才能为教学保驾护航，试想一下，学生有好的素质、好的习惯，你叫他不好好学都不可能。

既然德育如此重要，那么应该怎样抓呢？我认为可以突出两个“一”：一个核心，一个载体。“一个核心”就是要抓好“善”的教育，善待生命、善待他人、善待社会、善待环境、善待科学；“一个载体”就是学生的“五自”教育，自立、自强、自尊、自励、自理。通过系列活动的积累，使学生养成良好的卫生习惯、学习习惯、生活习惯和沟通习惯，从小事抓起、做好，能自主、自觉地要求和落实，这就是素质教育。

素质教育要求我们培育具有国际视野、中国情怀的现代人。

面对新时期的育人目标，我认为，现代的教育工作者不缺乏先进的理念和思想，缺乏的是工作过程的务实、落实和抓实。比如，教师要做到“五认真”：认真备课、认真上课、认真批改作业、认真备考、认真辅导。

管理队伍建设和教师的专业化发展。在学校的发展中，有一支良好而又精干的管理队伍非常关键，校长不是光杆司令，他也需要左膀右臂强有力的支持，所以管理队伍的建设非常重要。

如何进行管理队伍的建设呢？首先，要在选材上下功夫，让愿意干事的人来干事，三年一聘，学校把各部门、处室的竞聘岗位列出来，具体干什么工作自己提出来，应聘者参与全校的竞聘，并在全校大会上进行演讲，阐述自己的施政纲领，并请大家积极监督。其次，对于选拔出来的干部，要清晰自己的职责，有些岗位的职责有交叉现象，此时职责更要具体，不能出现失误。最后，就是做到权、责、利三者的共享，学校就是经营，既然是经营，自然就有利益分配的权利和义务，否则很难达到人人抓质量、人人想办法、人人尽其才的成效。

教师的专业化发展是学校人事管理要关注的中心工作，教师团队是育人的主力部队，也就是学校这架马车到底走多远的核动力。

对于教师的专业化发展，一要抓好新教师的入门关，教师是一个特殊的群体，选任新人需要温和的人、踏实的人、能容他人的人，内耗的教师坚决不要；二要抓好教师队伍的引导和风气建设，树立榜样教师、骨干教师、默默付出型教师的威望，对于有职业倦怠和喜欢抱怨的教师，给予及时的提醒，明确告诉他们教不好书就离开岗位进行反思，校长一定要守住正能量的舆论阵地；三要开展校本研修，提高教师的课程认识和课程把握的能力，让他们积极投入课改的队伍中，不断修正、实践、提高，对于课程和课改有自己的思考和教育主张。

国际教育和中国情怀。这几年，全国各地的国际教育和国际合作迈开大步往前走，国外的大学和中学也盯紧中国市场，让很多教育人的心开始浮动起来。

国际教育本来是一件好事，一来可以开拓学生的视野，二来可以为学生的未来提供一个进入国际舞台的机会，将来参与国际各行各业规矩的制定，为中国人的合法合理权益得到保护创造条件，都是好的事情。但也有让我百思不得其解的地方，改革开放30多年，我们走出国门的学生，回到国内的或在国外和国际组织为祖国服务的有多少？很多人从小学、中学，念到大学，甚至攻读硕士、博士学位，一路风雨14~16年，国家为他们的成长花费了大量的人力、物力和财力，有相当多的人，“孔雀东南飞”，一去不复返，这样的人谈何家国情怀和报国之志？甚至有的教育官员和教育部门也来推波助澜，将学生进入国外300所名牌大学列入高三毕业班工作的评价，引起学校开办国际班和国际部的热潮，这些事，往轻了说是把优秀人才推出国门，当然其中也不乏“歪瓜裂枣”，往重了说是教育主权的部分丧失。很多国际班的课程全部引进国外的课程，不同的文化背景，造就不同的人才，造就不同价值观的学生。但是，我们的语文、历史、地理，以及我们独特的文化和体制，谁来捍卫？我不由得想起了一句话：我们不仅要拿来，更要送去，送去的不仅仅是人，更主要的是我们的中国情、中国缘。我们要为中国梦的实现制订长远计划，建立广博的国际人脉和国际关系。

教育工作者肩上的担子越来越重，但我们坚持着。将生命融入教育，将教育融入生活，在教育实践中，使学生的素质得到全面发展，教师得到事业的成就感，学校才能不断走向辉煌与卓越。这份辉煌和卓越不仅仅是分数，更多的是学生良好的阅读习惯、品德和能力。

校长的心在哪里，大师就诞生在哪里

江南五月，细雨绵绵，柔柔的、细细的、润润的。

5 月 16 日，就是在这样的迷蒙气氛中，我来到苏州市振华中学校考察学习。

苏州市振华中学校创办于 1906 年，它的前身是校祖王谢长达创办的振华女子中学，以“进德修业、面向社会、发展个性、培养能力”的办学特色享誉江浙地区。

2010 年 4 月，苏州市振华双语实验学校和苏州市第十中学初中部合并，成立苏州市振华中学校（以下简称振华中学）。自建校以来，学校在周颖校长的带领下，深化素质教育，积极推进教育现代化的进程，为学生的发展提供更多、更好的机会，办学成绩连年创优。现在学校已成为苏州市最优质的初中学校之一。

追寻周校长的办学之路，他的睿智、他的大度、他对教育规律的敬畏、他对学校发展的解读，都给了我很多启发，引导我思考和学习，向校长学习，向学校学习。

第一，本色与特色共赢的统一。作为一名校长，在办学过程中，要坚持本色和学校特色的统一。学校在建设中既要关注全面，又要关注学生的差异和兴趣。学生的多样性，要求教育工作者必须在完成国家课程的基础上，有效实施课程的多样化和精品课程、特色课程的打造，一校一品，一校一色。

如何建设和实施？

振华中学的教育理念和追求给了我答案，以学校的每一天成就每一位师生的本色人生。教师的本色人生、学生的本色人生必须是基于人自身的本色，远离自身的那是假本色、虚伪的本色。振华中学坚持校训德育：诚（诚以待人）、朴（朴以自奉）、仁（仁以存心）、勇（勇以进取）。把人性中淳朴的底线挖出来，他们的办学目标、办学实践、特色活动、教学研究的过程等都统一到校训之下，形成特色育人模式：夯实基础、激发潜能、发展特长。以价值引领、德育体验、教师发展、校本研修、双线管理模式、课程优化等成就“振华人”的本色人生。

第二，行政与学术的和谐统一。校长自身对教育的理解和对教学业务的精通，形成振华中学行政与学术的结合和统一。

振华中学的行政管理模式：金字塔管理模式和扁平管理模式相结合。第一级是校长室及党委，主要决策学校的事务；第二级是各处室和年级部，处室指导、评价、跟踪、督导年级的工作；第三级是教师，实施学校的设想。

振华中学的学术管理模式：第一级是校长和党委书记；第二级是督导室、教科室、教务处、年级组、政教处、教师发展中心；第三级是教导处指导下的教研组；第四级是教研组指导下的备课组和教师，第二级的各部门也要参与指导和培训。

校长在工作的管理过程中，一是发挥双管理模式的立体效应；二是明确比值的分配原则是三分教育、七分管理——在育人过程中，比值的分配原则是三分教育、七分教学。这就对校长的理论研究和引领能力、课程指导和课程领导力提出新的要求。

振华中学经历过沧桑岁月，忆当年，学校经历四校严酷竞争，学生往死里学，老师加班加点辅导培优，硬生生地从困境中创出一条路子，得到社会的广泛认可，当年的拼搏已经成为振华中学的精神财富。

时至今日，振华中学的生源发生巨大的变化，区域内的优质生源基本落户本校，此时学校的发展还靠以前的拼搏显然是不够的，必须重新定位工作的思路和方式，那就是科学与合作。育人的目标和方式也要发生变化，以前重在培优辅差，而现在要重点关注个性，扬长避短，深挖学生的潜力智能，这就要求教师的教育追求和理想匹配。校长主政的管理体系“行政与学术”要发挥其合力，工作的分工只是形式的分，合才是其真正的内动力。专业素养极高的校长，在其中要发挥龙头作用，其深厚的学术功底和在学界的身份、地位都起到定海神针的作用。

第三，当下与未来的辩证统一。校长在实施自己教育理想的过程中，必须对自己的学术水平、管理领导能力、课程领导能力、科研能力、人文关怀、区情校况等有一个清醒的认识。

作为校长，首先要对学校的工作进行 3 ~ 5 年的规划，根据实情，确定哪些是自己在任期间要完成的，哪些是要留给后任去实施的。在这个过程中，还要对前任留下的财富进行反刍，在传承中发扬光大，切忌全盘推翻前任，堵死后任的发展之路。对于自己的工作更要扬长，学校的发展也要扬长。其次还要高瞻远瞩，做一个有眼光的人，充分利用各种资源，包括历史资源，这些都是对校长最好的馈赠，也是校长开展工作取之不尽的资源库。

在这个方面，振华中学以他们的教育实践做出了最好的诠释。

在教师的专业化发展过程中，他们依傍苏州大学这一靠山，把大家讲堂和培训课堂搬到振华中学，实施名师培养工程，构建开放互动的校本教研环境，提升教师信息技术的能力和水平，最关键的是把苏州大学的学术气氛也带过来了，为教师的本色人生搭建平台，在表演过程中关注每个人，发现他们的亮丽内涵，看到他们发展的亮点，成就教师的本色人生，成就教育大师的梦想。

大师在哪？在校长的心中，在你我的身边，在学生的生活中，在教师的油灯下。

“最高领导”的“高”在哪里?

珠海一中的韩延辉校长是东北人，身高 198 厘米，素有珠海教育界“最高领导”的名号。

韩校长的直率、豪爽和做事的扎扎实实都给我留下了深刻的印象。为了进一步了解，2013 年 10 月 31 日上午 10 点，我们对他进行了一次专访，近距离感受他的大气、大量。

尊重地域文化，刚柔并济。珠海一中的教师来自全国各地，他们的文化背景和成长环境差异非常大，面对此情况，韩校长的主导思想有三点：一是尽可能地为员工创设好的工作环境，为他们的生活贴心服务；二是管理学校的理念体现公正、公平，学校有条例，心中有底线，刚柔并济，包容员工的缺点和缺陷，发挥他们的聪明才智，以平和的心态工作、学习与生活，杜绝小的帮派，对员工的评价以工作和成绩为依据，并放在首位；三是经常强调校长心中好教师的标准“专业三好”与“情商三好”，“专业三好”即课教得好、班带得好、文章写得好；

“情商三好”即同事说你好、同学说你好、家长说你好。只要达到以上“六好”，你就是优秀的教师，你就是好员工。

有好的“班长”，才会有好的团队。校长是一所学校的“班长”，学校的办学方向、办学目标、育人目标、课程建设、文化建设的根基都在校长，所以说有一个好的校长，才能带出一个好的班子。

好“班长”的标准是：有清晰的办学方向和目标、依法办学、专业造诣深厚、有大局观、心胸宽广、重视教师的专业化发展、对于学校的可持续发展有自己的人才储备等。

好班子的标准就是：师德高尚、专业精湛、合作意识强、甘于吃亏、有包容心、执行能力强、重视系列队伍的建设、创设高效工作的环境、关心职工的幸福生活等。

对照标准，实干巧干，修身养性，这样才能做到好“班长”带出好班子。有好班子，学校才有好的管理；有好的管理，才能带出好的教师团队。

课程和课堂是育人的主阵地。韩校长谈到学校的课程设置时，特别强调，国家课程要贯彻，这是实现国家意志的需要，但我们还要兼顾学生的年龄特点与兴趣爱好，突出校本课程，让学生在学习的过程中，有自己更多的选择，突出专长，夯实基础。

关于课堂改革，韩校长也有独到的见解。不管是课堂模式还是课堂方法，我们都要坚持传统是基础，注重课堂挖掘和提高效率，让学生轻松学习，使其能力得到提高，切忌为改而改，要太极，玩空手道。在我们的工作中，也会遇到这种情况，有些理念是好的，可惜表演的成分明显。

课堂与课程不管怎么改，我们都要积极倡导调动学生的积极性和参与性，如目前比较流行的“启发式教学”。“启发式教学”是必需的，课堂不能满堂灌输，这就会出现两种情况：一是此方法的实施，便于教师控制课堂、时间、内容，表面看起来很热闹，其实，这种情况只是累在表面，教学变得容易了，更深的东西难以挖掘；二是放开课堂，教师累在心里，必须储备足够的东西才能把很多生成的问题解决，成熟的教师就是要放开课堂，能够收放自如就是好老师，没有固定的要求，这才更加考验教师的专业实力和水平。

课题研究，要发自民间和“草根”。课题研究是一所学校可持续发展的不竭动力。正因如此，它引起各级各类学校的重视，但我们也清楚，某些课题只是为了做课题而已，其实对于学校和个人并没有多少实际意义，人们对于问题的分析、研究和解决都是零散的，不利于学校的推进，教师得不到直接的经验。

教育科研的实施与推动，需要强有力的组织，长久持续地推动下去，其中校长起到很重要的作用。一是对于学校的课题要有规划；二是要培养科研的核心团队；三是要大力提倡，把工作中的问题作为课题研究，丰富我们解决工作难题的方式与方法；四是对于科研的评价要向小课题倾斜，不是国家、省级的课题才是课题，源于民间、服务于工作的课题更是好课题，人们的观念和眼光要改变。

韩校长最后特别强调，校长不仅要精业务、懂科研，更要熟悉后勤工作。学生的衣食住行，教师的工作条件、生活条件的改善，学校各项资金的出入，物品采购和招投标等，校长都要心中有数。依法办学，依规行政，这是一个好校长必须做到的。

教师修养

教育追求的境界

今天下午参与分享和交流的是从化灌村中学朱志超副校长、从化吕田中学陆敬强副校长、花都新华中学危德健副校长、花都花山华侨中学利艳芬副校长。其中两所学校位于远离广州市区的山区，一所位于花都中心城镇新华镇，一所位于花都的乡镇。他们分别从教师队伍的专业化发展、学校的红色文化、学校的课程建设及学校课堂模式的打造与探索、最薄弱学校的教师与学生比值评价法等方面介绍学校的特色项目、特色管理和特色文化，让我印象深刻，很受教益。同时针对几个学校的情况和反映的问题，王俭主任和田爱丽教授给予指导和点评；本班学员也提出了一些疑问并进行深入的交流和沟通。

学员分享与交流过程中的精彩话语集锦如下。

花都新华中学危德健副校长：

①让学生寻找属于自己的有效时间和空间。

②原来的“失败是成功之母”，现在应该为“成功是成功之母”。

③人人有课题，课题要着地，问题成课题，课题要解决实际。

花都花山华侨中学利艳芬副校长：

①因为感动，所以冲动。

②教育让每个孩子找到自己的价值。

③薄弱学校要在传统与前沿中寻找适合自己的平衡点。

从化灌村中学朱志超副校长：

①教育管理需要智慧和技巧。

②善待他人，成人成己。

③比值评价法：教学管理的本质就是最大限度地唤醒教师的潜能。

④学生的问题是教师的问题，教师的问题是中层的问题，中层的问题是副校长的问题，副校长的问题是校长的问题。

教育部校长培训中心田爱丽教授：

①教育学是人学，搞管理的人要懂人学、把握人学。决策与管理都要从人性入手。

②好的学校不是校长成就学生，也不是教师成就学生，而是学生成就校长、成就名师、成就名校。

③现代的校长要具备三个能力：能说，会写，会做。

教育部校长培训中心王俭主任：

①语言是思维的外壳。

②写作使人精确，思维会越来越深刻；没有思维的精度，不可能有目标的达成。

③当前大家都在追求升学率，有眼光的校长更看重高升学率的道德含量和智慧含量。

④何为利益？就是针对自己需要的清醒认识。

听完学员的发言，他们的探究精神和对校情、区情、学情的明晰，特别是针对学校管理、课程改革、课堂模式的探索及特色文化的打造都给我留下很深的印象，并由此引发我的一点思考。

可能他们四位都是副职的原因，所谈的问题更着眼于技术方面的探索，也可以说更着重于问题解决方式、方法的推介，并没有按照教育部校长培训中心老师的要求进行交流。既然我们这个班定位为卓越班，在保持清醒的同时，我认为，他们思考问题的角度和层面还不够高，所谈所想还停留在主任的职责和工作范畴之内，他们的高度应该提升到办学理念的提炼、教师专业化发展的指导、学校课程的研发、校长的领导力，以及校长的科研能力等方面。这一切的实施必须建立在了解团队，了解学校背景，了解自己的学识、智能、情商和团队领导能力的基础上，才能完成办学目标，才能完成育人目标。

他们对办学理念的解读和诠释，我认为还不到位，没有认识到理念是何物。其实理念没有那么高深，说白了就是策略。不管学校发生何种变故，校长都要坚守，无论遇到何种困难，校长更要比其他人清晰自己该做什么，不该做什么。校长必须时时坚持把育人放在首位，对人性要有深刻的思考，了解和明晰正常人的需要，像教育家陶行知一样办学，引领一所学校，引领一批学生的发展，带动一个地区的教育，影响更多孩子、教师、家长的成长，直至影响一个时代和民族。

关于他们谈到的学校管理和发展中的技巧与智慧，经过与学员辩论，经过向王老师、田老师请教，我也有了新的认识。一个教育工作者在工作中需要技巧，关键看价值观，利用正确的价值观来使用技巧，技巧就变成方法。当然，在教师和学生使用方法的过程中，一定要坚持一个基本的原则，那就是对生命的个体要有完全的尊重、保护和理解。有人说，管理过程可以向教师施以重手，学生则不然。对于这点我持反对态度。

陈玉坤主任曾对属下说："谁对校长下手，我就对谁下手。"不愧是师德标兵、教育学术的先锋。

关于他们提到的建构课堂模式，我不是特别赞成，特别是有的校长的改革是建立在感动的基础上，才有了改革的冲动。用他们自己的表述，现在的情况已进入瓶颈，让他们感到特别困惑和烦恼，希望教师能给予灵丹妙药。

我认为，建构模式，但不要被模式牵着鼻子走。这正如一名剑客的三种境界：一是心中有剑，手中也有剑；二是手中有剑，心中无剑；三是心中、手中皆无剑。我们追求的是第三种境界。

做一个有卓越追求的人

一名教育工作者必须要有自己的信仰，必须要有自己的教育追求，否则很难保持工作的积极性和热情。

有人说教师是年轻而时尚的职业，说它年轻是因为基础教育的教师接触的都是年轻的人，为了有效工作，就要了解他们，走进他们的世界。如何才能做到？先把自己的身段放下，做他们的朋友、倾诉对象等。说某位教师时尚，不是因为他天天穿时装、用名牌，而是因为他能够接触新生事物，和学生有话题。

教育工作是十年树木、百年树人的阳光产业，如果没有自己的信仰，如果没有孜孜追求的精神，要达到以上目标是很难的。

校长作为学校的灵魂，更要有教育理想和信念，要熟悉学校，了解教师，关注学生，能够把握时代的要求和动向，掌握教育发展的规律，了解青少年学生的心理特点和精神需求。

这样我们的教育就成功了。

学生因为有学校的熏陶而成为有信仰的人。

常言道："脚下有根，心中有梦，你就能量出自己人生的长度和宽度。"

教师是文化薪火的传播者，是人类文明的传承者

今天，我们在这里热烈庆祝全国第31个教师节。首先，我代表学校党政工团向辛勤工作的全校教职工，以及为真光教育做出积极贡献的离退休教师致以节日的问候和崇高的敬意！向获得“真光六种精神”表彰的教职工表示热烈的祝贺！

教师是文化薪火的传播者，是人类文明的传承者。

走过百年的真光，伴随着中国改革开放的脚步，焕发出勃勃的生机和活力，硬件、软件及教育教学都取得了长足的进步，赢得了社会各界的赞誉。一是“上等级”，三级跳。1995年被评为市一级学校，2003年被评为省一级学校，2007年被评为国家级示范性普通高中。二是“集团化”，四校区。广州市真光中学，每个年级18个班；广州市真光中学岭南初中部，每个年级6个班；广州市荔湾区真光实验学校，每个年级10个班；广州市荔湾区真光中英文小学，每个年级4个班。真光教育集团在校学生合计5 200多人。三是“结硕果”，快发展。2008年至今连续8年进入广州市高三毕业班综合评价十强行列。昨天，荔湾区人民政府隆重举行教师节庆祝大会暨颁奖大会，广州市真光中学获得荔湾区高中毕业班突出贡献奖，真光中学岭南初中部、真光实验学校、真光中英文小学均获得全面育人奖。这些成绩的取得，凝聚着大家的心血和汗水，镌刻着大家辛勤耕耘的印记。正因为大家终身从教的敬业精神、勇于改革的创新精神、共同进步的协作精神、爱生如子的园丁精神、奋发向上的拼搏精神、不计得失的奉献精神，真光教育才会有今天的成就与辉煌。老师们在平凡的岗位上创造出了不平凡的业绩，赢得了学生、家长和社会各界的尊重。

学校感谢大家，社会感谢大家！

百年大计，教育为本。今年是学校“十三五”规划的开局之年，对于真光来讲，既是机遇也是挑战，其中的重头戏就是教师的专业化发展与成长。借今天这个机会，我想与大家分享习近平总书记写给全国广大教师的慰问信，听听总书记对我们的殷切期望：他希望全国广大教师牢固树立中国特色社会主义理想信念，带头践行社会主义核心价值观，自觉增强立德树人、教书育人的荣誉感和责任感，学为人师，行为世范．做学生健康成长的指导者和引路人；牢固树立终身

学习理念，加强学习，拓宽视野，更新知识，不断提高业务能力和教育教学质量，努力成为业务精湛、学生喜爱的高素质教师；牢固树立改革创新意识，踊跃投身教育创新实践，为发展具有中国特色、世界水平的现代教育做出贡献。

老师们、同学们，国运兴衰，系于教育，三尺讲台，关乎未来，教育的使命“任重道远”。

智慧者选择栽下银杏树

珠海一中的办学理念就是用美的教育造就美的新人。践行“美的教育”，培养美的新人，需要一大批美的老师。二十世纪八九十年代，珠海一中从全国各地大量招聘经验丰富的优秀高级骨干教师，促进了学校的飞速发展。但进入21世纪后，学校蓦然发现，老教师偏多，教师年龄结构出现了青黄不接的现象。一所老校的持续发展迫切需要有朝气、有活力、有开拓精神的年轻力量。于是，学校连续从全国各高校招聘了大量优秀应届毕业生，为学校发展注入了宝贵的新鲜血液。同时，一场以“加强自我修养，端正品行，陶冶性情，扩展知识，增强素质”为目标，以“提升教师的文化和道德修养”为核心的打造“美的教师”的活动，在校园里如火如荼地开展起来。

“美的教师”，首先一定是专业化水平很高的教师。在教学科研方面，学校采用申报立项的国家级、省市级重点课题与校级、个人课题相结合的模式，以点带面，逐步形成人人参与教学科研的局面。学校鼓励教师参与、体验教学科研的过程，在参与体验中，提升自己的教育理念和工作能力，老师参与教学科研的热情越来越高。在课堂教学方面，教务处与科研处每年都会组织一些老师上观摩课、交流课、研讨课，通过活动发现自己的价值，挖掘自己的潜能，全力塑造“美的课堂”。

珠海一中的青年教师成长得特别快，这与学校已经开展了11届的“青蓝工程”密不可分。“青蓝工程”许多学校都在实施，但珠海一中做得有计划、有目标、有方案、有落实、有措施、有考核，真正体现了“扎实”二字。“青蓝工程”主要分为教学和管理两方面。教学方面，首先，练就教学基本功，学校给每位新教师发一块小黑板，要求他们每周练习粉笔字，并向师生展示。其次，要求新教师坚持听课，形成主动学习的良好风气。听完课由导师评课，不断改进自己的不足。在班级管理方面，3 个年级均设立了名班主任工作站，就像孵化器一样培养优秀班主任。在每周一次的班主任例会上，经验丰富的班主任传授经验、分析案例、互助答疑，帮助青年班主任尽快提升专业能力。

此外，在颇具特色的“青年教师成长论坛”中，学校请专家或老教师来现身说法，就青年教师在教育教学中遇到的困难和困惑，进行现场指导和交流。这个论坛不慕虚名，不搞花样，以身边的事例为研讨对象，解决青年教师教育工作中的实际问题，使他们尽快进入角色，少走弯路，提高教育教学水平。

在教师们自发组成的“青年教师网络论坛（QQ 群）”上，大家每月上交一篇教育教学反思，及时记录工作中的点滴感悟，多管齐下，使得青年教师突破工作难点，增强工作信心，感受工作的幸福。

“美的教师”，更是一群风气端正、关系和谐的教师。韩延辉校长说：“一个团队的‘文化场’风气至关重要，一个老师很容易因团队的风气而改变自己，因此学校一定要构建良好的‘文化场’。”良好的“文化场”从哪里来？首先来自学校的人文管理。人文管理就是在学校管理中，以激发积极的教和学的情感为主旨，以尊重理解人、关心信任人、教育发展人、注意发挥人的潜能为着眼点，重视全体师生多层次需要的满足，努力建立起使学校成员感到身心舒畅的、和谐的人际关系。在珠海一中，校长和教师、教师和学生都能互相尊重、关心、爱护，这种和谐友好的人际关系的建立，以校长为核心的学校管理者都付出了极大的热情、想象、智慧和才能。如学校倡导大家尊重、理解老教师，规定 55 岁以上的男教师、50 岁以上的女教师课程减半，工资津贴不减；学校还积极帮助教师团购房子，减轻他们的经济负担。其次来自学校的倡导——“做最好的老师”，韩延辉校长说：“在一中，好教师的标准就是‘学生说你好、家长说你好、同事说你好，课要教好、班要带好、文章要写好’。只要做到这‘六好’，任何人都无须取悦领导。”正是公正和包容的氛围，使得珠海一中的教师团队中总有一种正能量在传递，教师们来自全国 30 个省市，却从没有人拉帮结派。一些学校感到困扰的教师高原现象在这里无影无踪，整个教师群体干劲十足，精神面貌积极向上。许多成绩的取得都是教师们一届一届积极主动地拼搏进取的结果，而不是学校强制他们去完成的。比如，学校从未制定过高考的具体指标，但是每一届的成绩总能给人惊喜……这正是韩延辉校长所说的强大的“文化场”所发挥的作用。

作为“美的教师”中的个体，珠海一中的许多老师都感受到了自己生命的变化，他们对美的体会比任何人都深刻。

教研处主任是 2003 年调入珠海一中的，她说：“许多在其他学校工作的同行觉得上班很烦，但我每天睁开眼睛的第一件事就是想赶快来学校。做一中的老师真的特别幸福，孟子说‘得天下英才而教育之’是君子三乐之一，一中的学生那么优秀，每天跟他们互动，自己也会得益良多。工作不免有压力和烦恼，但我们一起来的一批人走上中层岗位的非常多，大家在一起探讨问题时的和谐，每个人不甘人后的竞争，都催促着我奋勇向前。”

另一位“80后”年级部主任的体会更为感性：“虽然来学校不久，但我每天都感受着校园的变化和自己的成长。空闲的时候，我会去池塘边喂喂金鱼，运气好的时候，还能看到孔雀开屏。当人投入大自然的怀抱时，就会暂时忘记烦恼，激发出自己都难以置信的创造力。工作累了的时候，可以和同事一起走进教师特色点心间，点一些水果、奶茶和小点心，缓解压力。学校还积极帮我们团购学校附近的房子，不仅方便上下班，周末还可以带着孩子来校园散步，幸福充满了我生活的每一个细节。”

对于“美的教师”，詹宝珠副校长这样总结：“教师倦怠与否，关系到个人价值的实现。如果一位教师的课学生很喜欢，他教的学生出路很好，他的专业知识不断成长，他就会觉得很有价值，再苦再累也值得。”

有人说：“智慧者选择栽下银杏树，百年方成，哪怕他们看不到那一天；聪明者却选择栽下牵牛花，经年即开，只是希望看见那一瞬间的耀眼。”珠海一中的“美的教育”，正是一种智慧者的教育。它的美从如诗如画的校园环境延伸至创美育人的新课程体系与团结和谐的教师文化，遍布了校园的每一个角落。它深刻、广阔、温暖人心，真正摒弃了功利性，认识到教育需要耐心的耕耘。每年寒暑假，许多毕业生都会回来母校看望敬爱的老师，所有的孩子都以毕业于珠海一中为荣，因为他们在这里写下的美的记忆，早已深深地驻守在灵魂的最深处，并将伴随他们一生。

迟到惹的祸

珠海斗门一中，我已不陌生，这里的人、这里的山水与草木、这里的湛蓝天空都给我留下深刻的印象。

早上8点55分，来到斗门一中的校门口，办公室的徐主任已在等待我们的到来，门口的电子屏闪烁着“热烈欢迎广州市首期卓越中学校长培训班学员”

的字样，特别耀眼。

因为此行一共10人，徐主任看到只有3人到了，问道："其他校长呢?"我找了一个借口，告诉他其他校长还在路上，因为堵车，大约需要25分钟。其实，我都不知道25分钟后他们能否到达，说的都是违心的话。

为了不耽误斗门一中的安排，我就告诉徐主任，先不等他们了，我们先去听课。

9点15分我们来到高三（5）班。

今天的课是高三的一节语文课，授课教师是刘淑霞老师，这已是我第二次听她的课。

到了教室坐定，正好斗门一中的尹祖荣校长坐在我的旁边。我一看当时的阵势，校长们到了，老师们到了，学生们做好了准备，而校长培训班的学员们还有一大半没有到达，对他们的迟到，我只好硬着头皮向旁边的尹校长表示歉意，因为我是珠海片区的小组长和召集人。

尹校长听了我的道歉，并没有原谅的意思，本来不苟言笑的脸更黑了，然后跟我讲了三句话，"你这是对我的老师的不尊重""有时间观念、守时是做校长的基本素养和素质""路途比较远，你自己应该留有余量"。听完尹校长的话，我无地自容，犹如三个巴掌打在脸上。此时的我心情无比沮丧，无以言表。

9点40分接到林拱标的电话，他们到达，比我们与斗门一中约定的时间晚了40分钟。在电话中我叫林拱标转告其他人，尹校长很不高兴，让他们先在校园走一下。当时的我们接着听课。只是我的听课位置已不在尹校长的旁边，而是躲到了教室门外，此时的我哪还有听课的心情！

事后，南沙一中的张校长、花都新华中学的危副校长告诉我，刘老师的课讲得非常好，文道统一。而此时的我哪怕面对的是"澳洲龙虾"，也已无心咀嚼。

听课完毕，我装出轻松的样子，赞美了刘老师并表达了歉意，而我也在敲打自己，我有错吗？张校长和危副校长有错吗？

"痛"还在蔓延，好在尹校长是一个胸怀宽广的人，很认真地在高三的会议室跟我们一行10人见了面，并毫无保留地把他对教育的追求和思考告诉我们，让我受益良多。

在此，我姑且把这次称为"三访斗门一中的掌门人——尹祖荣校长"，"三访"也本是我的心愿之一。

尹式良言一：学校的管理有三种境界。第一种是握剑在手，凭经验处事，这是管理的初级境界；第二种是剑悬笔上，科学管理、制度管理，这是管理的中级境界；第三种是剑在心中，文化管理，这是管理的高级境界。

听完尹校长的“管理经”，我在思考，这三种境界在我们的管理实践中能分得开吗？我认为不能。好的管理者是这三种境界的智慧契合。俗话说：“不管黑猫、白猫，捉到老鼠的就是好猫。”

尹式良言二：对于教师的管理不能太苛刻，毕竟教师是受过高等教育的群体，有自己的教育理想和梦想。主张“上班认认真真，扎扎实实；生活快快乐乐；注重启发和唤醒教师的教育自觉意识”，创设打上“黄杨”色彩的教师文化。

听了尹校长的教师观，我在想，作为校长，我们要时时换位思考，理解、关爱我们的教师，懂他们的心思，识他们的心愿。我们要谨记，学校的生命在课堂，而课堂的主人不是校长，而是我们的教师。

尹式良言三：注重后备干部的培养和储备，及时把他们推到适合的位置，积极倡导“大事有商量，事事有人管，项项有创新”的正能量，校长既要带头抓好分管线的工作，也要抓好分管级的工作。

听了尹校长的干部观，我也在想，干部的培养不仅要注重形成梯队，还要注意性别、学科、省籍的搭配，避免出现小团队，拉帮结派，混淆是非。

尹式良言四：学校各部门的工作要实行目标责任制。学校的发展有目标，就一定会有管理，有管理就要有结果，在这个过程中，我们要注重对过程的思考，更要注重动态的管理、资源的运用和各种社会实践活动。

听了尹校长的目标观，我不禁暗暗窃喜，因为他的高论和我的工作实践高度一致，而且我在分管的工作中取得了骄人的战绩：高一年级是“习惯”；高二年级是“规范”；高三年级是“竞争”。

到此，我的心情开始平复，一扫先前的阴霾，开始变得愉悦起来，因为我期盼的第三次专访，得到了我想要的“字字珠玑”。

最后，斗门一中的领导在教师自助餐厅招待了我们，大家吃得很开心，亲身体验了斗门一中教师的幸福生活。

遗憾的是，直到离开斗门一中，我的一些同伴对于他们的迟到都没有表现出应有的歉意。直到现在，我想起此事，依然“痛并快乐着”；直到现在，我还在思考“校长的素质”这一问题。

“卓越”二字，我们应该如何去书写？为了成为“卓越校长”，我们应该如何去践行我们的教育梦？

教师的心情影响学生的心情，学生的行为影响教师的性情

2013 年 11 月 22 日，我们广州市首期卓越中学校长培训班的学员一行 7 人到达跟岗学校——首都师范大学第二附属中学。

我们和校长郝玉伟在首都师范大学第二附属中学的初中部已见过面。只见他戴着一副眼镜，西装革履，书生气质，令人过目难忘。

我们的交流就从学校最简单的一项工作开始，工作要总结，总结是艺术。

全国“名班主任”胡应春曾说：“教师的心情决定学生的心情，学生的行为影响教师的性情。”教师、学生，两者谁为主导？

郝校长还告诉我们，教师对学生的心理定位要高些，三年前认为会是好学生，三年后就真的成为好学生了吗？这些都要引起我们的反思。

面对以上两个问题，最好的办法就是不断地总结，我说的总结不是流水账，也不是不痛不痒的总结，而是讲究技巧和艺术的总结，是有一定技术含量的总结。

一般的教师总结，往往会把教学过程中存在的问题重点放在学生，这本身就不科学。我们要通过过程性的行为，如考试等，分析学生掌握知识的情况、教师的教学情况，下一步要怎么做，教师的重点要放在哪，学生的落脚点在何处，好的如何固化，差的如何纠正。教师不仅要从本学科吸取教训和经验，更要注意从其他学科的做法中吸取共性的东西。

北京市教育科研所曾经对学生进行过问卷调查，看看学生的压力来自何处。大多数学生的回答是“同伴的竞争和家长的期待”，而不是“学业的压力”。这就提醒我们，每次的总结归因，一定要把发展潜力放在深度备课上，一定要把足够的精力放在组织教学上，一定要培养学生寻找知识规律的能力和自觉行为。

幸福是什么?

幸福是什么?

仁者见仁，智者见智，难有定论。

流浪汉的幸福就是头顶有一片瓦，挡风遮雨；医生的幸福就是妙手回春，身体健康；政客的幸福就是GDP一路上扬，政绩满满；学生的幸福就是每次考试都有好成绩；高三毕业班学生的幸福就是考上理想的大学。

那教师的幸福呢？校长的幸福呢?

我认为教师的幸福应该是适应时代的要求，关注课堂，明白自己为什么教，关注学生全程的发展，允许差异存在，尊重学生的个体生命，依照教育的规律施教育人，师生共同成长。校长的幸福要建立在个人定位上，有人说，一流学校的发展靠文化，二流学校的发展靠制度，三流学校的发展靠校长。

人贵有自知之明，我的幸福在哪?

参加广州市首期卓越中学校长培训班的学习，个人素质虽还没有达到卓越的水平，心却已经在骚动。

走在唤醒幸福的道路上

本周六是9月10日，我们将迎来第32个教师节。

在过去的一学年，“真光人”秉持“大爱于心而行于外”的真光价值内核，实现了又一年跨越式的发展。在此，我谨代表学校党政工团衷心感谢各位老师过去一年为学校发展付出的努力和做出的贡献。

2015—2016学年，是令人欣喜的一学年，是满载收获的一学年，是真光中学全体师生追求梦想、放飞希望、风雨兼程、实现跨越的一学年。2016年高考，我校凌浩楠同学被清华大学录取，一本上线422人，一本上线人数位居老三区区属学校之首、全市第7位；一本率达54.24%，真光中学让半数学生实现了读重点本科的梦！二本上线 762 人，二本率达 97.94%。778 人实现全部上线，上线率达 100%，居全市第一！真光中学使所有选择它的孩子都圆了自己的大学梦！而文科张若冰同学和理科陈振翔同学分别以 609 分、665 分包揽荔湾区文理总分状元！真光梦就是让尖子生更尖，让真光人更强！

老师们、兄弟姐妹们，正因为有了你们的无私奉献、无悔付出，才有了我们真光中学的跨越发展，谢谢你们。

习近平总书记说，百年大计，教育为本；教师是立教之本、兴教之源。教育是人类传承文明和知识、培养年轻一代、创造美好生活的根本途径。是的，教育的使命在于不断唤起学生对生活的热爱、对未来生活的热切向往，在于不断提升学生的综合素质、人文情怀，在于为学生的长远发展规划、为学生的未来幸福人生奠基。在我看来，教育理应为培养幸福而完整的人服务，教育的最终目的不应该是甄选和鉴别。于受教育者而言，学校教育的本意是使生命实现最优发展，使生存获得最佳状态，为未来成就幸福人生奠定品行基础、身心基础、能力基础、学业基础。是为了把每一个学生都培养成为大写的、独特的“人”。一撇一捺写就一个完整的人，这“人”，那厚重的一撇应该连接着当下，蕴含着丰盈的智慧，凝重的一捺应该寄望未来，承载着高尚的情操。

2016—2017 学年，对我们每一个人来说，意味希望、梦想与进步。我心目中的理想学校是一所充满人文情怀、闪耀智慧光芒、洋溢成长气息的学校；是一所既有学习质量，又有发展质量，更有生命质量的学校；更是一所孩子喜欢、家长满意、社会认同、教师幸福的学校！

老师们、同学们，让我们携起手来，活出生命的风采，走出自己的精彩人生路！化爱为光，闪耀四方，为实现真光梦而努力奋斗！

教师要主动地给自己增值

中国的语言丰富多彩，其中不乏人生哲理和智慧，下面的三句话让我陷入深深的思考。

第一句话：在工作中不断地、主动地给自己增值。在竞争激烈的现实中，我们每个人要想比别人更出色，完成前人没有完成的工作，就要不断给自己增值。增值的根本点，就是人格和学问。增值方法一：比别人多一份投入（一分耕耘，一分收获）；增值方法二：比别人多一份品质保证书（学历、培训、科研、获奖、特长、高三的教学经历及优秀的教学和育人业绩等）；增值方法三：比别人多一份被需要（谈到工作需要，首先想到的就是这个人）；增值方法四：比别人多一份适应性（阅历丰富，学校的很多个岗位都干过，来到新的集体能尽快适应并给同事带来快乐，给学生带来新的推动力）；增值方法五：比别人多一份稀缺性（只有你才有，或者说别人拥有的没有你的好）。

第二句话：在工作中时时提醒自己守住底线。我与各位同事共事多年，深知大家的为人，但作为年级的负责人之一，我还是要对高三备考领导小组的同志们、备课小组组长、班主任说几句不太中听的话，并提出四点要求：在利益面前要守住道德的底线；在是非面前要守住原则的底线；在工作面前要守住责任的底线；在学生面前要守住垂范的底线！

第三句话：高三任课教师的智慧元素。知人为“善”——吸取他人的经验教训；知己为“贵”——掌握本身的质量情况；知情为“明”——了解今明两年的高考情况：知患为“智”——化解隐藏的质量隐患。

字字珠玑，惹人醉。

教育情怀

小白杨的情结

45 年前，当我还不能离开母亲视线的时候，伴随我的就是华北平原上白杨树下的各种昆虫，我迷恋它们五彩斑斓的外形，迷恋它们时而婉转、时而悠扬的鸣叫，我把它们捉来放在瓶中，作为我那时的伙伴和玩具。

40 年前，当我长成稚嫩的儿童，可以帮助母亲干点事的时候，每到秋风起，白杨的叶子随风飘舞，落到地面，我就会和玩伴把它们捡回家，成为母亲做饭的新能源。

35 年前，我在中学课本上读到茅盾先生的《白杨礼赞》，第一次感受西北的小白杨，它极为普通，生长环境恶劣，没有肥沃的土壤，更不需要别人的呵护，努力向上，枝干绝无旁逸斜出，力争上游，像一排排哨兵在守卫着祖国的西北大门。

25 年前，阎维文的一首《小白杨》风靡祖国的大江南北，这首歌也增添了大漠西域的神秘，叫人无限向往，同时阎维文和这首歌都成为我 20 世纪 90 年代的最爱。

2013 年 4 月 12 日下午两点半，当《小白杨戍边文化》再次呈现的时候，我深深地被震撼了。新疆建设兵团人的奉献、忠诚叫我感动，他们后人的积极向上叫我感动。通过他们扎根边疆的壮举，我终于看懂了“大漠孤烟直”的沧桑，看懂了“胡天八月即飞雪”的壮美！

也夫先生的真性情

有幸在广东广雅中学聆听北京大学著名教授、社会学者郑也夫先生的演讲。郑也夫先生调侃自己是超龄的“愤青”，听了他的报告后，我对这个人的经历的兴趣远远超过对讲座内容的兴趣。有些人认为，可能是讲座内容“无趣”；有些人认为，可能是先生表达“蹩脚”；而我透过先生的表情、语言和肢体动作，更多的感受是一位有良知的、经历丰富的社会学者在拉家常。

郑也夫，1950年盛夏出生在北京，也许因盛夏所生，注定他一生要以暴热的态度对待社会生活中阴冷的地带。1968年，他从北京第八中学毕业，北上黑龙江建设兵团852农场务农，8年半后返回北京，后考入首都师范大学历史系；1979年，马不停蹄，跳跃式考入中国社会科学院宗教所，攻读哲学硕士；80年代中期，奔赴美国，攻下丹佛大学社会学硕士，取得双硕士学位；1998年，到中国人民大学社会学系教书。一路走来，毫无改变的是，也夫先生对社会生活中的杂质，依然不愿意睁一只眼闭一只眼。他有一位出色的弟子——冯军旗，于2008年去河南中县挂职，2010年6月完成了博士论文《中县干部》。《中县干部》是一篇引起轰动的博士论文，它引起了社会的关注。

通过《后物欲时代的来临》《消费的秘密》《抵抗通吃》《知识分子研究》《阅读生物学札记》《被动吸烟者说》《信任：合作关系的建立与破坏》《中国社会中的信任》《城市社会学》《都市的角落》《信任论》《忘却的纪念》《神似祖先》《沙葬》等著述，他用一种近乎游戏的语言，做自我素描：懒散，不整衣冠，精神上有洁癖，不参加规则不公正的游戏，以争辩为快事。微染“自虐症”，少时练中长跑，年近五十患“冬泳症”。他至今仍保持着学术兴趣：研究知识分子问题、社会生物学、信任问题、城市社会学、消费与快乐。他的著述显然与这些兴趣紧密相连。他不申报项目，自然也就不享有一分钱研究经费，他拒绝参加任何评奖。用他自己的话说，是洁癖所致。他的洁癖与执着，使他著作的出版遭遇了更多的压力与周折。

他教书、写书，还要卖书，不免给人一种感伤。但看起来，他本人是“不改其乐”的。他的书与书外的人，合成另外一种印象，留在了记忆里：守望者的目光，穿行于城市的缝隙里，清辉溢泄，灼灼亮然。

也夫先生是中国改革开放以后最早研究中国知识分子问题的社会学家。作为专业社会学家，他对中国社会的了解建立在自己真实的生活观察中，自觉与官方保持距离，对社会发展持冷静和批判的态度。

他能用自己的专业知识观察和分析中国当下处境中的真实问题，从体育比赛到汽车文化，从城市发展到道德建设。他学术研究的立足点在于寻找社会发展的平衡点，特别关注贫民生活和弱势群体的利益。

《走出囚徒困境》，1995年由光明日报出版社出版，这是也夫先生积累10年的一本杂文集。出版社在经济上不看好这本书，最终的条件是作者自付成本，自己发行。他骑着单车，一次次为零售店送书，十几家大的书店跑了无数趟，就这样手拉肩扛地卖了 10 000 册。

《信任论》无疑是国内具有原创性和开拓性的社会学研究论著。由于内容涉及许多深刻的社会现实问题，《信任论》书稿先后辗转了 20 多家出版社，终于在 2001 年 8 月由广播电视大学出版社出版，当然还是自费发行。他苦笑着说："已经跑不动了，50 多岁的人了，朱学勤还以为我自己愿意受这份罪。"从该书出版到现在，先后有《光明日报》《南方周末》《中国青年报》《北京晚报》等多家媒体为该书作了书评。然而与《中国知识分子》一书相比，《走出囚徒困境》《信任论》还是幸运的。1985—1986 年，也夫先生在美国丹佛大学社会学系读书，获得硕士学位后，他的美国导师建议他读完博士，可他不想延续在美国的学生生活。完成《中国知识分子》书稿的冲动，加重了他回国的砝码，他放弃读博的机会，而《中国知识分子》最终还是由于种种因素，不能付印。以下是他的部分观点：

提议取消全运会。对于全运会重奖金牌选手，也夫先生非常反感，他甚至言辞激烈地表示："全运会早该取消。"

也夫先生在其博客中称："我早就反感全运会。五年前就撰文鼓噪，愿全运会早日寿终正寝。那时主要讲全运会无趣，五年过后，发现无趣是依然无趣，肮脏竟更加肮脏。全运会上最要紧的就是比各省的金牌总数，各省领导不管他们喜欢不喜欢，全运会一定要开，金牌总数一定要公之于世，媒体一定要炒作，观众一定要议论。他们丢不起这个脸，只好强力推出本省的金牌政策。"

也夫先生认为，没了金牌指标，全运会将干净许多、规矩许多。不过他也认为不让各地方不"唯金牌论"很难，因此，他提议干脆取消全运会。

国内媒体不入流。也夫先生称："在 2009 年的全运会上，媒体对待刘翔与其他运动员存在天壤之别，这凸显出他们不入流的素质。对刘翔他们巨细靡遗，如果吃饭、睡觉也能入镜，他们绝不会遗漏的；对其他运动员，甚至著名运动员，竟然到了漠视和歧视的程度。对选手的报道多寡不一，没有人不服。但是如果关注都放在某个选手上面，对其他项目的成绩连最基本的报道都没有，对有些破纪录的选手一个比赛镜头都不给，说歧视不过分吧。我早就领教过媒体的势利，没想到他们如此势利。"

反对独生子女政策。也夫先生在做客《21 世纪大讲堂》栏目时提出：主张计划生育但反对独生子女政策。他明确提出，计划生育政策是基本国策，但不能搞强制独生子女政策，并从社会学和社会心理学方面论证了独生子女政策的弊端，同时提出了对独生子女政策的质疑，认为独生子女政策不可行。

这就是真实的也夫先生，他的人生、他的“愤青”路，使我对于过去“愤青”的断论有了新的注脚。

“中国梦”需要更多像也夫先生一样的知识分子，人朴实，话质朴，行弥坚。

真光天使的情怀

借此良辰，我们举行隆重的颁奖仪式，为荣获“荔湾区优秀班主任”称号的老师们转授荣誉证书。

李宏发：中学语文一级教师，教育硕士；“荔湾新星教师”，荔湾区“十佳读书人物”；曾获2007年、2010年高考突出贡献（集体）奖。

陈钊荣：民间评价“真光第一帅哥”；学生微博评价“真光有思想的班主任之一”。他曾教过艺芸、晓、蘅圃三社的学生，有一句话最能表达他的心声：“芸”一方沃“圃”，“晓”数届“真”人。但求门生好读书，读好书。

明珊珊：坚持“严中有爱，严爱并施”的班级教育理念，坚持“人人有事做，事事有人做”的班级管理原则，是大成智慧班最受学生欢迎和喜爱的班主任。

周斯筠：中学高级教师，教育硕士。教学成绩优秀，曾荣获“广州市教研积极分子”“荔湾区优秀教师”等荣誉称号。长期担任班主任，所带班级多次被评为区优秀班集体。

余莉：有4年教高三的经历。教学成绩优异，曾获广州市高考政治科突出贡献个人奖、荔湾区高考优秀教师奖，以及“广州市中学政治学科教研积极分子”“荔湾区第二届‘嘉庚杯’中小学优秀学生社团优秀辅导老师”称号。

陈美苑：心怀大爱，精心育人，做小事情。工作11年，有10年班主任经历。近6年来，5年担任高三的英语教学和班主任工作，培养了一批优秀学生。

最后把一首小诗《天使的情怀》献给真光中学的“园丁们”：

你是天下最小的主任，却干着太阳底下最光辉的事业，你把自己典当给学校，你把黑夜唱成黎明，又把黎明唱成黑夜。

你笔下有波澜，肩上有泰山，林林总总的琐事，总让你疏于打扮。

你把黑发挽成岁月，你把美丽叠成记忆，你把干涩的文字吟成青山绿水，你把泥土的情怀写成桃李。你是钢铁长城，永远坚守三尺阵地，你是厚厚的海绵，永远把委屈藏在心底，即使承受太重，也要微笑着屹立。

你是母亲，一遍遍梳理少年的调皮；你是父亲，一声声拨正浪子的心履；你是朋友，一点点融化冬雪的冷漠；你是良师，一次次升华桃李的思绪。

你应是百变不穷的孙大圣，时时有绝招，处处有妙招。

级长、班主任，你不大的头衔，撑起教育的一方天宇。

北大是我高中时的梦想

尊敬的各位领导、亲爱的同学们：

大家好！

很荣幸能作为学员代表在此发言。

请允许我代表全体学员向给予我们这次学习机会的北京大学和荔湾区教育局的领导们表示衷心的感谢！向即将为我们授课的老师们表示热烈欢迎和崇高的敬意！

今天有幸踏入这百年学府——北京大学，我十分激动，因为北大是我高中时的梦想。

窗外秋意正浓，室内热情似火。接下来的学习时间虽然只有短短的五天，但也足以让我们满足。翻开北大为我们开设的课程，让我们实实在在感受到了北大严谨、求实、创新的学风；课程内容丰富多彩，授课老师卓尔不凡，神秘的未名湖和博雅塔就在眼前。这一切都让我们充满期待和好奇。因为“北大就是一条生命饱满的河流，它从百年前的源头出发，向那充满希望的未来流淌，尽管两岸风景变换，河上却始终有着渴望渡向美丽彼岸的船客，也有着代代相传的辛勤的舵手与船工”。而今天来自不同学校，有着不同学科教学经历的每一位学员就是那怀揣荔湾教育梦的船客。

同学们，一路同行，朝夕相助。让我们浸润在北大浓浓的人文气息中，追随着蔡元培、胡适、季羡林等先知们的思想，好好学习！

感谢一路有“你”

——广州市名班主任王方荣工作室挂牌仪式上的答谢词

德育是学校教育的重要组成部分，班主任是学校德育的核心力量，一支优秀的班主任队伍是学校德育顺利实施、取得优异成绩的保障。名班主任王方荣工作室的建立就是要发挥王方荣等优秀班主任的引领和辐射作用，培养更多优秀的班主任。所以，广州市真光中学将把名班主任王方荣工作室的建设作为未来真光“十三五”规划的重要组成部分。

今天是名班主任王方荣工作室挂牌的喜庆日子，在这里我最想要表达的就是“感谢”。

首先要感谢广州市教育局和荔湾区教育局对真光中学的信任。近几年，广州市真光中学培养了广东省首批“百佳”德育工作者卢岳飞老师，广州市名班主任王方荣、郑婉慧、陈云芳老师，广州市优秀班主任莫霓虹老师等 21 人……由王方荣老师来主持广州市名班主任王方荣工作室既是对他工作热情、工作效益和能力的信任，也是对真光中学管理协调和文化传承的信任。

接下来要感谢的是荔湾区委、区政府、区教育局的领导。荔湾家庭教育学院工作的全面推动，让我们看到了荔湾教育的又一个春天。5 月 28 日上午，在区教育局的指导下，真光中学开展了首次“职业教育进家校”活动，产生了良好的社会效应，得到社会、家长和学生的认可。

这里也要感谢三生教育基金会。三生教育基金会不仅为我们组织了教师培训活动，还给予真光家庭教育以极大的人力资源的帮助。张明源会长刚刚还为我们做了题为“家庭融合教育范式探新”的精彩讲座。

同时我还要感谢在座的各年级的家长代表，是你们的支持，使真光中学的各项活动开展得有声有色，正是你们的支持，才有了真光中学今天的辉煌成绩。

最后，感谢名班主任王方荣工作室的所有成员，你们都是荔湾区班主任工作岗位上有理想、有追求的老师。相信名班主任王方荣工作室的建设将推动你们进一步发展，为真光教育，乃至荔湾教育、广州教育做出更大的贡献。

课程开发

一所百年老校的文化魅力

阳春四月，风轻日暖。

4 月 23 日广州市首期卓越中学校长培训班的 36 位学员到上海市复兴高级中学参观学习。

在复兴高级中学的校园，我驻步仰视那一棵棵、一排排、一片片大树，心中有些莫名的感动。如果说，大树与绿色给予了感官的强烈刺激，那么更深的感受则是弥散在校园的“文化气息”，细细地聆听陈奕望校长的介绍，丝丝缕缕，有一种不可名状、无处不在的“莫名气息”直沁心脾。

该校创办于 1886 年，历经 3 个世纪，距今已有 127 年的悠久历史，有着深厚的文化积淀。绿草茵茵，充满生机；红色调的建筑风格，告诉我们这是一所具有革命传统的学校；宣传西藏历史文化及民风民俗的文化专栏布置在一楼的醒目位置，而且是手写的，让我们领略了“复兴人”的民族团结精神；“求真”的校训镶嵌在教学楼的最高处，使我亲身领略名校的追求和办学风格；陈校长的办学实践和充满智慧的演讲，更触发了我探寻复兴高级中学文化的期盼和欲望。

复兴高级中学的历史文化：继承与发扬。上海市复兴高级中学的办学历史最早可追溯至 1886 年创办的上海共济会学校；重建于 1946 年抗战胜利民族复兴之际；1954 年复兴中学被确定为上海市重点中学；1960—1966 年定为复旦大学附属中学；1978 年重新定为上海市重点中学；1998 年学校建设成为现代化寄宿制高级中学；2005 年学校被评为上海市首批实验性示范性高中。

办学之初，校园面积只有 15 亩，麻雀虽小，五脏俱全，注重学生人格的培养，注重学生民族精神的铸造，培养了以中国工程院院士路甬祥为代表的 6 位院士，同时也为社会和民族培养了大批社会精英和优秀的劳动者、建设者。改革开放 30 多年，为了办人民满意的教育，增加更多优质学位，全面实施素质教育，上海市人民政府投资几亿元，选址虹口区 80 亩土地，重建一所新的复兴高级中学。在陈校长的带领下，老树发新芽，百年的“复兴”焕发出新的光芒，锐意进取的“复兴人”，发扬振兴民族精神的优良传统，以人文为本，确立“满足学生充分发展的需求”的办学宗旨；传承并赋予“求真”校训以新的内容，提出“复兴人”16 字方针：追求真理、探索真知、崇尚真情、完善真我；将新时期的育人目标定位为培育英才，服务社会，振兴中华。

复兴高级中学的校长文化：专业与魅力。陈校长身材高大、西装革履、戴着眼镜，一眼望去就能在人群中找到他。从他的言谈我们了解了他的胸怀，了解了他的办学愿景，聆听他对校训的智慧解读，追寻他在复兴高级中学 10 年的办学实践与探索，感受一位上海特级校长的专业素养，以及对复兴高级中学高瞻远瞩的规划发展，立足上海，远望海外，突出“地球村”的概念；对复兴高级中学育人文化的营造，更是深入学生、教师的灵魂深处，成为他们发展的核心动力；对复兴高级中学的课程精心领导，打造关注学生个体差异发展的主战场；对教师的专业化发展和成长积极引领，引领教师完成专业化发展的角色转化，从一个传统意义的“传道、授业、解惑”者转变为创意设计者、文化相对者、信息整合者、终身学习者、繁复研究者；对内部管理不断优化，以年级和部门作为组织单位高效工作；对外部环境积极调适，积极争取有效资源，协同街道、派出所对周边的环境进行整顿，创设优良的育人大环境，整合周边的资源，发挥立体效应。

复兴高级中学的校长文化告诉我，学校文化是学校校长、教师与学生共同具有和共享的信念，这些信念是学校的灵魂，在某种程度上支配着学校成员的思维方式和行为方式，决定这一所学校的面孔、品位和高度，所以学校文化对一所学校和它的所有成员来说，十分重要。而学校文化的形成又是与特定的学校历史传统相联系的，它不是华丽的口号，也不是一蹴而就的，而是有一个漫长的形成过程，学校文化需要建设。

复兴高级中学的社团文化：丰富与多样。一所学校发展潜力如何？一要看学生的心理状态、身体状况、心志发展；二要看校长的立场，只有树立“教育只有恒久的问题，没有终结的答案”的观点，才会对教育给予充分的民主，对他的学生给予充分的空间。

复兴高级中学丰富多彩的学生社团让我领略了复兴高级中学的活力、张力和智力。65 个学生社团共分为 5 类：外语类有日语（起点班）、日语、德语（高一）、德语（高二）、英语基础提高、英语基础写作、英语竞赛辅导、英语演讲与辩论等；文学类有电影新概念、文言文解读规律、古希腊神话等；人文类有素描、心性成长、先秦哲学、跨文化交际、艺术串珠、经典心理电影赏析、现代生活礼仪、中学生理财、公关与人际关系等；科技类有物理提高、自助物理实验、生命起源和恐龙灭绝、数学基础提高、电子制作与研究、数码照片处理、生活中的化学、量子力学简介、微积分初步、微生物学实验、DNA 探秘、物理竞赛辅导、数学竞赛辅导、化学让生活更美好、生活中的物理、Flash、数学漫游、生物显微实验、机器人研究与制作、自主化学实验与探究、天象、天文学、植物组织培养等；综合类有国际知识概要、DV 创作、丝网花插花、乒乓、羽毛球、健美班、中国结、音乐和制作、舞蹈欣赏、小电影制作、多媒体应用、电视节目制作、体育舞蹈、DIY 手工艺制作、图像处理实用技术、防灾救护技巧、体育比赛规则培训、电子商务、惠普图形计算器等。

通过探究，我发现复兴高级中学的社团有 3 个特点：一是社团分层；二是科技类占优；三是改变传统社团热闹而无实效的特性，重点落在探究、实验，提升他们的思维能力，并在不断的发展中形成自己的特色项目。体育特色项目排球、科技特色项目机器人、艺术特色项目合唱队等学生社团不仅成为校园的主流学生文化，也成为诸多老师教育故事发生的资源库，既把学生从繁复的学业中解放出来，也把老师从传统的师生定位解脱出来，和学生一起放飞想象的风筝，一起领略科学的魅力，一起感受回归人性教育的轻松。从此复兴高级中学的学生社团文化深入人心，成为学生和校友永远的记忆，成为促进学生未来发展的加油站，也成为校园文化的“少壮派”。

复兴高级中学的课程文化：关注与分层。现代科技发展及世界和谐发展对人的现代素养提出新要求，也对学校传统的教育模式向现代化发展提出新挑战。传统课程教学存在不足，统一课程，千校一面，不利于学生个性特长发展；纸上谈兵，不重实践，不利于学生融入社会；学科中心，教师为主，不利于学生自主发挥；被动灌输，应付考试，不利于学生创造发展。

复兴高级中学把握新的教育热点，对于学生的课程进行研修并做出符合教育规律和学生发展需要的课程调整，创新课程结构。课程特征：课程开发为载体、探究创新为过程、信息技术为平台、发展特长为途径；课程目标：满足学生充分发展需求、培育全面发展的“复兴人”；课程设置：立足校本、注重主体、联系生活、整合信息；课程安排：类型多元、要求多层、结构多模、形式多样、组合多选；课程框架：生活能力、基础学力、发展学力；课程内容：数理科技、社会人文、文理综合、体育艺术、德育体验；课程资源：学校资源、教师资源、学生资源、家庭资源、社会资源；课程管理：整体规划、分层实施、质量监控、多元评价、及时反馈。

复兴高级中学的创新文化：精英与创新。学校教育是建设人力资源强国与构建创新型国家的基础，要重视学校创新教育在开发学生创新潜质与推进学生可持续发展上所起的作用。培养创新人才是一个长期的教育过程，而且创新人才是有层次的、多样性的，需要学校以多元的理念去指导，用不同的课程去支撑。新课程观要求学校关注课程目标、课程结构、课程内容、课程设置。“复兴人”的课程目标：学会求知、合作、做事、生存与发展；“复兴人”的课程结构：调整选修课程的比例，增加课程可选择性；“复兴人”的课程内容：强化核心课程，重视语言、数学、科学、技术；“复兴人”的课程设置：与社会发展沟通，与社会生活联系。“复兴人”还根据自己的实情和特色在创新教育上有所选择，要找到切合本校学生创新素质提升的学校教育（主要是课程建设）有效切入点。“复兴人”重点突出创新教育的五大主题：尊重学生的独立人格、拓展学生的生活时空、提升学生的自主行为、激发学生的创新意识、培养学生的创新能力。他们的实践告诉我们，只有开放课堂，关注差异，注重学生人格、智力思维、意志力的训练和拓展，教师才能为学校有特质的学生提供“农耕”社会的教育，顺应自然的规律，遵循二十四节气的斗转星移，找到适宜的土壤，成就社会精英未来的发展，实现中国梦，实现中国教育的梦：因材施教，关注每个人的发展，实施差异化教学；有教无类，阳光招生，公平入学；终身学习，学生好好学习，老师、家长天天向上；人人成才，每个人发挥自己的才干，幸福学习，创新工作。

俗话说，环境造就人，什么样的环境就造就什么样的人。文化环境是孩子成长的第一所学校，是孩子的第一任无形的教师，优良的充满智慧的文化环境伴随着孩子的健康成长。

海尔集团张瑞敏曾说过：“海尔几十年的成就，主要不在于有形的东西，而恰恰在于无形的东西。”

我非常认同张瑞敏的观点，表象的东西往往十分显性，如漂亮的校园、考取清华、北大的学生数量等，而真正支撑教育事业可持续发展的恰恰是无形的、看不见的文化，其核心就是学校精神。

复兴半日，求真尚实！文化引领，成就辉煌！

思维反刍，小有心得！一流学校，重在文化！

责任和使命就是行动的动力

北有南开，南有春晖。

乍一听有些疑问，但一旦踏进春晖中学的校园，所有的一切疑惑都会有明确的答案，剩下的就是感叹、称许和赞美。

校祖经亨颐先生80年前提出“与时俱进”的校训，他的教育追求就是“学生的人格教育”，翻阅他的手稿《春晖中学计划书》，看到这样的语言：“余为倡人格，动之教育和英才教育。”可见经先生积极倡导学校教育和社会教育相结合。细细揣摩经先生的主张，我们会对他的远见卓识佩服得五体投地，因为我们现在做的很多事，都是经先生的“陈年良言”。

何谓大家、大的教育家？我想经先生无疑是民国时期最优秀的一个。

当然校祖的伟大，还在于在他的手下成长起一群有思想的教育工作者：爱的教育和夏丏尊先生；美的教育和丰子恺先生；有信仰的教育和朱自清先生等。这些教员不仅授课，还在工作实践中，有自己对教育的理性思考，形成自己独到的教育理念，影响学生一生的发展。由此我就想到，我们的现实教育中，有思想的教师有多少呢？更多的是跟着一个有思想的校长在奔跑，为何跑、怎样跑、几时加速，全是被动的、盲从的。实际上，一个盲从的人，一个对教育没有思考的人，他的奔跑是裸体的奔跑，个人的不足显露无遗，甚至会在学生面前出丑。试想，一个没有思想的人能够教好有思想的学生吗？我持怀疑态度。

新时期，“春晖人”与时俱进，用课程建设和校本研修托起明天的太阳。

课程建设突出三层目标：健康、健全；求真，崇善，尚美；学得活泼，活得自由。

课程体系：突出“三层”（基础性课程、校本通识课程、研究性课程）“五性”（科学性、人文性、知识性、多样性、选择性）。这一切都突出了以人为本，尊重学生的个性差异。每个人都有成功的可能，我们要有精品课堂、高效课堂、道德课堂、观察课堂，为学生的人格教育、品行教育和思维能力的可持续发展奠定基础。

以课程建设和校本研修推助教师的发展。新“春晖”采取了多种渠道：教学反思，通过案例和随笔，促进教师的个人发展。校本研修，从主题教研活动到有效备课的研究，促进教师团队的建设。教师的成长，首先要通过基本功奠定基础，然后丰富教学策略，再进入个人的学科研究。课堂重建，重在激发生命的活力，教师的授课不在于教了多少，而在于是否激发了学生的发展。教育的评价，引领教师的专业化发展。课程实施是双向的互动过程，教师在成长，学生也在成长，两者相得益彰，这样的课程才是“基于国家意志，教育规律，利于学生成长”的最好课程。

当我要离开春晖中学的时候，校园中心的一块6米高的巨石吸引了我。正面写着4个红色的大字“高山仰止”，背面写着“景行行止”，我不解，询问老校长，他的答复让我找到了百年春晖昌盛不衰的奥秘。

高山仰止：贤哲无数，学深德高，令人敬仰。

景行行止：此语出自《诗经·小雅》。“景”就是大，“行”的象形文字就是路路通达，“行”就是实干。大概意思就是作为新“春晖人”，做学问要往高处走，德行要往高处行。

这就是新“春晖”的文化教育：根植于学生的生活，根植于学生的校本实践，根植于新晖地方文化的传统。

让教育自身美起来

韩延辉校长是珠海一中的“掌门人”，因为身高198厘米、为人豁达，被同行和同事称为“最高领导”。同时韩校长也是我在珠海第二阶段跟岗学校的理论导师和实践导师，我非常期待跟随他的脚步亲身体验和感受别样的教育与人文。

2013年11月28日上午，在这份期待中，我们一行3人走进珠海一中。

进入校门，仿佛走进了一个别有洞天的世外桃源，一中的气势把我和有些见识的学员深深地吸引和震撼了。当晨光透过轻雾洒在第一片树叶上，一座郁郁葱葱的“大公园”顿时振奋起来。一路上，樟树、柳树、桃树、芒果树排列两旁，芒果树上那饱满硕大的果实，仿佛一不小心就要掉下来似的。再往里，亭台楼榭、小桥流水、中央广场，辉煌大气、错落有致的布局无不显示出设计者的匠心与工巧。最别具特色并引人驻足的是孔雀园、锦鲤池和悠然漫步于校园的野生水鸭，动物与人的和谐相处，让这座校园少了几分人工雕琢，多了几分灵动之美。宁静的耕读园中，不时从窗口传出读书声；清澈的小湖边，工人正在给跳跃的锦鲤喂食；校园甬道上，几只绿头鸭摇摇摆摆地走过来，行人都小心翼翼地给它们让路，这场面着实令人忍俊不禁，这场面何其温馨与惬意。

美的办学理念："以美的教育造就美的新人"。珠海一中创办于1960年，历经50多年的风雨，成为珠海教育的领军团队。进入21世纪，学校全面推进素质教育，提出了"以美的教育造就美的新人"的办学理念。何谓"美的教育"？如何实现"美的教育"？韩校长阐释道："美的作用早已为人们所重视，但以往传统意义上的学校审美教育通常只是把学校教育所利用的外部对象的美，如艺术美、社会美、自然美等，放在自己的视野之内，而将学校教育自身的美遗漏在视野之外，较少考虑学校自身应该怎样做才能得到美这个根本问题。简而言之，传统的审美教育主要是'借美育人'，而我们所说的作为一种教育境界的审美教育，则是力图把'借美育人'与学校教育自身的'创美育人'有机地统一起来。'以美启真''以美养善''创美育美'，这就是我校提出'以美的教育造就美的新人'的办学理念的实质之所在。"

美的主载体：新课程体系培育"美的新人"。"美的教育"是对人的心灵的唤醒，追求所有生命各美其美，美美与共，它尊重每一个学生的人生体验和智慧，每一个学生的个性与爱好都能在教育中得到尊重。基于此，珠海一中提出了以"持续优质、特色鲜明、多元综合"为主旨的教育改革，重点将校本课程、社团活动、德育工作纳入课程体系建设，构建完整的"创美育人"新课程体系。

在不少初中毕业生的印象中，重点高中都是一个"好学生聚集在一起死板学习"的地方，但来到珠海一中后，他们发现自己进入了一个从未体验过的多元世界。在这里，他们有机会学习科技创新、领导力、书法、国家安全教育、广告欣赏与设计、生命科学、航空航天等校本课程，也可以选择加入模拟联合国协会、热浪文学社、棋社、戏剧社、模型社、古元版画社、爱乐协会、集邮社、吉他社、生命科学与宇宙兴趣俱乐部、志翔航空航天俱乐部等近50个学生社团。一个通向"美"的大平台，敞开怀抱欢迎他们的到来。

珠海一中的新课程体系高度重视学生的主体参与，尊重学生的学习权利、个性发展权利、创造权利，从而让学生的人格、个性、素质得到全方位的发展。在这里，学生社团多为自主自办，学校只加以适当的管理、扶持和引导。每年9月，校团委和学生处会进行新一年度的社团审批，凡是对学生发展有正面意义的社团一般都可以通过；10月，一场全校范围的社团招新活动拉开帷幕，新生们可以根据自己的兴趣爱好报名；社团成立后，要自主制定社团章程、活动计划，聘请指导老师。"胜券在握"广场，定期有学生社团的展演，学校各大晚会、对外文化交流等活动也活跃着社团成员们青春的身影。

韩校长说："学生的经历即成长，获奖只是一种褒扬。"珠海一中的校本课程（社团），无不重视学生的体验过程，从学生的能力和未来发展的视角去设计、开发与实施。最具影响力的学生合唱团多次走进维也纳、悉尼等地的世界级音乐殿堂，学生管弦乐团曾应邀参加了上海世博会和广州亚运会开幕式，并多次应邀到国外交流。学生们说："曾经无数次想象过走进金色大厅，当真正站在音乐殿堂上的那一刻，才体会到那种终生难忘的激动与自豪。"最具本土文化特色的古元版画社和摩崖石刻社，一个以中国美院首任院长古元先生的古元艺术馆为活动阵地，一个聘请珠海中国书画学院院长张法亭担任书法老师，让学生们接触、传承珠海本土文化。领导力课程开展了珠海市绿道研究、地下通道研究、电动车研究等活动，让学生们走出校门体验社会政策的变化和老百姓生活的变迁，培养了学生的公共意识和社会责任感。

美的一中人：自信、阳光、大气、从容。近年来，珠海一中的办学规模从一届 300 人扩大到一届 1 400 人，人数的倍增使得生源结构发生了变化，一些困难、弱势家庭的学生往往会出现较多问题。为此，韩校长提出了"做最好的自己，成就一个美好的世界"，要求学生无论何时都要尽自己最大的努力，把事情做到最好。他说："做最好的自己，就是自己和自己比，而不是和别人做无谓的比较。如果大家能够踏踏实实地在一中走过 3 年，一定会成为身体、心理、精神和学业多重丰收的美的新人!"

活动的海洋没有尽头。在珠海一中，学生们还自主举办运动会、科技节、艺术节、读书节、模拟联合国大会、"感动一中"颁奖典礼等活动，校园里处处洋溢着生命的活力，展现出成长中的青少年的无限美丽。珠海一中的校友有很多是各行各业的领军人物，在每年的"采访优秀校友"活动中，学生自己联系校友，对他们进行电话或面对面的专访。通过采访，他们了解了成功人士创业的艰辛和成功背后的优秀品质，这些对他们的成长都有很深的触动。

珠海是一座新兴航空城市，珠海一中的校友遍及清华大学、哈佛大学、剑桥大学的航空专业，利用这些有利资源，学校创立了学生们热切期盼的"志翔航空航天俱乐部"。俱乐部成立 3 年多，成员们参观了珠海机场、珠海航展、香港航展、广东省航空博物馆，举行了别开生面的航空夏令营活动，参加了珠海雁洲飞机制造有限公司的实习，还体验了在课堂上驾驶模拟轻型飞机。航空课程进校园，开创了全国中学校本课程的先例，一名学生骄傲地说："每个人都有一个飞翔梦，现在这个梦已经触手可及了!"2013 年，在第五届全国未来飞行器设计大赛上，梁明轩同学设计的"旋风豹共轴双桨无人机"获全国青少年组一等奖。珠海一中也荣获广东省首个"全国航空特色学校"称号，并被授予"全国航空科普教育先进单位”“中国空军优秀飞行员生源基地”等荣誉称号。

我感叹！珠海一中，一个优雅、和谐、感性、从容、大气的校园。

我赞美！珠海一中人，一个优雅、和谐、感性、从容、大气的团队。

我庆幸！我的导师的教育梦，让我不禁感叹教育是如此美丽！

课堂教学

优秀教师的功夫在课堂

机缘巧合，在珠海斗门一中遇到了老朋友——清新华侨中学的卞玉兴校长，我们一起听了高三年级刘淑霞老师的一节语文复习课“文言文翻译的方法指导”。

一、课堂再现与实录

1．教师刘淑霞引领回顾复习

回顾文言文翻译的有关标准：信、达、雅；回顾文言文翻译的要求：直译为主，意译为辅；回顾文言文翻译的基本方法：留、删、补、换、调、变。

“留”，就是保留。凡是古今意义相同的词，以及古代的人名、地名、物名、官名、国号、年号、度量衡单位等，翻译时可保留不变。

“删”，就是删除。删掉无须译出的文言虚词，比如“沛公之参乘樊哙者也”（沛公的侍卫樊哙），“者也”是语尾助词，不译。

“补”，就是增补。①变单音词为双音词；②补出省略句中的省略成分；③补出省略了的语句。注意：补出省略的成分或语句，要加括号。

“换”，就是替换。用现代词汇替换古代词汇。如把“吾、余、予”等换成“我”，把“尔、汝”等换成“你”。

“调”就是调整。把古汉语倒装句调整为现代汉语句式。主谓倒装句、宾语前置句、介宾后置句、定语后置句等翻译时一般应调整语序，以便符合现代汉语表达习惯。

“变”，就是变通。在忠实于原文的基础上，活译有关文字。如“波澜不惊”，可活译成“（湖面）风平浪静”。

2．学生动手，教师点拨

例1：范氏富，盍已乎（范氏即范祁）。

例 2：献子执而纺于庭之槐。

例 3：欲而得之，及何请否（欲：心理活动）。

备注：以上练习，主要是验证学过的 6 个字词；教师示范，直接展示译文。

教师小结：文言文翻译，采取以上 6 种方法，可以使翻译的句子更加规范、更加流畅。但要想更加细化还需其他方法。

3. 教师学生互动，共同学习新的方法

方法一：根据语境推断词义。

例 1：吏误收纺，纺奋击收者（收：收留）。

学生 1：收，收留。

学生 2：不对。

学生 3：扣留。

老师：翻译为“扣留”非常正确。

例 2：不痛绳子，恐天以禁（绳：绳子）。

学生：解释为“绳子”是错误的，应该翻译成“惩罚或制裁”。

老师：非常好。

例 3：亮知荆州次当受敌（次：驻军）。

学生：应该翻译成“第二次”。

老师：对了，荆州是第二个受到攻击的地方。

方法二：结构推断法。

例 1：赢——多。

例 2：隙——不周全。

例 3：让——嫌弃。

例 4：奔——马奔。

例 5：以成语为例，

求全责备——责就是求；

民殷国富——殷就是富；

登峰造极——造就是登；

文过饰非——文就是饰。

方法三：根据语法推断词义。

根据词语在文言文中句子中的位置推断词的词义和词性。

例：病——生病，一般解释。根据位置的不同，还可以解释为“担心”“担忧”。

方法四：联想推动法。

成语联想法：薄而观之（日薄西山——靠近）。

课内知识迁移：若贷而不诛（贷不是贷款，与诛联系，应该翻译成“饶恕”）；治平至百余年（长治久安）。

4. 课内知识迁移与联想

汉不听——听：准许（联系《陈情表》一文中的句子“听臣微志”，听：听任，允许）。

而使人谢城中——谢：谢罪（联系《孔雀东南飞》一文中的句子“多谢后世人”，谢：告诫）。

教师总结：我们今后做翻译的题目，不仅要用好“留、删、补、换、调、变”6种基本方法，还要用好我们刚刚学过的4种方法，同时还要注意积累120个实词和18个虚词。这样翻译才能做到相得益彰。

5. 布置课堂练习并纠错（学以致用，温故而知新）

例1：童生——古代没有取得功名的读书人，不管年纪大小都叫童生。

例2：干——拜见，拜谒（广东考卷）。

例3：而——但是，表示转折。

例4：创——创作；旌——表扬。

二、课堂观察与评价

一堂好课的标准，一是教师熟悉课标的方向及要求；二是完成了课堂教学目标；三是体现了课堂教学的核心和主题；四是课堂教学生成了问题并引发学生的讨论与思考；五是体现既教书又育人；六是做到讲练结合，课堂容量适度，学生可以运用学过的知识解决问题。

从刘老师这节“文言文翻译的方法指导”课来看，基本达到一节好课的标准：本节课先是“温故知新”，复习翻译的6种基本方法，为使翻译更加顺畅、合理，刘老师又补充4种新的方法，在这个学习的过程中，注意提供适合的训练题目，师生有互动，有问题的讨论，最后安排5个小题对学生进行训练，强化知识的运用。特别是在复习过程中，刘老师能够把课内学过的知识点和课外见过的知识点整理出来，并在复习过程中进行强调，强化学生对学过的知识点的归纳与积累。

当然，这堂课也不是尽善尽美。譬如，训练的过程只有几位同学发言，代表性不强，不能使任课教师了解全体学生的掌握情况；复习过程，课堂自然生成的问题较少，本来有的问题即将产生，结果教师很快把答案告诉大家，课堂看似流畅，实际上学生的思维和思考被打断，这样不利于学生独立思考能力的培养，不利于学生对问题进行深入研究等。

瑕不掩瑜，总的来说，刘老师的良好素质、上课过程的幽默及处理问题的机智、课堂最后达成的效果等都给我留下了深刻的印象，本次评课等级为优。

三、课堂反思与感悟

文言文是古代人使用的书面语，因此它在语音、字形、词汇、语法等方面必然与现代汉语有种种差异。从这个角度说，把文言文称为“古文”更直观。培养阅读文言文的能力，一个重要内容就是认识古今汉语存在的种种差异。学生历次考试的考查主要就是从古今差异的角度出题。可是很多学生头脑中缺乏古今差异的概念，在答题时机械地按照现代汉语的思维去理解文言文，导致大量丢分。殊不知高考的文言文一般是不会从现代汉语的角度设题的。由此看来，高三学生在进行文言文复习时首先应确立一种思维，即文言文思维。无论日常学习还是考试，都要坚持用文言文思维来思考问题，正如学习外语要用外语思维一样。

立足课本，抓住基础。常用词、词类活用、特殊句式、通假现象等内容，是文言文的基础知识，也是高考文言文的主要考点。通过这节课我发现部分学生的文言文基础知识薄弱，制约了文言文能力的提高。因此要提高学生对知识的运用能力，应从基础抓起。文言文的基础知识在高中课本各册都有分布，学生应充分利用课本资源，认真归纳基础知识。关于常用词，课本中有很多经典用例，每篇课文后面都有辨析词义的题目，基本涵盖了考试大纲规定的120个常用实词和18个常用虚词，考生要把这些题目做懂弄透，梳理出常用实词、虚词的主要义项和用法。关于词类活用和特殊句式，第3册的五、六单元后有详细的介绍，认真阅读，定有收获。另外，学生有必要把文言文基础知识的复习和名句背诵有机结合起来，熟悉基础知识，有助于理解课文，必定能提高背诵效果。反过来，有效的背诵又能巩固基础知识。

积累经验，探索规律。文言文基础知识中，词类活用和特殊句式无疑是难点。说它们难，原因在于单纯的记忆不能解决问题。学生要想对这两个知识点有所突破，必须在训练中积累经验，寻找隐藏其中的规律，进而扫清阅读中的障碍。

词类活用是指某些实词在一定的语境中临时改变词性和用法，出现词类活用现象的语境往往有一定特征。就名词的活用来说，处于谓语位置的名词的后边又有名词或代词，而且后接的名词或代词出现在句尾，那么前面的名词一般充当了动词，如“吾从而师之”中的“师”、“沛公欲王关中”中的“王”。当然，具体的用法是使动用法、意动用法，还是活用为一般动词，则需进一步判断。“所”字结构必须由“所”字加上动词组成，如果“所”字后没有动词，和“所”字紧邻的名词也可活用为动词，如“置人所罾鱼腹中”的“罾”。

文言文中还有许多带有规律性的内容，相信在教师的引领下，学生们经过细心摸索，一定会有更多的新发现。

授人以鱼，不如授人以渔，此乃教文育人的最高境界！

教师是道德课堂的主角

课堂见真功，课堂见真心。

唐越老师是北京市海淀区的骨干教师，是首都师范大学附属第二中学政治学科的骨干教师，对于她的课，我相当期待。她今天主讲的内容是“收入与分配”。

一、走进课堂：感受京派的精彩

课堂铃声响起，唐老师款款走向讲台，开始她今天的授课。

教师问：你们早上是怎样到学校的？用何方式？

学生：走来的、骑车来的、打车来的、搭车来的……

教师问：这些东西怎么来的？

学生：买来的。

教师小结：我们的车是自己买的，我们的油是自己买的，我们的任何享受都是自己买的。这也就是说我们每天的活动都离不开钱，这就是消费。

教师问：钱从何处来？

学生：父母挣来的、买彩票中奖得来的……

教师小结：买彩票是高风险的行为，收益不一定高。

教师问：政府的钱从哪来？

学生：生产、税收。

教师板书："第三单元：收入与分配"。

教师问：我们不仅要关注自己的钱，也要关注国家的收入与分配。

教师放视频：一则新闻报道，一汽大众高管和一般员工发放年终奖，差距巨大，引发全社会对于收入与分配的关注，引发全社会对于此话题的热议。

教师问：大家将来想到哪里上班？

学生笑答：一汽大众。

教师板书："第七课：个人收入的分配"。

第一个问题：所有制与分配的关系。

教师举例 1：蛋糕的分配图示——收入的分配问题。

教师举例 2：青岛 20 世纪 70 年代的冰箱总厂，实行平均分配，大锅饭，年终结算亏损 147 万元。

学生讨论：以上例子告诉我们大锅饭不好，还有其他办法吗？

教师归纳 1：分配制度之一"按比例发放薪酬"。

教师归纳 2：按劳分配为主体——多劳多得，数量与质量要一致。

学生探究：我国实行按劳分配制度的原因有哪些？

原因一：平均分配，干多干少都一样。

原因二：按需分配，需要什么给什么。

学生探究：评价以上原因的优缺点。

教师引导归纳：平均分配的优点是社会稳定，满足每个人的基本需求，使每个人的心理平衡；缺点是有些人养成懒惰的习性，对于有才干的人不公平，工作没有动力。按需分配只是一种美好的制度，在物质财富不丰富的前提下，不现实，只是一种美好的愿望；缺点是可能出现不公平现象，分配不均衡。

教师小结：目前这种情况下，只能实行与社会发展水平一致的分配制度——按劳分配。它的意义有两点，一是促进社会的发展，二是极大地调动个人的积极性。

教师举例："联想"的例子——创业初期是私营企业，现在是控股公司，总裁杨元庆一天的工资就是 25 万元。

教师小结：看到杨元庆的工资，很多人不解，其实"联想"按照国际惯例，实行的是企业按生产要素分配制度，要素包括资本、土地、管理、劳动、技术等。由此我们就要看到联想分配的意义，一是有利于个人收入的增加，二是积极推动社会经济的发展。

二、关于课堂的思考

听完一堂课，我们往往会用某种标准去审视它、评价它，在此我想从 6 个方面对唐老师的这节课提出个人的一些意见和建议。

第一，教师要有明确的教学目标，目标的确定要符合新课标的要求和学生的实际情况，包括知识与能力、情感态度与价值观、学生心理的特征和认知水平；同时，教学目标还要注意不能太虚，要做到明确、具体。反观唐老师的课，从知识的传授来讲，她的教学目标和方向是明确的，但在课堂的实际操作中，对于学生的关注度不够，没有注意到学生的个性差异。

第二，教学环境的创设，要符合教学目标的实现，有利于学生身体的健康发展。在这点上，唐老师做得比较好，利用例子、视频及学生耳闻目睹的例子说明收入与分配的关系和意义，达到预期的效果。

第三，课堂上，教师要注意学习指导和对教学的有效调控。从唐老师的课堂来看，以上两点基本能做到：一是对学生的学习活动有具体的指导，二是创设情境提出问题，引发学生的热议和对问题的深入思考。如果积极引导更多学生参与问题的讨论，采取积极有效的、多样性的评价方法，引导学生生成新的问题，把控好教学进度的话，这节课的效果会更好，毕竟这节课的授课内容学生并不陌生。

第四，教学过程，教师要关注学生。学生是课堂舞台的主演，教师是这个舞台的一个角色，而不是导演。细品这节课，学生参与不够深入，大部分时间是教师在讲，即使是常规课，这样也欠妥，毕竟学生没有提出有价值的问题，只是在倾听，只是随着教师起舞，笨拙地舞动。

第五，课堂气氛的宽松是这节课的亮点，学生的讨论和回答能够得到教师的肯定，学生的人格得到充分的尊重，教学的进度有条不紊，张弛有度，老师与学生的互动也算到位。

第六，最关键的一点就是教学目标的达成度。当下课铃响起的时候，本节课的教学内容还没有结束，也就是说教师没有时间对学生进行掌握知识目标的评价和测量，有多少知识通过师生的互动与交流化为学生的智慧和能力？教师与学生皆不知。从表面看，学生人人有收获，但实际上收获了多少呢？而且，通过唐老师的板书，我感觉她的教学基本功还要加强。通过自己的饱满热情、渊博的知识和良好的素养，引领学生不断体验学习和成功的愉悦，带动学生有继续学习的愿望和欲求，这才是课堂的真正魅力，这才是教师的最大功德。

当然，以上观点只是我的一点浅见，对于课堂我的一贯主张就是百花齐放，发挥自己所长，正如一位教育家所言，“看一所学校除了熟悉它的校长，了解它的文化，了解它的课程，走进课堂才是我们真正了解一所学校的主阵地。校长的办学理念、学校的教师文化、学校的学生文化，都会毫无遮拦地呈现在我们的面前”。

对于课堂观察的思考

一所学校的管理水平、办学水平如何？一所学校的教师素质如何？一所学校是否具有渗透到师生骨髓的校园文化？关键点在哪里？关键点在课堂。因为课堂是学校育人的主要场所，课堂上的教师是学校育人的核心力量，由此引发我思考课堂、关注课堂、探索课堂。

一、对于中学课堂教学评价指标的思考

根据我20多年的工作经历，我认为中学课堂教学评价指标主要由7个项目组成。一是教学目标，它涵盖2个要素：符合课标要求和学生实际的需要、可操作性；二是学习的条件，也可称为学校的环境，它涵盖2个要素：学习环境的创设、学习资源的处理；三是学习指导与教师的教学调控，它涵盖2个要素：学习指导的范围和有效程度、教学过程调控的有效程度；四是学生的活动，它涵盖3个要素：学生参与活动的态度、广度和深度；五是课堂气氛，它涵盖2个要素：课堂气氛的宽松度、课堂气氛的融洽度；六是教学的效果，它涵盖3个要素：目标的达成、解决问题的灵活性、师生的精神状态；七是学科的特色，它涵盖2个要素：学科的知识性、学科的人文性。

针对课堂的展示情况和效果，我们把以上“中学课堂教学评价指标”的达成情况，分成3个等级：完全符合、基本符合、不符合。然后再根据课堂的观察情况评定出4个等级，可以用“A、B、C、D”表示，亦可以用“优秀、良好、及格、不及格”表示。

二、对于课堂观察评价要点的特征描述

中学课堂教学评价指标是死的，而人是活的。我们在日常听课中，关注课堂的细节、课堂的问题生成、学生智力的提升等尤为关键，这就要求我们对于课堂的评价要素在心中要有一个可操作的标准和依据。

教学目标——符合课表要求和学生实际的程度：符合新课标和教学大纲的要求，包括知识、能力、情感态度、价值观等方面与学生的心理特征和认知水平相适应，关注学生的差异。可操作性的程度：教学目标明确、具体，可操作、评价。

学校的条件——学习环境的创设：有利于学生身心健康，有利于教学目标的达成。学习资源的处理：学习内容的选择和处理科学，以生为本；学习活动所需要的相关材料充足；选择适合学科特点和学情的教学手段。

学习指导与教学调控——学习指导的范围和有效程度：为大多数学生提供平等参与的机会；对学生的学习活动进行有针对性的指导；根据学习方式创设恰当的问题情境；及时采取积极、多样的评价方式；教师的语言准确、有激励性和启发性。教学过程调控的有效性：能够根据课堂和学生反馈的信息对教学进程、难易程度进行适当的调整；机智处理临时出现的各种情况。

学生的活动——学生参与活动的态度：对问题情境的关注；参与课堂的积极性高。学生参与的广度：学生参与学习活动的人数较多；学生参与活动的方式多样化；学生要有充分的时间参与学习的过程。学生参与活动的深度：能够提出有意义的问题、发表自己的见解；能够按照老师的要求正确操作相关的教学工具和器具；能够认真倾听、合作和分享。

课堂气氛——课堂气氛的宽松度：学生的人格受到尊重；学生的讨论和回答问题及时得到老师的肯定与鼓励；学生的质疑问难能够得到老师和同学的帮助并给予鼓励；学习的过程要张弛有度，讲练结合，突出规范。课堂气氛的融洽度：课堂气氛活跃、有序；师生交流与生生交流都平等、积极、有效。

教学效果的检测——目标的达成度：基本实现教学目标；大多数学生能够完成学习的任务；每个学生都有收获。解决问题的灵活性：部分学生能够灵活处理教学任务的问题。师生的精神状态：教师精神饱满、注重个人的仪容仪态、教学语言清晰精练；学生能够体验到学习成功的乐趣，能够在课堂生成有价值的问题；学生有进一步学习和探讨的兴趣与愿望。

学科的特色——学科的知识性：传授的知识要系统；重难点突出；引导学生把碎片知识梳理成脑中的知识版图。学科的人文性：文道统一；关注学生的非智力因素的成长与变化。

三、回归首附课堂，回味悠长

对照课堂观察要素的描述，回味我在首都师范大学附属第二中学听到的生物科、数学课、物理课、选修课、研究性学习课、美术课、语文课、政治课，感慨良多。

首都师范大学附属第二中学的课堂，亮点很多，值得我们学习。比如，课堂注重巧设情境，牢牢吸引学生的注意力，极大地调动学生学习的主动性和积极性；课堂问题的设计与教学目标一致，注重从细节入手，抓矛盾、增难度，巧妙设疑、环环相扣、提纲挈领，把学生的思考不断引向深处，从而培养学生良好的读书习惯，不断提升学生的合作探究能力；课堂知识的脉络清晰，通过问题的不断生成，达到知识、能力、情感三维目标的实现；能够贯彻新课改的精神，激活课堂，激活学生，学生下海，教师上岸，学生功夫在课堂，教师功夫在课外等。

当然，课堂也有需要不断改进和提升的地方。高一课堂的容量需要加强，否则完成教学进度都有困难；高二课堂的学生合作尚需加强，因为伙伴的影响在新的形势下，往往会超过教师的影响；高三学生课堂的人文精神不能忽略，不能因分而分等。

因为精神而有了百年

1907 年，民族实业家和教育家匡仲谋先生创办匡氏书院，并提出影响锡山教育发展百年的 10 条训育：锻炼健康强壮之体魄；陶冶言行一致之美德；涵养至公廉洁之形象；激发舍身为国之节操；鼓励服从团体之主张；训练谦恭温和之体貌；养成灵敏精密之头脑；练习增长生产之技能；培养节俭耐苦之习惯；增进活泼愉快之态度。

20 世纪 30 年代，海归博士殷之龄校长到校主持办学，辛勤耕耘 19 年，又提出新的教育愿景和教育理念，提出新的人才规格和育人目标，并对学校课程实施大胆的进一步开发，如使用原版的英文教材等，开全国之先河，展现殷先生的教育努力和职业风范。当时的课程改革，它的价值就在于对教育细节的记忆和自身文化的传承。

现在，江苏省锡山高级中学走过了106年的历程，享誉海内外，被评为江苏省首批国家级示范性高中。

这所诞生于20世纪初江南烟雨中的百年老校，以一百多年的教育理想追求，对什么是教育、怎样办学校，为今天的教育实践者做出了朴实的回答。

回答一：有效教学“从目标叙写到课堂评价”。

一是改变教学目标的叙写方式。教师要站在学生的角度，基于课标，基于教材，基于学生的经历、感悟和反应，确立目标，选用外显性的行为动词，陈述学生学习过程的变化。

二是实施目标要引导教学。以目标创设问题情境，以目标统领教学流程，以目标优化教学流程。凸显目标引导教学的3个特征：教学活动要从教学目标出发、教学过程指向并服务于教学目标、教学效果评价回归教学目标。

三是精致的课堂教学设计。课堂设计是课堂高效的前提和基础。这就要求课堂设计必须体现3个维度：指向教学目标的教学流程设计、达成教学目标的学习行为设计、回归教学目标的评价设计。

实践证明，锡山高级中学的有效教学是有用的，学生的高考成绩、学生的各种能力水平的展示、学生展现出的后续学习和可持续发展的潜力，都排在江苏省的前列，实现了“锡中人”生命旺盛、精神高贵、智慧卓越、情感丰满的育人标准。

回答二：校本教研的新模式，课堂观察。

以往的听课、评课，大家比较随意，评的过程只讲客套，不讲实际，出现套话、空话、大话成行市的情景。

怎么办?

“锡中人”进行了新的摸索和改进，那就是校本研究的新模式——课堂观察。

课前会议：开讲老师与同科及听课的教师进行面对面的交流，将自己的教学目标和实施过程及手段提前分享给大家，听取大家意见进行改进，确立自己的教学设计和目标。

课中观察：上课的过程听课者所要关注的不是整个课的全过程和每一个细节，需要关注的只是其中的部分，多角度观察，发现问题，发现亮点，了解目标的达成度。

课后交流：针对上课的情况，大家进行新的评课，所有的观点以数据说话，而不是假大空，这也便于课堂实施者的改进。

课后评价：根据自己的观察点，打出分数，做出科学的判断并分享自己观察到的数据和有效信息。

课后归档：撰写有关报告，存档并作为对教师评价的第一手材料。

通过这一新的手段，对教师的专业化发展起到促进作用，营造了和谐又积极的教研氛围。

回答三：百万百卷读书大活动。

培养师生终身阅读的习惯，对于学生，积极开展读书、写作、创意作文、话剧表演、创办校刊、微电影制作、诗歌朗诵等活动；对于教师，积极倡导建立读书组织，如青年读书协会等；还开展系列活动，如名家讲堂、读书论坛、读书征文、教师荐书、读书博客撰写等。同时学校还让图书馆的书流动起来，首先，学校建立江苏省语文学科建设基地；其次，让图书馆的书流动到班级内，学生随时可以取阅；最后，将图书馆的功能区进行改造，开辟浅阅读区、辩论区、演讲区、图书商场等。积极营造一种氛围，每天读书一小时，教师引领学生一起遨游书的海洋，把图书馆变成读书楼，让学校变成一个大书吧，在读书的过程中教师与学生共同成长，找到能与自己心灵沟通的朋友，让自己的人格也因此而充盈饱满。

这就是坚毅、奋进的“锡中人”。锡山高级中学因为精神而有了百年；锡山高级中学因文脉的延续而有了百年的辉煌。一所学校面对社会公众和政府部门，它的底气到底来自哪里？我认为就是历史和现实内涵厚度的叠加，锡山高级中学就是最好的标杆。

一所学校，它办学的真正意义和价值何在？那就是对一个人产生怎样的深远影响。而面对现状，我无话可说，希望我们的教育环境能够得到净化，按照培养人的模式育人，远离功利，敬畏生命，关注差异。

青年教师的“童子功”

在珠海一中跟岗期间听了两节课。一节是数学课“函数”，另一节是语文课“小狗包弟”。

一、现场回放：初生牛犊不怕虎

讲授数学课的是刚刚走上工作岗位两个月的小战老师，由于是新人，对课堂的把握和知识的掌控还有些生涩。

本节课的知识重点主要有两个，一是方程的根与函数的零点；二是零点存在性定理。为了讲清这两个问题，小战老师首先列举了3道例题，通过解函数并画出抛物线引入课题，接下来通过例题引导学生了解解出方程零点的方法，此过程有教师的演示，有学生的课堂训练，学习过程注重学生积极性的调动，注重学生思维的训练和提升。当学生基本掌握做题的技巧和方法时，小战老师就引导学生总结出零点存在性定理。为了巩固知识点，小战老师举一例题，叫学生用不同的方法解决问题。不愧是珠海一中的学生，学生的素养比较高，几分钟内，他们就提出了3种解题方案，而且在这个过程中，学生和老师都能够把学过的知识联系起来，把过去解决不了的问题，重新拿来讨论，温故知新。可惜的是课堂教学过程中，小战老师对于学生的演示过程中不足的地方没有特别强调，学数学的关键是要养成严谨和规范，不管是教还是学都不能只关注结果，更要强调过程。最后下课前，老师布置了一道“求函数零点个数”的题目，以求进一步了解学生对知识点的掌握情况。在这个过程中，我还与从化灌村中学的朱志超校长讨论了一个问题，本节课的知识点以前我们读书时没有涉及，它对我们的生活和生产的意义何在？得到的答案是这对我们的生产和生活用处不大，最大的好处在于训练学生的数学思维，提高学生的学养和素质。

语文课的讲授者是毕业于中山大学中文系的舒欢老师，这是她第二年上高一的课。

舒欢老师主讲的主题是“小狗包弟”，她的课由学生的读书笔记引入。有的同学说狗可怜，重在忆苦；有的同学说人不如狗，重在对比；当年批斗、抄家，巴金自保可以，反省过后可以原谅。老师接着抛出新的问题：假如文化大革命再来一次，巴金还会这么做吗？分组进行讨论并选出代表展示。学生一：还会把包弟送一次，原因是不想把自己和家人拖入地狱，是为了保护家人。当时的背景，即使狗不被解剖，也会被红卫兵打死。当时狗也送过人，人家不要。学生讲完，老师小结：经过反省不再送走，这是作者写作此篇的意义所在。学生二：因家人在，所以送人。为了保护家人，经过权衡，家人规劝，不是为保全自己立马送人。听完学生的一番话，老师反问：大家回到当时的情景，还送的意义何在？学生三：当时如果不送狗，狗和家人都会遭受灭顶之灾，经过权衡，送狗损失少些，现在反省，要有所改变。针对以上学生的回答，老师给予学生积极的引导，引导学生回到文本找寻有关的信息：妻子去世，对作者的打击很大，妻子最喜欢包弟，患癌，没有条件就医，此时才发现作者的逆来顺受没有作用，从中让我们看到包弟听话、可爱的样子，而巴金让我们看到了他从逆来顺受、驯服到自我积极反省的历程。接下来老师通过电视平板展示《随想录》进行反省，目的是培养学生的责任意识，提醒他们无论环境如何，都有义务给自己留下一个属于正义的角落。此时此刻，语文课的人文性质和育人功能得到充分的体现。

二、教师培养："十一工程"

听完两位老师的课，当时我有些不解，珠海一中名师众多，骨干成群，为何推荐给我们的两位都是新人。听了有关老师的解释，我恍然大悟，这只是珠海一中培养年轻教师、特别是新人的"十一工程"的一个环节和因素。"十一工程"考验年轻人的耐力、灵性和智慧。

（1）工作第一年的教案要全部手写；

（2）工作第一年不能使用任何多媒体教室系统；

（3）一学年 2 节校级以上的公开课；

（4）一次全级参加考试的独立命题；

（5）参加广州"一模"和"二模"的考试，平均分要超过年级平均分 5～10 分；

（6）一学年要写 10 篇教学反思；

（7）写一手好的粉笔字，每周一次展示和评比；

（8）参加一次全校的演讲比赛，讲好普通话；

（9）上一次全校的主题班会课；

（10）读一本书并写出读书笔记；

（11）一学年听课 100 节。

对于刚入行的年轻教师，在一年内要完成以上 11 项中的 9 项才能转正，否则推迟转正。正是因为有了这些硬性制度和必达条件，珠海一中的年轻教师成长非常快，有些毕业刚满 3 年就已经开始独当一面，带领高三的重点班独闯龙潭，而且取得非常好的成绩。

三、阳光雨露——反思与感悟

通过珠海一中的年轻教师的培养方式，我们不得不反思一些方式和方法，要改变目前教师队伍少部分人的“慵、懒、散”，特别是部分年轻教师的“愤青”心态，就要改变培养教师的方式和方法，定制度与策略，定目标与评价标准，打造平台并给予机会，积极营造一种人人有事做、事事有人做的工作氛围，创设一种复杂的事情简单做、简单的事情重复做、重复的事情创造做的不懈精神。

我不由得想到了韩延辉校长的一句话：“校长的高度是不一样的，校长要求到什么高度，教师才能通过不断的努力和各种途径，达到校长希望的道德目标、业务素养和专业知识。”

备考策略

专注决定你的高度，班风决定你的宽度

问大家一个问题：上周五，也就是9月16日晚举行的湖南卫视“快乐女声”的决赛，谁夺得冠军？

段林希！现场专家评委对其的评价是满汉全席中的小菜一碟，虽没有高贵的身价，但她赏心悦目、清新自然、让人过目难忘。当主持人问段林希获奖的感言时，她只有一句话：好好做事，好好做人。我也在不断关注连续创造奇迹的来自边陲小镇、心怀梦想的音乐女孩段林希，她的健康体魄、她的勤奋、她的淡定、她的良好心态、她的永不放弃都给我留下深刻的印象。

大家知道，“快乐女声”的选拔，历时近半年，段林希经历了海选、成都赛区的决赛，来到湖南长沙又经历了一系列的淘汰赛，10进9时进入待定席，经过与人PK，杀入九强，接下来的每场比赛段林希都处在随时被淘汰的边缘，但每到关键时刻她都有稳定和出人意料的发挥，直至杀入总决赛。

抚快女林希，想艺芸学子！大家高三的经历与段林希的选秀之路如此相似，同学们要经历六校联考、荔湾区组织的综合考试，还有广州的“一模”“二模”“三模”考试，每次经历除了考察大家的备考效果，更是对大家身体、意志、心态、品质的考察。

从真光中学往年的高考情况来看，年年都有“段林希”，班班都有“段林希”。你想成为明年高考的“段林希”吗？请记住我今天的话：“专注决定你的高度，班风决定你的宽度。”

有的同学不解。

先说高度。你是读专科、普通本科，还是读重点本科，这就是高度。10年寒窗苦读，是否能金榜题名，你们的学习专注度起到关键作用。从开学到现在，大家的优异表现有目共睹，但距离我们的要求还有许多需要改善的地方，如窗外有陌生人走过时，个别同学的目光依然会飘出去；我们要求“入室即静，入座即

学”，个别同学依然我行我素；充满活力和动感的高二艺芸社课间操现在变得拖沓慵懒；处在情感萌动期的你们，依然有个别同学品尝“青苹果”的味道等，在此我要提醒同学们：过多关注学业以外的东西；过多关注和本人没有关系的事情；将过多精力投入儿女私情；自我放松要求，丢掉好的传统和习惯，这些都是要付出代价的，受到影响的可能是明年的高考成绩，也可能是今后三五年甚至终身的生活、工作、学习、情趣等。

再说宽度。在座的800多名同学明年能否全部考入理想的高等学府，或者说明年高考是否有更多的同学考入重点本科或普通本科，从人数上创造真光历史的新高，这就是宽度。

宽度既是一个理想目标，也是一个奋斗目标，明年的高考到底会如何？决定宽度的关键因素就是风气。一个家庭要有风气，父严母慈子孝，家和万事兴；一个社会要有风气，文明、守礼、诚信，国泰民安；一个年级组要有风气，团结、互助、斗志，人人上本科；一个班级要有风气，规范、有序、向上，学习“林希精神”；一个人也要有风气，激情、智慧、理性，遇事有判断是非的能力，不盲从，不人云亦云。

同学们，班风、级风等于本科率、等于重点本科率，去年我校的本科率已超83%，虽说给了我们信心，树立了标杆，但这和大家有关系吗？奇迹是你们的师哥、师姐创造的，所以我要给大家泼点冷水，从8月全区的第一次统测到高考前的“三模”考试，无论你们的成绩如何、排位如何，都只能作为你们不断努力的参照。为何？今年湖南卫视“快乐女声”的决赛，冠军大热及网络人气王刘忻的比赛结果，给你们作了最好的注脚。从十强开始，刘忻都是众人心目中的冠军，但结果她是第三名，一路看来不是实力的问题，也不是技巧的问题，你们说，问题出在哪里？

一句话：专注决定你的高度，学风决定你的宽度。

雄关漫道真如铁，而今迈步从头越

今天是正月初六，浓浓的过年气氛还在延续，在此，我代表学校向各位以及各位的家人拜年！祝老师们龙马精神，身体健康，合家幸福！祝同学们龙腾虎跃，奋发向上，学业有成！

回顾刚刚过去的一个学期，高三年级组重点落实“一个强化、两个统一、三个捆绑和四抓”。“一个强化”就是在校级领导和教导处（德育）的指导下，充分发挥年级长分级组管理的优势，强化教导处、团委和年级组立体管理的有效性；“两个统一”就是对学生全面发展统一管理，对教师思想、工作协调统一管理；“三个捆绑”就是实行班主任与学科教师、备课组长与本学科教师、级长与全级教师的捆绑制；“四抓”就是对尖子生有专人抓、对临界生有专人抓、对特长生有专人抓、对学困生也有专人抓。进一步加强常规管理，着重落实德育常规，抓好风气建设，风气决定班级的宽度，专注决定你们的高度；强化学科规范，提升作答能力，向非智力因素要成绩；突出高效课堂，打造精品学科，杜绝短板效应。从全区统考、六校联考及全市的调研考试来看，我们的备考效果已初步显现，为完成今年高考“1872”的目标迈出了坚实的一步。在此，作为高三的主管，请允许我向辛勤耕耘的老师们表示崇高的敬意！向可爱的同学们送去我的诤言：在人生路上，你是行者，要不惧沧桑，志在高远；在求学路上，你是寻者，要不问得失，但求光明。

展望未来，虽说大家的高中生活只剩下区区5个月，但对于大家来说，只要努力，亲其师，信其道，6月的高考一切皆有可能，一切还有变数。请听来自上届市调研高考学生成绩及排名变化情况的报告：理科学生总分平均提升18.6分，最高提升101.5分，最大进步189名，305人分数有提高，但也有小部分学生成绩有退步，最多下降126分，退步183名。文科学生总分平均提升34分，最高提升113.5分，最大进步176名，294人分数有提高，但也有小部分学生成绩有退步，最多下降80分，退步165名。真可谓“几家欢喜，几家愁”啊！

“雄关漫道真如铁，而今迈步从头越。”学校的发展如此，同学们的学习亦是如此。走进新学期，你们要永葆积极上进的心，完善自我，实现理想。要志存高远，把握属于自己的人生，没有谁会为他人的失败买单，只有对自己负责。要勤学善思，务实求新，不仅要实事求是、脚踏实地，更要学法灵活、方法多样。请铭记，在中学阶段的学习生活中，你们都会收获成功的喜悦，同时也会遇到各种各样的挫折和失败。享受成功你们能做到，而要勇敢直面挫折、从挫折中寻求新的支撑点、开始新的跋涉却不是轻易就能做到的，这就需要自己“给力”、家长“给力”、老师“给力”，你才会在与困难和挫折的博弈中，愈挫愈勇。

十年寒窗苦，换得金榜题名时。如果说8月1日的“跑步进高三”吹响了“集结号”，那么今天的开学典礼就是吹响了向高考进军的号角！

同学们，你们做好准备了吗？

青山座座皆巍峨，壮心上下勇求索，我们“给力”高考；俱怀逸兴壮思飞，欲上青天揽明月，我们“hold 住”金榜。

艺芸社的发展需要群英会，而不是独角戏

一、时时纠正学生的不良习惯

前几天到高三巡视，发现一名男生正在使用计算器做数学题，忙得不亦乐乎。针对该生的情况，我跟蓝清主任进行了深入的交流。她说已多次强调，理科的计算题不能使用任何的辅助工具，发现情况及时处理：一是沟通；二是为学生保管计算器。我想此事应引起我们的重视，对学生严格要求，重视良好习惯的养成。

二、学生的答问要规范

前几天听了高一何红梅老师的一节公开课“伴性遗传”，其中一个环节是请 3 名学生到讲台前展示自己课堂练习的过程与答案。3 个人的结果相同，而何红梅老师却给了 3 个不同的分数，究其原因，满分者过程规范，结果正确；其他两位同学结果正确，但过程或多或少都存在缺陷。鉴于此，我们在作业、小测、月考及各类大型考试中要不断强化答题规范的重要性和必要性。

三、高二的发展需要群英会，而不是独角戏

昨天去参加“荔湾教育大讲堂”，碰到一中原校长、现教育发展中心书记廖晓祥，在与他交谈过程中，他的一句话给我留下了深刻的印象：“我现在是韬光养晦啊！”平时忙忙碌碌的他有此感慨，可见其中透着多少无奈和不甘。

当下的我们是否也有此心态呢？忙、累、烦时心态不稳，甚或说了些有点过头的话，可以理解；真的让我们闲了，又有少许的落寞和烦绪。

大家知道，再过 42 天高三就要毕业了，这也就意味着艺芸社高三的开始。

你做好了迎接新任务的准备了吗？本届学生属于B组评价，重点本科上线人数、普通本科上线人数、荔湾文理状元甚至进入清华和北大的人数、完成上级教育主管部门下达的指标数，都要创造新高。“路是人走出来的”，艺芸社的路要靠艺芸社人自己走。所以我要说，艺芸社的路途上需要和谐，更需要你争我赶的热闹场面；高二年级的发展路上需要领军人物（级长、备课组长、班主任），更需要八仙过海、群英聚会！

最后用一副对联结束我的发言：

上联：级品、班品、师品、生品，层层上品；

下联：德优、知优、体优、艺优，比比争优。

横批：行胜于言，言若不行，不若不言。

关注细节，强化辅导，回归教材，双分聚焦

高三“二模”考试已结束，从整体来看，基本达成既定目标，备考的成效非常明显，但“二模”后的复习又摆在我们面前，如何定位，在此，我代表备考领导小组谈几点意见。

“二模”后复习备考要遵循的三个原则。一是单科高分与总分高分要聚焦；二是关注重点本科、普通本科临界生；三是在研究改进措施时，要注意保证强科不会减弱，弱科能得到一定的改善。

“二模”后复习备考的四项要求。一是夯实基础，继续保温，做好查缺补漏工作，对暴露出的问题及时进行补救工作；二是回归教材，加强复述，促进对知识的进一步理解，给予学生充分的反刍时间，教给反刍的方法，做到基础不丢分，难题冲一冲，不为失败找理由，只为成功找方法；三是突出一个重点，本校生源得分的重点：基础拿满分，中等拿高分，难题拿点分，尽可能做力所能及的事情，对于力不能及的事情不是完全不管，而是量力而为；四是加强限时训练，特别是综合科；五是进行非智力因素的训练，如心理的调试、答题规范的训练等。

“二模”后复习备考中管理的有效力。一是坚持三级备考制度。三级包括以校长为组长的备考领导小组、以科长为首的学科备考小组、以班主任为主的班集体。校长的作用重在方向和服务；备考小组成员的作用重在制定、落实举措，跟

踪、评价教学效果；班主任的作用体现在班级捆绑的核心骨干上，体现在学生管理的主体作用上；备考小组组长的作用体现在复习的方向和各项工作的协调上，发现问题及时查缺补漏；任课教师的作用体现在辅导的有效性和高分的聚焦点上。二是发挥德育在备考中的作用。一要抓好常规，落实规范，包括行为规范和学习规范；二要加强个案辅导和跟踪；三要定期与家长联系，形成合力；四要加强宿舍管理，向宿舍管理要本科率，更要重点本科率。三是加大调控的力度（时间和学科用力）：整体均衡，总分优先。首先要保证早读、自习、课间练的时间；其次要保证做好课内的事，不抢别人的时间，作业要适度；最后要保证文综、理综均衡，配合薄弱学科，关注总分上线，关注临界生，强化“得综合者得天下”的意识和执行力。

总而言之，正视差距、寻找空间、调动积累、取人之长、创造历史。

高三曜社重点本科备考策略研究

高三曜社重点本科备考，我们要了解学情，突出“三分”策略：分层备考、分类推进、分科诊断。做到人人有人管，事事有人盯。

第一，分层定位。全级学生分成三个层次：第一层次 1、2 班（理科），16、17 班（文科）；第二层次 9、10、11 班（理科），14、15 班（文科）；第三层次：其他普通平行班。三层备考定位非常明确，备考的针对性很强，第一层次提升优生，保证上“985”重点本科。第二层次主攻“211”重点本科。第三层次挖潜重点本科，主攻普通本科。

第二，分层施教。三层备考目标决定了三层备考方法、三套教师队伍、三种课堂模式、三套复习资料。各自实施，增强了备考的针对性、实效性，效率高、效果好。三层分层定位，决定了备考评价不可能用一把尺子量，如果那样，就会打击教师、学生的积极性。我们用三把尺子分别对三个层次的学生量效果。尺子不仅由学习成绩构成，更重要的是由学习自觉性、学习方法、思维能力构成，尺子既量出了差距、量出了信心，也量出了方向、量出了方法。

第三，分类推进策略。真光中学的高考备考的有效性在于将学生科学分类，分类指导，分类推进，“一类一法，一生一方”。比如，确定重点本科临界生不是简单地以分数划定，而是分类划定：一类是推了不能上的；二类是不推也能上的；三类是一推就能上的；四类是不推不能上，推了才能上的。分类推进策略直接将备考的触角延伸到学生的学习现状和未来最大发展性态势，既关注到学生的智力因素，又关注到学生的非智力因素，将备考的活水灌溉到学生学习的根上。

第四，分科诊断策略。要在高考中取得优异成绩，“各科好才是真的好，总分高才是真的高”。各科教师诊断学生备考中存在的问题，制定措施，班主任集中协调，形成合力，为提高学生总分而有秩序地实施备考。语文：开展“三自一问一查一讲”，把学生的自习、问题和落实结合起来，创实效课堂。数学：坚持编写学案，每周一测，滚动前进，集体备课，分工合作，再研讨，重视二次备课，坚持培优、拔尖和辅弱结合。英语：加强词汇过关，话题、句型训练，把月专题训练和小专题训练结合起来。物理：题目精组，分工合作，相互配合，编写好章节补充学案。化学：强调把握方向，精选题目，分工合作，快步走，常回头，精讲多练，滚动复习，全程推进。生物：坚持天天练，单元测试，同时要求学生做好错题集。政治：把握难度，重视错题集，滚动复习，分工合作。历史：做到“五勤”（勤计划、勤完善、勤反思、勤下班、勤交流）“五到位”（备课到位、学案落实到位、测验到位、作业到位、讲评到位），加强学法指导，错题再巩固，精英测验要坚持。地理：定好计划，有序推进，命题针对性强，作业批改到位，学法指导到位，培优辅差都要重视。

高三曜社重点本科备考是我们当前工作的核心，它的重点就是要全方位落实到高考策略研究、高考专业考点的研究、高考行为的研究、高考心理的研究等，策略的根本就是“教师眼中有学生，心中有目标，行为有针对性”。

班主任的职责究竟是什么?

多年的班主任工作使我有一种感觉，在我们现在的班主任工作中，出发点和终极目标就是管理。不管是事情发生之后的处理式管理，还是事情发生之前的预防式管理，甚至包括爱心式管理或者民主式管理，其核心词只有一个——“管理”。表面上看来，这并没有什么错误，但是我认为，这是我们班主任工作的一个巨大误区。

班主任日常工作似乎都是与管理分不开的，如班委的选举、座位的安排、卫生值日的安排等。但是，管理就是班主任的终极目标吗？如果从管理学的角度看，“管理”这个词的含义其实是十分丰富的，但是，在中学阶段，“管理”这个词已经被简单化了。在很多学校，班主任管理已经被简化为一个问题——“不要出事”。一个团队，只要安安稳稳带完，没病没灾，那就善莫大焉，于是很多班主任的工作就到管理为止。

但是，班主任并不是管理者，而是教育者。换言之，将班主任当成管理者，实际上是误导了班主任，使很多班主任的工作发生了异化，而这种异化实际上也是中国社会惯性思维的体现。

那天和朋友聊天，我说我觉得“中国是一个官本位国家”的说法并不完全正确，照我看，中国实际上是一个管理本位的国家。在中国，权力崇拜古已有之。因为首先制定规则者就拥有无可置疑的豁免权，至少在很长的一段时间里，中国的管理者并没有真正的服务意识，也就是说，其制定方针政策的出发点并不是被管理者的福利，而是自己的权力的展示以及管理的方便。从这个角度说，我们身边的很多管理实际上只是打着管理的旗号在展示管理者的权力，很多管理措施的制定和执行只是为了减少管理者的难度而已。而这种管理思路和管理模式可以说是整个社会默认甚至支持的，而一旦将班主任工作纳入管理的范畴，那么班主任工作也就发生了异化。

管理的核心是秩序，教育的核心是发展；管理以约束为手段，教育以提升为手段；管理的目的是效率，教育的目的是塑造。因此，教育的过程是离不开管理的，但是，将管理等同于教育，甚至代替教育，无疑是对教育本质的抹杀，同时，也是对班主任工作的误解。

如果我们要说一位老师辛辛苦苦工作多年，却并不知道自己干了些什么，更不清楚自己本该干什么，这大概骇人听闻吧，而且也太残酷了。可惜，对许多教育工作者来说，这很可能是事实。咱们做的可能只是管理，而非教育。可见，人活一辈子，先别说活出多大光彩，即使要活个明白，也不是那么容易的。糊里糊涂地教一辈子书的人，可能大有人在。

难怪古人云："朝闻道，夕死可矣。"这位非要把事情弄明白的老师，他的思考要引起我们的思考。大家都思考，就可能引起事情的变化。我们干工作不怕累、不怕苦，怕的就是累得不值，苦得冤枉，怕的就是把宝贵的精力用错了方向。

眼中有学生，心中有目标

抓好班主任工作是学校德育工作的基础，抓好德育队伍的建设是学校快速发展和可持续发展的保证。

班主任是学校全面贯彻党的教育方针、培养适应新形势下的社会主义建设者和接班人的中坚力量。改革开放30多年，学生的精神面貌和思想道德水平发生了很多变化，特别是他们的世界观、人生观和价值观更是与我们的传统观念差距甚大，这也成了班主任工作的重心。

一、班主任的"心"：眼中有学生，心中有目标

一个好的班主任，基本特征就是眼中有学生，心中有目标。

融学校，建设和谐。学生刚刚踏进学校的大门，我们的工作目标是什么？抓规范？强调学习的重要性？帮他们树立远大的目标？都不是。作为班主任和任课教师，我们要做的首先是"大家庭"的和谐，教师的和谐、学生的和谐、师生

之间的和谐等；其次是设定高一学生的成长目标：爱上学、爱学习、爱老师。因为高一年级的学生对于新的学习环境比较陌生，这就需要学校的有关教师多动动脑筋，帮助学生度过适应期。

在我 20 多年的工作经历中，我感觉到学生在校期间最喜欢的就是活动课程。首都师范大学附属第二中学的做法跟我的想法不谋而合。

首都师范大学附属第二中学根据学生的年龄特点开展系列活动：古诗文朗诵大赛、文艺大赛、数学讲题大赛、参观国家博物馆、到黄山进行社会考察等，让学生在活动中发现学校的美，老师、同学的美，让学生在体验中提高人文素养，激发对科学知识的兴趣，培养坚韧的性格和不屈的精神等。

定目标，管理时间。到了高二，学生的心智成熟了不少，对他们的要求相应就要提高。首都师范大学附属第二中学的德育名家主要做两件事，突出重点，量体裁衣。一是学生的目标教育，他们利用公共假期，引导学生走进北京的大学，针对自己的实际情况，确定自己的学业奋斗目标，并通过班会的形式进一步明确自己的目标定位，让学生生活在实实在在的氛围中，而不是天天去做不切实际的大学梦。二是学生的时间管理问题。现在的学生普遍不会管理自己的时间，不管在家里还是在学校，都是如此。学校要开展自己管理时间的探索，每个人如实记录自己的时间安排，每周上交一次，班主任发现差异很大，自律的学生整块的时间用得比较多，自律能力弱的同学整块的时间用得少，做起跟学业有关的事情就比较被动，鉴于此，首都师范大学附属第二中学主要通过八字学习法讲座、青春期教育讲座来针对高二的学生开展工作。这一点他们抓得很准，现在的学生所面对的外界诱惑太多，各类信息产业的产品尤为明显，如果不加以引导和控制，学生的大好青春就在他们的指尖溜走。有人曾经说过："时间管理是一辈子的事情。"学校要积极引导学生掌握自己的时间，适时管理好自己的时间，这将使学生受益终生。

树信心，放飞青春。高三的学生普遍信心不足，因为学生很看重自己的学业成绩，高二时努努力就 80～90 分，而到了高三，无论如何努力，也只有60～70 分，学生感到困惑和不解，经历几次考试，看不到自己的努力成果，信心很受打击。一个学习成绩还不错的学生曾经在全校介绍自己的经验，他谈到如果自己有先知先觉，早知道高三的学业如此困难的话，高二会更努力些。所以，在工作中，我们要时时提醒学生，高三的学习不是看自己付出的时间有多少，而是更要使自己的行为形成规律，有效控制自己的行为。

二、班主任的“勤”：行胜于言，勤于动“脑”

作为班主任，工作实效不是在于要多勤奋，而是有多少工作经过了自己的大脑。如每年一度的自我评价，它涵盖4个方面的内容，就是“德、能、勤、绩”，班主任的“德”就要体现在师德高尚、学校需要、学生满意、家长放心、社会认可；班主任的“能”就要体现在业务精良、敢于实践、乐于研究、敢于创新；班主任的“勤”就要体现在动脑时间，看有多少工作时间和外延时间在思考自己的专业、研究学生存在的问题及处理的办法等，而不是“天天早出晚归就是勤”；班主任的工作“实绩”不仅仅体现在自己班级成绩的排位有多么优秀，不仅仅体现在自己的学生参加各级各类比赛获了多少奖，也不仅仅体现在自己班级学生的凝聚力有多强，而更要体现在自己在帮助学生成长的路途上，研究了多少问题，是否形成了自己的研究成果并对学生的成长产生直抵灵魂深处的实效，其实这个方面正是班主任们投入和关注不够的地方。

三、班主任的“研”：模块研究，直抵心灵

学生的学段不同，他们的兴趣爱好、心理特点、心理需求、性格和品德各不相同，班主任和德育工作者如果仅仅关注个体，那么工作是零散的，时时都像碎片一样。如何才能让班主任的工作走出原有的模式，我认为针对学情开展学生问题的项目研究不失为一个好的方式。针对学生的个性差异和外来文化带来的不良影响，开展“学生个性化差异之激励因素研究”，该项目的重点在于针对学生的性格、习惯、品德的差异开展研究，比较适合初一和高一的学生。针对学生管不住自己的情况，开展“学生自主、自律及班干部培养研究”，该项目的重点在于突出学生干部的能力培养，提出对全体学生时间管理的引导，比较适合初二和高二的学生。针对环境对人的影响，开展“班级文化建设及主题班会的系列化研究”，该项目的研究比较适合初三和高三的学生，他们的心智已比较成熟，有自己的人生理想和目标，渴望在现有的情况下，个人的发展有所突破，那我们的工作重点不妨在学校文化、班级文化及主题班会系列化上下些功夫，形成个人的成果。针对学生的教育是一项立体的工程，需要社会、家庭、学校三位一体共同合作实施，我们可以进行“家校合作的研究”或“班主任与家长沟通的技巧”的项目研究，借此，看看如何把普通任课教师的潜能发挥出来，真正实现全员德

育、全员有效，看看如何把家长和社区的力量利用起来，多一些沟通，多一分理解。现在方方面面的压力都很大，学生也承受着各种压力，他们的心理出现各种表象的反应，对此，我们可以开展“阶段性学生心理问题的研究与辅导”，帮助学生找到发泄的渠道，在不断地把正能量引进来、负能量发泄出去的平衡中，达到学生的心理健康。

当然，学生问题的项目研究，只靠班主任的单兵作战，效果还是有限的，它需要学校有关部门的统筹，需要学校对于这一问题的顶层设计。采取的措施可以是“从点到面”，星星之火，可以燎原；也可以是“从面到点”，就像一个大火炉，黑煤球进、红煤球出，与集体一起燃烧，一起发光发热，直至燃尽自己，温暖他人。

真光德育的顶层设计

新中国成立60多年来的教育，尤其是改革开放30多年以来教育所培养的人的综合素质决定了当今国家与社会的面貌，即国家的信仰与国格、社会的道德与秩序、民族的个性与未来。当代社会不少令人不安的问题和隐患与教育所提供的“产品”有着必然的联系；反过来看，中国教育现状与建立文明强盛的国家以及和谐安康的社会对教育要求的差距非常明显。

一、真光德育顶层设计提出的背景

教育是一个国家最大的基础工程，需要国家的巨额投入与社会的共同努力，这个工程没有搞好，就培养不出有信仰、有道德、有理想且身心健康的人才，没有人才谈何民族振兴、国家富强？教育所输送的人才不仅关系到国家其他投入的产出效果与效率，也是社会资源和国家潜力的核心成分，一个国家亏待了教育，就是主动放弃了国家的未来。

在中国，党和政府的行为意识与教育，在很大程度上决定了国民素质，反过来国民素质也决定了国家的文明程度、发展潜力与未来，因为教育所培养的人力资源是国家文明与发展的第一资源，也是决定性的资源。

当然不可否认新中国成立60多年来，特别是改革开放30多年来中国教育的蓬勃发展，以及对当代经济与社会发展做出的卓越贡献，可圈可点之处自然不少。但对于一个追求务实精神的民族来说，站在世界文明进步的大格局之下不断审视、反省自身教育中的不足才是与时俱进的良性循环之路，能够采取切实举措去改进这些不足更是整个国家和民族立于不败之地的制胜之道。

二、真光德育顶层设计的理念与目标

（一）德育理念——怀大爱心，做有为事

德育是以“做人”为基础的教育。人格健全是生命个体健康发展的体现。一个人在情操、思想、知识、创造力等方面得以不断升华，才是人格健全的人。其核心是拥有一颗大爱之心。“真光德育”就是培养学生“以爱自立，立身于世，世光有我”的教育。为此，我们的德育工作要以立德树人为中心，重点关注情与理、大与小之辩证法，提倡细节德育，帮助学生从小事做起，逐步树立正确的世界观、人生观和价值观，提高道德判断、道德选择能力，促进他们的道德发展、情感发展，使他们成为“怀大爱心，做有为事”的时代新人。教有大爱，育无止境——“真光教育”之创意。

（二）德育目标

（1）建构“真光德育”的理念与操作系统，提升学校德育实效。

（2）分层目标：高一年级建设“行为习惯养成的规范级”；高二年级建设“学业水平考试的优秀级”；高三年级建设“学生综合评价的样板级”；大成智慧团建设真光未来发展的人才库；岭南初中部彰显传统文化，建设荔湾北片的桥头堡。

三、真光德育顶层设计的措施与策略

（一）构建以“真光之爱”为核心的“真光德育”课程体系和团队

德育课程化建设是学校突破德育工作瓶颈的有效举措，有利于将学校“散状”的德育工作或活动整合成指向明确、作用持续、能有效评估的德育课程。根

据“真光即爱，爱即真光”的要义，“真光德育”要在“真光教育”办学理念指导下，构建以“真光之爱”为核心的“真光德育”课程体系，主要包括“真光为人之爱”“真光为事之爱”“真光为民之爱”“真光立身之爱”等。

1. 真光“四爱”课程

爱校教育系列课程，包括“名校百卅载　真光耀岭南”“芳村乡土地理”校本课程；爱环境、爱生活教育系列课程，包括“生活中的化学”“中草药研究”“真光学生艺术鉴赏文选”“真光校园歌曲必修”“跳跃的音符——广州市真光中学自编操”“跆拳道基础教学”等；爱科学教育系列课程，包括“中学生逻辑常识”“OM之光——智慧之光”“电脑机器人”等；爱学习教育系列课程，包括“学习方法指导”“数学奥林匹克竞赛辅导教材”“启、导、助、促——发展性英语教学”“政治高考题型的解答”等。

2. 真光德育校本

卢岳飞编写的《消防演练》及《真光地震应急预案》、阮淑贞和蒋蔼瑜编写的《心理健康教育读本》、周伟英和宋玲编写的《真光校史新读本》、李延彬和卢岳飞编写的《真光学生住宿生手册》及《中学生安全教育读本》、叶炳建编写的《真光学生社团》、黄建国编写的《真光建筑》已出版，《真光德育》“创刊号”、第二期、第三期已结集出版。《真光德育》第四期与第五期计划结集出版；李延彬撰写的《丽娃河畔，偶有小得》于2013年9月结集成校本教材刊发；王丽玲的《有益无益都有益》生物校本初稿已完成，正在完善当中。

3. 建设“真光德育”的工作团队

学校德育工作团队包括德育工作人员、学科教学人员、学生管理团队。一是要形成一个相对稳定的研究型专职德育团队：由各年级组德育负责人及各班班主任组成，既要通过“请进来，走出去”的方式进行观摩与培训，提高专职德育队伍的德育素养，又要通过德育专项课题的申报和研究，提升德育团队对德育工作的研究力和领导力。二是要让学科教师成为富有责任感和协作意识的德育队伍：要求学科教师以班主任的心态开展学科教学，强调学科教师的德育协作意识，使之与德育工作人员协同，确保学生学习能力与德性养成的和谐共进。三是要建设具有榜样力量和影响力的学生管理团队：建设优秀的学生社团和班集体等学生管理团队，充分利用这些管理团队的榜样作用，以及在学生中的辐射力、影响力，起到对学生的示范和引领作用。

（二）确定“真光德育”的30个关键细节

道德人格、思想品质的养成，就在生活情境之中。学校德育要让学生在学习生活情景中感悟，在学习生活实践中体验，在学习生活环境中陶冶，在学习生活交际中成长。也就是说，“真光德育”重在抓好细节。既要从文明礼仪习惯的培养入手，关注细节，包括要培养哪些细节文明习惯，提出哪些细节要求，采用何种方式培养，如何进行细节调控、细节评价等，不断提高文明礼仪教育质量，又要在所有的主题教育活动中把握好细节，丰富德育实践活动内涵，还要让德育走进家庭，细节处寻求最佳途径。尤其是教师队伍建设更要注重细节管理与调控，如师德形象细节培养、管理艺术细节学习、日常工作细节规范、班级管理细节调控等。而这些做法，关键是确定“真光德育”的30个关键细节，让学生在细节德育中成长。

1．一日常规——狠抓落实

细节1：按时作息，住宿生6：20按时起床，积极参加早锻炼。高一、高二、初中走读生7：30前到班，高三住宿生7：00前到班，走读生7：20前到班。13：00住宿生在宿舍午休，走读生在教室午休。高三18：20到班晚自习，其他年级18：40到班晚自习，住宿生周日19：50进入教室进行考勤。各班要有专人负责考勤，考勤情况写在黑板上。

细节2：学生在校穿戴整齐，按要求穿校服——冬装校服拉链拉至黄色区域，夏装校服至少扣一颗纽扣，不佩戴首饰，不穿拖鞋进入教学区，不穿短裤参加升旗礼。

细节3：回校后学生不允许随意外出，特殊情况须经年级、班主任同意并与家长取得联系，办理好正式的书面请假手续方可离校。

细节4：爱护公物，不在教室电脑上进行各类桌面游戏，不利用多媒体设备进行娱乐活动，不在教室内使用充电设备。上下楼梯注意安全，学生不乘坐电梯，不乱按电梯；不使用教师专用洗手间及教师休息室物品。

细节5：学生在学校食堂就餐，不买外卖，不在教室或食堂外的地点用餐，家长送餐只能是“一对一”。爱护校园环境，不带“白色污染”物品进入校园。中午不进行任何体育活动，安静午休，值日生认真做好考勤登记。

细节6：住宿生实行评分量化管理。住宿生要自觉遵守宿舍管理制度，准时进出公寓，准时就寝，有事一定要提前办理好正式的书面请假手续。

细节7：积极参与大课间活动，高一、高二、初中学生按学校活动安排进行跑步进场、课间操、跑操或进行大课间展示等各种团体活动。高三学生要坚持跑操。

细节8：做好每天上午、下午的眼保健操，体育委员负责组织，班主任和科任老师负责监督。由团委学生会干部和级委会负责评比。

2. 文明礼仪——敬能养德

细节9：每周一7：30前到达操场参加升旗礼，在升旗礼过程中保持严肃认真，并高唱国歌。由高一、高二国旗班队员按要求进行升国旗，重大活动时由高三国旗班队员进行升旗活动。本学期值周班由高二和初中部进行。

细节10：仪容仪表规范，学生不烫发，不染发，不理怪发。

①男生两侧发脚不盖耳，后不越领，前发不过眉，不可将两边剪短至见头皮、中间留长；

②女生短发限至衣领底部，长发不能披肩，结单辫，额前头发不越眉，不可将辫盘在头上，不化妆。

细节11：诚实守信，答应他人的事，应尽力做到，知错就改。

细节12：有使用文明礼貌用语的良好习惯，如“请”“您好”“谢谢”“对不起”“没关系”“再见”等。不讲粗言烂语，不对同学做粗鲁手势。日常交往注意礼貌仪态，如微笑、点头、握手、招手、鼓掌、右行礼让、上课回答问题时要起立等。

细节13：尊敬师长，尊重在校所有工作人员，见到老师主动问好，主动让路，不对老师评头论足，不给老师起绰号，虚心听取老师的批评教育，不诡辩、不顶撞。

细节14：对来访客人或外宾主动问候，微笑致意，起立欢迎，挥手送别。不对外宾评头论足。

细节15：参加集会守时肃静，不带与集会无关的资料，不做小动作，尊重演讲或表演人员，观看比赛、演出时适时适度鼓掌致意，会后保持场地干净。

细节16：进老师办公室应先报告，经老师允许方可进入，不可随意乱翻老师的东西。

细节17：自觉排队买饭菜，吃饭过程中不大声说话，珍惜粮食，不乱倒剩饭菜渣。自己用过的饭盒主动送到垃圾箱中，保持桌面清洁。

细节18：尊重他人的劳动，服从学校保安、图书管理人员、宿舍管理人员的管理，不顶撞、不与管理人员发生冲突。

3. 卫生保洁——净能健康

细节19：安排班级每天的值日工作，严格执行值日制度，每天公布值日生名单，值日生负责到位，每天保持“一日两拖三扫”，垃圾及时清倒，并做好卫生保洁和垃圾分类工作。每周周末进行一次卫生大扫除，由级组检查评分，纳入班级常规评比工作之中。

细节20：课桌椅摆放整齐，讲台干净无杂物，每天坚持用湿布将黑板擦拭干净。

细节21：学生桌面不堆放与学习无关的杂物，并控制堆放书本的数量，保持桌面整洁。

细节22：及时清理教室内门角、墙角的积尘及杂物，保持门窗干净，窗台不堆放杂物，灯管、风扇无积尘。注意清理卫生死角，天花板无蜘蛛网，墙壁无任何污迹。

细节23：保持学校公共环境整洁，不随地吐痰，不乱丢果皮、纸屑和杂物，看到过道上的杂物等自觉捡起并及时放好。注意清理教室外走廊、花圃的胶袋、包装袋等杂物，下雨天雨伞折叠好整齐摆放走廊过道上。

细节24：课余时间自觉抵制外界诱惑，不到网吧、游戏机室、营业性歌舞厅等场所活动。

4. 勤奋学习——静能生慧

细节25：规范作息，在校学习不迟到、不早退、不旷课，预备铃响后认真准备学习用品，在座位上静待上课。认真做到“入室即静，入座即学”，保持教学楼区的安静。

细节26：晚自习、自习课独立思考，按质按量完成作业，认真复习，不互相交谈，不走动，不做与学习无关的事情。课堂认真听讲、跟随老师思路认真做笔记，积极思考并回答问题，高效学习。

细节27：在教学楼学习期间不玩手机，不听MP3，不看娱乐杂志，提高自控能力，专注学习。按要求独立完成并上交各科作业，不抄袭、不拖欠；课后注重及时复习、整理，做好错题的收集，注意新知识的预习。

5. 合群教育——竞能发展

细节28：提倡合群教育，三人以上为群，男女生不单独在一起活动。

细节29：乐于助人，积极为他人做好事，每个学生每学期在校内外做义工10小时以上。

细节30：树立竞争意识，积极主动参与校内外各项活动，尤其是学校的“六大节日”活动，促进师生身心全面健康发展。

（三）创新“真光德育”的工作管理机制

组织与制度是一项工作取得成效的两翼。“真光德育”要形成有效的德育组织架构：充分发挥德育室领导、策划、组织、协调的功能，使学校、家庭、社会的德育紧密相连，发挥家长委员会的工作职能，让学校和家长协同配合，共同做好德育工作，依托学校周边社区和街道的资源，发挥其在德育中的功效。“真光德育”要完善德育工作管理制度：既要建立德育分层负责制，让学校各层次德育工作者分层负责德育工作的落实和执行，又要建立德育工作考评机制，规范和保证学校德育工作，从而让学校德育工作规避随意性和偶然性，实现有章可循，提高学校德育工作的实效性。

四、标志性成果

（1）构建以“真光之爱”为核心的“真光德育”课程体系。

（2）确定“真光德育”的30个关键细节，并以此有效促进学生成长：高一年级成为“行为习惯养成的规范级”；高二年级成为“学业水平考试的优秀级”，高三年级成为“学生综合评价的样板级”。

（3）“真光德育”工作团队建成，形成了各项工作机制与制度。

（4）举行评选活动：分别评出学生心目中的好学生、好教师、好家长、好班主任。

学生心目中的好学生：心地善良、尊敬老师，懂得谦让；上课认真，不懂就问，主动发展；不玩游戏，喜欢阅读，与书为伴；和睦相处，平等交流，乐于助人；学人之长，容人之短，共同进步。

学生心目中的好家长：家庭民主，处事表率，身教为首；生活指导，落在细节，重在养成；孝敬父母，关爱家人，敢于担当；邻里和睦，关注环境，身体健康；事业有成，生活规律，兴趣高雅。

学生心目中的好教师：时尚风雅，知识丰富，善于激趣；关心学生，性情温和，平等民主；课堂高效，作业精当，关注育人；团队精神，无私奉献，勇于承担；识人之美，成人之美，美美与共。

学生心目中最受欢迎的班主任：像慈父一样“严而有度”的班主任；像母亲一样“慈爱”的班主任；像哥哥（姐姐）一样的实习班主任；有宽容心的班

主任；热爱学生的帅哥班主任；温柔的美女班主任；风趣幽默的班主任；充满爱心的班主任；以身作则、说到做到的班主任；有真才实学的班主任。

教师心目中的好学生：抱负远大，成绩优良，品质优秀；喜欢求真，善于合作，心中有爱；身体健康，心理健康，心灵阳光；强烈自信，积极向上，喜欢创新。

（5）积极倡导合群教育：打造红煤球炉型班集体。

（6）积极开展国家级“求真教育”子课题“诚信为本，求真创新，卓育真人”、广东省德育课题“‘真光德育’模式创新发展校本研究”、广东省教育科学“十二五”规划学校重点德育研究专项课题“社会主义核心价值体系融入中小学德育研究”的子课题的研究；撰写的“诚信”论文结集出版，编写有关学校德育创新行动的校本教材 10 本。

（7）出版《真光德育》第四期、第五期等。

（8）加强住宿生管理，打造宿舍文化，向住宿生管理要质量，让学生找到回家的感觉。

（9）创建心理健康教育示范校、创建国际生态学校等。

心理健康教育的情况：100% 德育工作者拥有 C 级证书。

心理健康教育的获奖情况：团中央授予“全国心理健康教育示范校”。

国际生态学校的目标确立：江苏省江阴市徐霞客中学是国际生态学校，也是真光中学的姊妹学校，借助这一外动力，计划 2015 年真光中学完成“国际生态学校”的申报与验收。

（10）借助“荔湾道德大讲堂”总堂会设立在真光中学的优势，提升师生道德修养：举办师德专题讲座、开主题班会、听身边的人的故事、评选一年一度的真光校园十大道德模范，并力争申报有关“道德”主题的国家级、省级的科研课题，力争把“荔湾道德大讲堂”打造成为真光德育的新品牌，道德课题成为真光德育的新抓手。

德育就是回归生活的教育。教育无小事，其实，教育也没有多少大事。教育就是一排排高大的芭蕉树下的雕像，就是绿色草坪上铺满的鲜花，就是阔叶树下自由欢畅游动的金鱼，就是宣传栏里一张张学生们的书画、海报，像一首首凝固的音乐，浸润着学生们的灵魂，真光德育的顶层设计就是要让师生在参与中得到教育，让师生在体验中使心灵受到冲击，在不断的发思、感悟中成为一个身体健康、心灵纯净、性格良好的人，在不断的同伴互助、师生互研中成为具有良好读书习惯、独自处理信息的能力、在合作中解决问题的能力的人。

怀大爱心，做有为事

一、夯实德育工作基础，创新德育特色

抓常规，夯基础，稳健有序地推进德育工作。作为主管德育的领导，能够认真学习贯彻国家、省、市、区中长期教育改革和发展规划纲要，以“落实常规、匡正行为、培养情操、树立形象”为主题，以体验式德育为主线，以学科德育渗透为基础，针对年级学情，对学生深入开展“三爱”“四 J”“五大道德底线”“六大节日活动”等教育活动，推进学校德育工作特色的建设：旭晶社、晨晖社要成为“行为习惯养成的规范级”；艺芸社、蘅圃社要成为“学业水平考试的优秀级”；曜社、晓社要成为“学生综合评价的样板级”，从而打造学风优良、内涵丰富、特色鲜明的真光校园文化，进一步促进和提高德育管理水平，彰显我校德育在省、市、区的示范作用。2013 年莅临我校的教育考察团有海南师范大学附属中学、新疆喀什市德育考察团、肇庆市第一中学、甘肃金川集团校长、广州市中学校长任职资格班、江苏省中小学跟岗校长、广州市中学德育师资培训班、辽宁省丹东市教师进修学院、花都狮岭中学、花都炭步教育指导中心、广州市农村中学级长培训班学员、惠州市惠阳区“三名”工程教师、京苏粤优秀中青年校长、广州大学校长培训班学员、广东第二师范学院肇庆校长培训班、南沙区大岗镇教育考察团等。

破解难点形成德育特色。配合推广《广州市学校德育系统设计方案》修订成果的应用，完善推进我校德育中长期规划，突破德育难点，深度挖掘德育资源，让德育成为真实可感、有灵性的欢乐世界，浸润学生的心田。树立品牌意识，继续抓好大课间、学生体育俱乐部、学生社团、级社组织、团康辅导、红煤球炉型团队的建设；国家级“求真教育”子课题“诚信为本，求真创新，卓育真人”已进入中期研究阶段，正在进行论文征集、资料收集等有关成果的整理工

作；广东省重点研究省级德育课题“荔湾区中小学德育特色校本课程的开发与实践研究”（课题编号：GDZXXDY1105）2013 年 9 月已成功结题，真光中学被评为“优秀课题实验学校”。我校在课题实验与研究中，紧紧围绕学校文化、传统项目和理念创新 3 个主题进行“真光德育特色校本课程的开发与实践研究”，取得初步成效，编写德育校本教材 10 本，近一年来还有 30 多篇师生论文和新闻报道在《广州日报》《广州青年报》《中学生报》和专业期刊发表；学校还重视德育实践研究和经验积累，出版《真光德育》“创刊号”、第二期、第三期、第四期，合计近 60 万字；同时学校德育还积极申报一年一度广东省德育创新奖，李延彬、卢岳飞撰写的科研论文《开发“宽银幕”课程，促学生主体发展》荣获“2013 年广东省中小学优秀德育科研成果评选”单位（集体）成果一等奖，李延彬、卢岳飞撰写的《学生与社团共舞，德育与社团齐飞》荣获广东省中小学德育科研成果评选二等奖；蒋蔼瑜撰写的《驿动的心》荣获广东省中小学德育科研成果评选德育课件设计二等奖，取得真光德育历史的新突破。

切实加强未成年人思想道德建设，全面提升学生的素质。按照上级有关部门的统一部署，对照国家加强未成年人思想道德建设的有关文件精神，组织道德大讲堂、升旗礼、级会、主题班会、问卷调查、参观访问。通过旭晶社、艺芸社、晨晖社、蔚圃社，推进学生文明礼仪、尊师重教、公共道德、公共卫生和交通秩序教育；通过曜社、晓社，重点推进团体心理健康教育、责任规范意识教育和未来职业规划教育等。2013 年高考再次创造新的辉煌，重点本科上线人数 164 人，占全区的 41%，超额完成市预测指标 90 人，达成度 221.62%；本科上线人数 694 人，本科率 87.3%，创造了真光高考本科上线新纪录；史金璐同学以总分 669 成为荔湾区的理科状元并被香港中文大学录取；真光中学在 2013 广州市高三毕业班工作评价中荣获一等奖的第七名，绩效达成度在省市属学校及老城区学校中名列第二位。

深化社会主义核心价值体系教育。社会主义核心价值体系是社会主义意识形态的本质体现，是全党全国各族人民团结奋斗的共同思想基础。坚持社会主义核心价值体系要求我们必须巩固马克思主义指导地位，坚持不懈地用马克思主义中国化的最新理论成果武装全党、教育人民，用中国特色社会主义共同理想凝聚力量，用以爱国主义为核心的民族精神和以改革创新为核心的时代精神鼓舞斗志，用社会主义荣辱观引领风尚，巩固全党全国各族人民团结奋斗的共同思想基础。2012 年 11 月，党的十八大报告首次以 24 个字概括了社会主义核心价值观：富强、民主、文明、和谐；自由、平等、公正、法治；爱国、敬业、诚信、友善。

二、以德育课程改革为重点，加强德育工作队伍建设和专业能力建设

加强德育骨干队伍的学习。加强德育校长、德育主任、团队干部及级长、班主任德育骨干队伍建设，采取“请进来、走出去”的方法，组织德育干部、优秀级长、优秀班主任参加在北京、上海、广州、珠海、佛山举办的各种类型的学习活动。李延彬书记参加广州市首期卓越中学校长培训班的学习，历时近6个月，跟随北京、上海、珠海及江浙地区的教育大家起舞，聆听30多位教育大师的专题报告，参访学校22所，撰写个人学习心得、体会和总结报告40多篇，近12万字；卢岳飞副校长到南海实验中学参观学习；级长、班主任和35周岁以下青年教师齐聚真光楼接待室，认真听取广州市律师协会未成年人保护委员会李金铭律师的讲座——《广州市未成年人保护规定》的立法亮点与校园责任；张光礼老师参加了在中山大学北校区举办的第十七届广东班主任工作论坛；级长、班主任参加“急救知识骨干培训班”开班仪式，听取广州市红十字会胡美华老师的报告。同时还举办了班主任工作艺术分享会、德育骨干学习心得分享会和各类主题班团队会观摩活动：王方荣、陈钊荣、李智慧、蒋虹、刘少敏与大家分享他们的教育智慧，他们的发言主题分别是“建设幸福四班的思考”“引导学生养成良好的习惯”“求真·求和·求实”“凭什么让学生服你”“让活动促进班级建设”；卢岳飞、蓝汉辉、苏国东、张盼、张馨予、谢永翠、刘雄伟、方玉梅、潘美君等10位德育工作者参加在广东省实验中学举行的第二届广东中小学优秀主题班会课观摩研讨会；真光中学是“荔湾道德大讲堂”的总堂会，这也成为我校德育的一块金字招牌，邓润甜老师的主题班会“我们的传统节日·清明节”、蒋霭瑜老师的“关注心理，关注健康”公开课、杨兵老师的主题班会“我们的传统节日·端午节”、王方荣老师的主题班会“道德讲堂·孝老爱亲”、苏国东老师的主题班会“道德讲堂·孝老爱亲”等，都在这块阵地上起到了示范引领的作用，希望借助“荔湾道德大讲堂”为更多的德育人搭建成长平台，提高全体德育工作者的育人水平。

切实加强班主任队伍建设。积极组织优秀的班主任参加区、市两级的中小学班主任能力大赛；积极搭建平台引领班主任走出真光、走出荔湾、走出广州；慎重选拔省级优秀班主任和市级优秀班主任的培养对象，培养高素质的班主任队伍。王方荣老师参加广州市第二期名班主任培训学习；陈云芳老师参加广州市第三期名班主任培训学习；陈钊荣老师参加广东省名班主任工作室参评（全区唯

一)，材料已送省评；黄华、黄得刚、侯磊、杨兵、王方荣、卢岳飞代表学校参加荔湾区名班主任分享会；2013 年余莉、张利萍、周斯筠被评为广州市优秀班主任；周斯筠等 28 名班主任被评为校级优秀班主任，姚建军副主任等 6 名同志被评为优秀德育工作者。同时学校还继续与有关继续教育机构合作，开展心理健康教育 B、C 证培训，加强师资全员培训，提升专职、兼职心理教师工作水平。2012 年我校已有 2 位教师获得心理健康教育 A 级证书；6 位教师获得心理健康教育 B 级证书；20 位教师获得心理健康教育 C 级证书；2013 年我校新增 A 证 1 人(詹燕君)、新增 B 证 6 人（戴志锋、刘伟斯、张光礼、董秀颖、余晓娜、陈钊荣)。

积极发挥法制副校长在法制教育和校园综治工作的作用，积极发挥德育渗透和全员育人的作用，学生的违法犯罪率连年为 0。

进一步做好“春风化雨”工程的推进工作。尤其是做好心理偏常、行为偏常和学习能力偏常学生的转化和跟踪教育工作。深入家庭，深入班级，深入学生的心理世界，掌握第一手材料，保证教育教学质量的稳步上升。

进一步加强对中小学德育课程和学科渗透的指导和检查。德育渗透列入学年学校计划、部门计划和学科计划，引导广大教师重视发挥课堂在学生思想道德教育中的主渠道作用，并组织优秀教师积极参加市区优秀教学成果征集评选活动等。根据《荔湾区中小学德育特色校本课程的开发与实践研究》研究成果评比方案相关内容，我校提交的德育论文共 11 篇，其中研究论文有宋玲、卢岳飞的《利用学校人文资源开发校本课程的探究》，阮淑贞的《自我效能感对高二政治学困生的心理健康水平、政治成绩的干预实验研究》及《政治成绩的干预实验研究》，范雅妮的《浅议西关地方音乐对高中生心理构建的积极效用》，蒋蔼瑜的《校园心理剧——高中特色心理校本课程的开发与实践》，李延彬、卢岳飞的《学生与社团共舞，德育与社团齐飞》，莫霓虹的《高中导师制小组合作学习模式研究》；教育叙事有侯磊的《让学生拥有积极的生命状态》；教学设计有莫霓虹的《集体的释义——团结 + 信任》、卢岳飞的校本课程“地质灾害——地震”教学设计与发展性评价反思、王方荣的《“小活动大智慧”之学习要法》等；教育随笔有卢岳飞的《让学生在自我教育中成长》等。其中宋玲、卢岳飞的论文《利用学校人文资源开发校本课程的探究》获荔湾区一等奖；卢岳飞的校本课程“地质灾害——地震”教学设计与发展性评价反思获荔湾区一等奖；邓润甜老师的“怀缅先人”主题班会教案获荔湾区二等奖。

三、以德育实践活动为载体，加强校园文化建设

组织开展喜迎“国庆节”系列活动。开展学生喜闻乐见的德育实践活动，通过主题班会、班级电视网络、广播、主题墙报、国旗下讲话、课堂渗透和微博，鼓励青少年重温中华民族的光辉历史，牢记党的丰功伟绩，讴歌改革开放和社会主义现代化建设的伟大成就，加强青少年思想道德建设，发挥实践育人的作用，达到全员育人的效果。

建书香校园，厚真光文化。深化“读书”活动，借助读书节，以“读经典名著、凝书香之气、扬理想风帆”为主题积极引导学生进行网上阅读，进一步丰富“书香校园”的内容和内涵。继续加强书香网站的建设和真光德育的网站建设，不断推进晨曦文学社的建设和影响力，始终坚持把读书活动作为德育工作的一项常规工作，持之以恒，深入开展，坚持把师生阅读力转化为持久的学习力。2013 年蘅圃社高二（16）班的丁攀博荣获“荔湾区十佳读书人物”称号，星星之火，可以燎原，借此塑造内涵丰富、特色鲜明的校园文化。

四、以德育基地为依托，加强未成年人校外场所建设

继续办好家长学校。贯彻落实《广州市进一步加强家长学校建设工作实施意见》和《荔湾区家长学校管理办法》等文件要求，积极应用推广广州市家长学校教材，家长学校经费落实，正在争创广州市优秀家长学校示范校。同时帮助高一晨晖社成立家长委员会，继续发挥高二蘅圃社、高三晓社家长委员会的示范作用。

加强与社区和德育基地的沟通与共建。学校重视与社区、警校及德育基地的合作，与所在的白鹤洞街道、白鹤洞派出所、海军油库基地、山顶空军雷达站、广船国际、广钢集团、广钢养老院、广州市禁毒教育馆、广州市穗华新军训基地、广州市中学生泌冲学农基地、荔湾区莲塘学农基地等进行精神文明共建，进一步形成教育的合力。

积极发挥心理辅导和荔湾区未成年人心理咨询援助室的作用。2012 年我校心理室被确定为荔湾区未成年人心理咨询援助室，经过一年的努力，我校心理室的硬件和软件设施有了进一步的改善。同时，更多的持证教师参与这项有意义的活动，及时、主动地对学生及家长进行心理健康教育，涌现出一批贴心的“真真

姐姐”和“光光哥哥”，学生和家长都非常满意。

五、以网站为突破，加强德育宣传阵地建设

继续擦亮“真光”这一品牌，深化与《广州日报》《羊城晚报》《新快报》《南方都市报》《广州青年报》《中学生报》《少男少女》《黄金时代》《中小学德育研究》等媒体的合作，加强对外宣传。拓展充实小记者（小通讯员）站的建设，更好地服务德育工作，宣传真光传统，弘扬真光精神，展现“真光人”的风采。

加强德育网站建设。依托我校信息科的技术保障，借助六个级社、团委、学生会、语文科、图书馆、电教科、档案室等的人力资源，加强对有关人员的培训，不断调整充实“书香校园”和“德育在线”栏目，继续打造有影响力的省级书香校园网，擦亮真光品牌栏目。

总之，真光教育就是要使每个学生找到自己的位置，每个学生都有明确的成长目标、健全的人格、健康的身体和心态，都有一颗善良的、充满爱的心，学会感恩师长，报答父母、报效社会，怀大爱心，做有为事。

智慧的行走，诗意的栖息

苏霍姆林斯基认为：“理想的教育是培养真正的人，让每一个自己培养出来的人都能幸福地度过一生，这就是教育应该追求的恒久性、终极性价值。”教育应该培养幸福快乐的人！

党的十八大提出的社会主义核心价值观，从根本上说就是一种幸福快乐的价值观。富强、民主、文明、和谐是国家层面的价值目标，自由、平等、公正、法治是社会层面的价值取向，这两个层面是国民幸福的前提；爱国、敬业、诚信、友善是公民个人层面的价值准则，这一层面是个人幸福的保证。

把培育和践行社会主义核心价值观融入国民教育全过程，实际上就是培养幸福快乐的人，中学教育更是其中极其重要的一个部分。目前中学教育为升学率所累，仅仅关注学生的知识技能，忽略了教育的本质是培养真正的人、幸福的人。

鉴于这点思考，真光中学近几年对社会主义核心价值观进行了深入的探讨与研究，创造性地把培育和践行社会主义核心价值观与真光百年传承融合起来。

“尔乃世之光”的校训，悠远的历史传承形成的真光“五大文化”——“爱”的文化、“行”的文化、“创造”文化、级社文化、书香文化，以及“四H”教育（Heart、Head、Hand、Health）等传统都着眼于培养幸福快乐的“真光人”。

践行社会主义核心价值观，课堂是主阵地，课程是抓手，活动是载体，教师是保障。下面从学校管理、课程建设、德育工作、社团活动、校园文化、教师发展六个方面介绍真光中学在“社会主义核心价值观融入中小学教育”上的具体做法：

一、把社会主义核心价值观融入学校管理工作

学校管理工作要体现培育和践行社会主义核心价值观的要求，不但注重主题教育活动，而且更注重日常教育教学行为。在教学管理中，要对实施课程德育提出具体明确的要求。在学生管理中，要以育人为本，面向学生制定的制度、采取的管理措施，都必须与培养目标一致。在教职工管理中，要引导教师一切以学生健康成长为出发点和落脚点实施教育。

二、把社会主义核心价值观融入各门课程

课堂教学是培育社会主义核心价值观的主渠道，要把各门课程已有的社会主义核心价值体系的育人功能充分地发挥出来，使学生在课内教学和课外实践活动过程中受到教育，引导学生爱国、敬业、诚信、友善，这是每一个人必须具有的立身之本、立家之本、立业之本，它和穿衣吃饭一样重要，因此，它是给予一个人快乐成长、幸福生活的基础。

早在20世纪30年代，我校就提出了“四H”教育和“创造建设”精神。真光中学在继承传统的基础上，创造性地发展了创造文化，促进学校发展。学校以实施新课程标准为契机，坚持走“国家课程校本化”的道路，在创造性的教学设计中体现学校“以人为本”的爱生观念。在培育社会主义核心价值观的理念指导下，我校校本课程特色化，学校编辑出版“爱校、爱环境、爱学习”的校本课程教材近30种。爱校教育系列课程有“名校百卅载，真光耀岭南”“芳村

乡土地理”“跳跃的音符——广州市真光中学自编操”“真光人书画作品集”“真光校园歌曲”“真光学生艺术鉴赏文选”“真光闪耀”。

三、把社会主义核心价值观融入德育工作

学校德育工作是培育社会主义核心价值观的重要途径。学校是培养社会主义接班人和合格公民的主要阵地，这就要求我们的教育和追求必须体现国家需要和意志，引导青少年学生形成社会主义核心价值观。为了达成这一目标，我校采取了多种宣传方式并开展了丰富多彩的活动，如利用墙报、宣传栏、广播站、电视台、微博、网络平台等，广泛宣传社会主义荣辱观，弘扬民族精神和时代精神；组织开展了高三旭晶社“百日宣誓”及毕业典礼；组织开展了晓社成人宣誓、“8月跑步进高三”和优秀学生表彰活动；组织召开了学年团委学生会第25届正式干事大会及批判“全能神”邪教活动；组织了晨晖社学农、学军等社会实践和军事训练营活动；组织“邀月真光，天涯共此时”住宿生晚会活动；组织学生参与第40届体育节、第27届艺术节和第16届英语节活动；组织荔湾区大课间跑操竞赛活动，荣获特等奖；与荔湾区台办、荔湾区教育局共同主办“情系宝岛、爱我中华”涉台教育进校园活动；组织蘅圃社文理班以“外来文化入侵利大于弊还是弊大于利”为辩题的辩论赛；组织初中学生参加广州市举办的“我们的节日·清明节”手抄报活动；组织“厚爱生命，关注楚瑶”行动，历时一年，真光大家庭心连心，媒体与慈善机构鼎力相助，共募得善款35万多元，彰显真光中学爱的精神。

真光中学还是“荔湾道德大讲堂”的总堂会，这也成了培育社会主义核心价值观的一个重要平台。邓润甜老师的主题班会“我们的传统节日·清明节”、蒋蔼瑜老师的“关注心理，关注健康”公开课、杨兵老师的主题班会“我们的传统节日·端午节”、王方荣老师的主题班会“道德讲堂·孝老爱亲”、苏国东老师的主题班会“道德讲堂·孝老爱亲”等都起到了示范引领的作用。通过自我反省、唱歌曲、学模范、诵经典、念劝善词、谈感悟、行崇德礼、送吉祥、行善举的基本流程，对师生开展思想道德教育，引导师生树立正确的道德观念，做一个有道德的人。

为培育社会主义核心价值观，我校开展“三爱”“四J”“五大道德底线”等活动，建立起多层次、多渠道、全方位的德育工作网络体系。

“三爱”即“爱国”“爱校”“自爱”。

“四 J”即“敬能养德”“静能生慧”“净能健康”“竞能发展”。

“五大道德底线”，一是以“爱自己的母亲”为主题，立足爱的底线；二是开展“学会学习，学会共处，学会做事，学会做人”的实践活动，守住做人底线；三是抓紧、抓实“纪律、卫生、早读、午休、晚自习”等一日常规工作，夯实行为规范的底线；四是重点关注“早恋、偷盗、安全”等问题，严守生理、心理健康底线；五是开展“荣誉、信仰、精神”教育激励活动，确立精神底线。

四、把社会主义核心价值观融入社团活动

中学社团活动是培育社会主义核心价值观的重要载体。

中学生社团作为中学生活动的主要载体，在中学生的生活中扮演着重要的角色。将社会主义核心价值观有机地融入社团活动中，不仅有利于社团的建设，还可以使参与活动者在潜移默化中受到影响，这样才能真正使中学生社会主义核心价值观教育落实在学校教育和自我教育、自我完善的统一过程中。

学生通过参与社团活动，可以接触社会、了解国情，培养政治意识和大局观念；在与他人共同活动、共同工作的同时，学会分享与合作、宽容与理解；学生社团干部的换届和竞选、社团干部和成员对社团活动的组织与日常管理等，也可以锻炼学生的管理才能，培养民主意识。实践证明，中学生社团已经成为中学思想政治教育的重要载体，并且发挥着越来越重要的作用。而且中学生社团活动在培养大学生的素质能力方面发挥了突出的作用。

真光中学学生社团分为四大类，在团委正式登记注册的有 50 个，其中学科知识型 13 个，占 26%；社会科学型 11 个，占 22%；艺术熏陶型 14 个，占 28%；体育健身型 12 个，占 24%。为了使社团良性发展，社团人数一般要求在 10 人以上、60 人以内。其中达到 50 人的社团有 18 个，占 36%。真光中学在校生共 2 500 多人，其中高一年级晨晖社、高二年级蘅圃社、初一年级旭晶社、初二年级艺芸社全员参与，初三年级与高三年级学生有兴趣和时间时参加。参加社团人数占全部在校生人数 80% 以上。

真光中学学生社团保持了良好的发展态势，学生社团的数量、人数不断发展壮大，开展了丰富多彩的社团活动，呈现出百花齐放、百家争鸣的新局面，团结、活泼、健康向上的真光校园社团文化氛围日渐浓郁，成为真光校园最亮丽的风景线。

五、把社会主义核心价值观融入校园文化

校园文化是社会主义核心价值体系教育的重要氛围。

加强校风、教风、学风建设，要在规范办学行为、继承优良传统的基础上，大力营造独特的育人氛围，使教育和引导体现在学校生活的细微之处，体现在师生、同学之间相互关怀和关心之中，体现在班级、团队组织的温暖和鼓励之中，体现在高年级同学对低年级同学的爱护和帮助之中。

优化、美化校园环境，要充分利用校园的每一个角落，营造德育的良好环境，使校园内的一草一木、一砖一石、一角一景都体现教育的引导和熏陶。要发挥校园广播站、电视台和校园网络的作用，不断拓展校园文化建设的渠道和空间。

学校校园环境优美，校园文化有丰富的德育内涵，有浓厚的书香气息，体现学校办学特色和办学理念。

培养师生终身阅读的习惯。鼓励学生积极开展读书、写作、话剧表演、创办校刊、微电影制作、诗歌朗诵等活动；倡导教师积极建立读书组织，如青年读书协会等，并开展系列活动，如名家讲堂、读书论坛、读书征文、教师荐书、读书博客撰写等。在读书的过程中教师与学生共同成长，找到能与自己进行心灵沟通的朋友，让自己的人格也因此而充盈饱满。

在众多校内外读书活动中，学校涌现了一大批读书典型人物：在广州市“书香校园”中学语文教师读书活动中，钟翠婷老师获二等奖；刘天良老师被评为“荔湾教育十大文化人物”之一；李宏发老师荣获“荔湾教育十佳读书人物”称号；学生刘一帜、谭艳琴、丁攀博被评为荔湾区“十佳读书人物”等。

“三书香”建设。近年来，学校大力培育厚德载物的环境氛围，注重挖掘和培育传统文化、真光文化和校本文化，积极推进“三书香”——“书香校园”“书香社区”“书香家庭”建设，发挥环境对师生思想道德潜移默化的作用，积极构筑校园和谐生态环境。创新“学校、家庭、社区三结合教育”工作机制，让浓郁的书香充满家庭、洋溢校园、飘香社区。在这种“三位一体”的理念指导下，王朝礼、艾连娣家庭荣获第五届广东省“十大优秀书香之家”荣誉称号；颜伍元家庭、钱永产家庭、刘天良家庭、张伟明家庭、卢岳飞家庭、姚建军家庭被评为“广州市书香之家”。

在营造良好的读书学习风气的同时，真光中学也积极鼓励和支持广大真光学

子进行文字创作。刘一帜同学先后在《羊城晚报》《湖南工人报》《中学生报》等省级报刊上发表作品5篇，其中《家》等3篇作品被中华全国总工会主管主办的中国工会网等国家及省市级网站多次转载。同时著有中短篇小说30余万字，其中《苍生令》《边城遗梦》《钱殇》3篇，被广东省出版集团新世纪出版社公开结集出版，面向海内外发行，《中国图书商报》在第一时间于书评版的头条位置发表消息，《南方周末》、北京师范大学、中山大学、暨南大学等单位的专家和教授，均给予了高度评价。

六、把社会主义核心价值观融入教师发展

教师发展是培育社会主义核心价值观的推进剂。

胡锦涛曾在全国优秀教师代表座谈会上，对广大教师提出了殷切希望："爱岗敬业，关爱学生；刻苦钻研，严谨笃学；勇于创新，奋发进取；淡泊名利，志存高远。"这四点希望是当代教师义不容辞的职责，也是社会主义教师核心价值观的高度概括。

作为一名教师，要把建设社会主义核心价值体系作为思想工作的一项重要任务，贯穿思想道德建设的各个方面，全面提升自身的思想道德素质，在教育教学工作中身体力行，引领学生培养高尚的社会主义道德情操，成长为全面发展的社会主义有用人才。

学校要发展，教师必须先发展；培养学生做合格公民，教师必须首先是合格公民。

真光中学在每年的12月都要进行真光六种精神的评选和颁奖活动。

真光六种精神：一是终身从教的敬业精神；二是勇于改革的创新精神；三是共同进步的协作精神；四是爱生如子的园丁精神；五是奋发向上的拼搏精神；六是不计得失的奉献精神。

对于真光精神我也在不断地思考，如果用最简洁的词来概括，那就是"慎独"，评价一个人不仅要看他说了什么，还要看他干了什么，更要看他在没有人的时候，说了什么，干了什么。

爱因斯坦曾说："学校的目标始终应当是：青年人在离开学校时，是作为一个和谐的人，而不是作为一个专家。"贝多芬明确指出："把美德、善行传给你的孩子们，而不是留下财富，只有这样才能给他们带来幸福。"中学培育社会主义核心价值观的过程就是在学校教育的基础上，教育者有目的、有计划地对学生

施加影响，使其能够系统地接受社会主义核心价值观教育的过程，进而可以准确地认识世界和自我定位，在自我激励的条件下确立内在的行为指导，在内在行为的正确引导下形成良好的行为习惯和正确的思想道德品质结构，经历由外化到内化，再外化为实际行动的过程，并最终归附于社会主义核心价值观体系，从而成为一个真正的人、幸福快乐的人。

正因为真光中学正确把握社会主义核心价值观的育人方向，并切实在各层面的教育中融入了社会主义核心价值观，所以取得了一系列的成绩：

真光教育连续18年荣获广州市高三毕业班工作一等奖，2008—2015年连续8年获得广州市高三毕业班工作一等奖的前10名。真光教育这10年是快速发展的10年，真光现象引起了大家的关注。曾经有同行问我："你们发展这么快的秘诀何在？"我说："一个字——干，两个字——真干。"，这个"真"字，一是体现在"真爱"，亲其师，信其道；二是体现在"真干"，行胜于言；三是体现在"'真光人'的钓鱼哲学"：要钓更多的鱼，我们就要时时研究鱼喜欢吃什么，更要不断反思我们能给鱼什么。

扬大爱大行之传承，铸真光特色之德育

"行胜于言，言若不行，不若不言"，真光校祖那夏理女士如是说，亦如是做。她不远万里，漂洋过海，于广州沙基金利埠开创岭南女校之先河，其后几十年间，那夏理女士为真光发展孜孜矻矻，无怨无悔，为真光打下"行"的烙印，大行遂为真光百年之底蕴。

"真光就是爱，爱就是真光"，我校第一任华人校长罗刘心慈如是说。其家族几代人情系真光，弘扬真光爱的文化，大爱遂成真光百年传承的底色。

140年来，真光大爱大行之传承在不同时代有不同的体现。创校之初，我校顺应时代潮流倡导平等、民主、博爱的思想。继而演化为"真光十六字精神"：创造建设、爱群服务、克己牺牲、力求完美。而后发展为"真光十六信条"，继之又有"真光儿女十标准"。它们都是真光大爱与大行的彰显，成为真光的传统，是"真光人"最宝贵的一笔财富。如何使这笔财富历久弥新，发扬光大，将传统文化与现代文化相结合，寓传统美德于现代德育之中，是新时期真光德育的主要内容，也是新时期真光德育的特色。那么，如何结合新时期特征以大爱大行之百年传承铸真光特色德育呢?

一、善抓契机，育人以爱

真光德育善于抓住各种契机开展“爱”的教育，使爱的芳香溢满真光校园。升旗礼、主题班会、学科课堂、实践活动、节日庆典等都是我校以爱育人的契机。我校每学期都开展形式生动活泼的“育爱”主题班会，让学生懂得在家孝顺父母、在校敬重师长、在社会关爱他人的道理；学科课堂也努力渗透“爱”的理念，在学科的大千世界中，花鸟鱼虫、日月星辰，莫不含情；诗词歌赋、感兴寄托，莫不寓爱。每年3月，组织学生参加学雷锋的社区服务活动，走进老人院，走向大社区，切身亲历爱的教育；每年10月，利用学生的成人宣誓日集中教育，既教之以爱自己，更教之以爱他人、爱社会。爱的印记深深镌刻于每一位真光学子成长的历程中，一生一世永难磨灭。我校140年校庆之日，世界各地真光赤子以满腔深情唱出的校歌《怀念母校》便是真光之爱的具体体现，这也是真光德育育人以爱的重要契机，我们引导每一位刚进真光中学的师生都在这样的氛围之中感受大爱。

二、能抓重点，育人以诚

“诚信”教育向来是真光德育的重要内容，校祖那夏理“行胜于言，言若不行，不若不言”的遗训，教导每一位“真光人”要言行一致。为落实“诚”的教育，我校德育主要抓住两个重点。一是抓好常规管理中的“诚”。在日常生活中，学生全员出勤、按时上交作业、端正考风考纪、卫生着装等一切常规之中都隐含“诚”的规范。认真抓好常规管理，便是让每一位“真光人”从晨曦微光出现那一刻起就在生活的点滴中恪守诚信，做到守时、守诺、慎言、践行。二是抓好学生网络世界中的“信”。在信息时代，如果德育工作忽视网络阵地，那必定是残缺不全的教育，也是落后于时代发展的教育。为此我校以六个措施抓学生的网络诚信：一是净化周边环境，营造良好氛围；二是加强家校协作，齐抓共管；三是完善校园网络，开展各类网页竞赛；四是开设“校园网吧”，专职老师有效监管；五是建立网络道德教育常规，打造开放式德育系统；六是加强教师网络德育培训，了解学生动态，从而有针对性地做好网络德育工作。通过重点抓日常规范与网络德育两大板块，我校学生无论是在现实生活还是在虚拟世界均能体现良好的诚信素质。

三、知行结合，育人以责

真光校训“尔乃世之光”，对每一位“真光人”提出服务社会、履行社会责任的要求。我校历来重视知行结合以培养学生的责任意识。通过各种实践活动，全校师生在做中学，学中思，责任意识日渐增强。我校以先进人物专场报告会、观看爱国影片、时政电视网络直播等各种形式，激发学生为中华之崛起而读书的热情，养成关注社会时事、关心社会弱势群体的良好习惯，培养“我是社会人，我为社会尽义务”的责任感。我们不仅要求学生尽到社会责任，同时还要求全体教职工恪尽职守。我校在办学条件较差、生源质量不高的基础上连续 14 年荣获高三毕业班工作一等奖，这是真光园丁呕心沥血、爱岗敬业的高度责任感的体现；我校每年对帮扶对象从化良口中学开展的物质援助、指导诊断、送课上门等活动是践行社会责任的体现；我校连续多次被评为“广州市无偿献血先进集体”也是践行社会责任的体现。这些学校教工团队尽职尽责的表现进一步激发了学生的责任意识。在真光大家庭为援助身患重病的真光毕业生关键同学的“关键行动”中，师生踊跃募捐款项近 8 万元，学校领导、学生家长还为关键同学的治疗四处奔波，为其争取良好的治疗环境。此外，学校还积极响应上级有关部门号召，为荔湾区慈善基金会募得师生捐款近 6 万元，解决了多个困难家庭的燃眉之急。实践证明，我校以知行结合促进师生责任意识的方式实为行之有效的良方。

四、规范守法，育人以礼

孔子曰：“不学礼，无以立。”真光中学大爱大行的优良传统，必定需要礼的外显。以礼育人的思路侧重于讲规范与守法纪。讲规范既是对仪容仪表的规范，也是对文明用语的规范。我们制定出仪容仪表的具体要求，健全了检查监督机制，让全体真光学子以之作为外树形象、内强素质的标杆；我们教育学生文明礼貌是人际交往的通行证，学生不仅要对熟悉的师生问好，也要对每一个跨入真光校门的来访者主动问好。守法纪是社会对每一位公民的必然要求。我校长期坚持多样化的法制教育，通过设定法制宣传周，开展法律知识讲座，举办法律知识竞赛、模拟法庭活动等形式，提高学生知法、守法、用法、护法的现代意识。

红墙绿瓦今犹在，奋斗精神永不息。

传承百年薪火旺，融汇现代精华盛。

今日真光中学顺应时代潮流的发展要求，遵循“尔乃世之光”的校训，本着“以人为本，求真创新”的理念，在德育工作的道路上不断探索，不断创新。我校大爱大行的百年传承，必将在以关爱、真诚、责任、讲礼铸就的真光特色德育中大放光芒！

致敬青春·砥砺前行

——广州市真光中学“成人礼”活动的实践探索

“成人礼”，又称成年礼、成丁礼，是一项重要的人生仪式。“成人礼”是为达到法定成年年龄的少男少女举行的一种仪式。仪式的意义是让少年们意识到自己已经成为一个成熟的社会成员，要开始承担起自己的责任。

我国现代“成人礼”起源于1993年12月，共青团上海市委在黄浦江边新外滩广场为800名18岁公民举行了“上海市第一届18岁成人仪式”。此后，国内各城市纷纷效仿，为18岁公民举行隆重的成人仪式。“成人礼”也开始进入校园，成为学校不可或缺的仪式教育之一。

近年来，我校德育工作以体验式德育为主线，以学科德育渗透为基础，对学生深入开展“三爱”“四J”“五大道德底线”“六大节日活动”等教育活动，经过历年的探索，真光中学形成了“育人以爱、育人以诚、育人以责、育人以礼”的校园德育风格。“成人礼”活动熔铸于真光特色德育中，学校利用自身文化资源，把“成人礼”仪式作为一个重要的教育活动，并纳入学校仪式校本课程。近年来，我校开展了以“致敬青春·砥砺前行”为主题的“成人礼”系列活动，弘扬真光大爱大行的优良传统，为学生的终身发展奠基。

一、活动的背景和意义

（一）“成人礼”活动是践行社会主义核心价值观的生动载体

注重价值引领是真光德育的核心点，真光中学积极把社会主义核心价值观融入学校德育建设之中。2015 年 11 月，省级德育课题“社会主义核心价值体系融入中小学德育研究”顺利结题并被鉴定为优秀等级，2015 年我校被评为广州市首批培育和践行社会主义核心价值观示范学校。开展“成人礼”活动是培育和践行社会主义核心价值观的有效途径。通过“成人礼”仪式教育，学生从“自然人”角色逐步向“社会人”的角色转变，他们能够更加深刻地理解社会主义核心价值观关于公民层面的爱国、敬业、诚信、友善的内涵，内化于心，外化于行。

（二）“成人礼”活动是培养学生核心素养的内在要求

一位哲人说过：“当你把学校里学到的东西都忘掉以后，剩下的就是教育。”学校教育不仅要关注学生的成绩，更要关注学生的成长；不仅要关注学生的现在，更要关注学生的未来。

教育部酝酿三年的学生核心素养已经尘埃落定。2016 年 9 月 13 日，《中国学生发展核心素养》总体框架正式发布，综合表现为人文底蕴、科学精神、学会学习、健康生活、责任担当、实践创新六大素养。当代高中生大多是独生子女，家庭条件较为宽裕，以自我为中心的意识强烈。他们集体意识淡薄，部分学生缺乏责任感，不理解父母的良苦用心，甚至出现叛逆心理和对立情绪。在此背景下，真光中学开展的“成人礼”活动，目的是让学生明白自己已经长大成人，明白自己不能再依赖父母，明白自己所要承担的责任，明白自己要不忘初心、不忘感恩。

（三）“成人礼”活动是传承中华文化的有效途径

自西周开始，中国就有了较为完备的“成人礼”。男子行冠礼，女子行笄礼。一般说来，士人二十而冠，女子十五许嫁，许嫁则笄；如尚未许嫁，则二十而笄。因此，冠礼和笄礼就是对其“成年”的认可，是其正式步入成年人行列的标志。“成人礼”有着深厚的历史渊源，内涵丰富，教育意义深远。“成人礼”的目的和意义在于弘扬中华传统文化，学生在“成人礼”中能强烈地感受到传统文化的震撼。真光中学在开展“成人礼”活动的过程中，注重加强社会主义道德品质教育，包括社会规范教育、责任担当教育、品德养成教育、感恩教育等，这些教育潜移默化地影响学生行为习惯的养成。

二、活动的实施与策略

（一）设计新颖，形式丰富

要让“成人礼”在学生成长过程中留下难以磨灭的印象，学校就要努力丰富活动内容、创新活动形式，来强化学生的体验和感受。

目前，真光中学的“成人礼”活动已经形成了较为完备的活动体系，包括“成人礼”活动启动仪式、“成人礼”教育主题展览、“成人礼”宣誓仪式、“成人礼”宣誓主题班会等几大环节的“成人礼”教育月系列主题活动。在活动的不同阶段，都有相应的主题活动设计，内容层层递进，形成一个完整的活动体系。如在“成人礼”活动启动仪式前，学校会在参与活动的学生中发起“成人纪念章”设计大赛；教育月初，由学生会发起成人倡议书，学生们自编自演配乐诗朗诵；教育月中，参与活动的各班级组织召开“18 岁的心声”主题班会；教育月末，开展班级风貌、志愿服务、个人行为等内容的大比拼活动。

真光中学还在实践中摸索出一套较为完善的“致敬青春”成人礼仪式设计流程：校啦啦操队表演“青春舞曲”—“青春见证”—“青春仪式”—高三学生代表朗诵《18 岁，我的梦，中国梦》的“青春颂歌”—颁发成人证书并佩戴成人纪念章的“青春致礼”—全体面对国旗进行宣誓的“青春誓言”—学生代表发言的“青春心声”—填写时光纪念卡并保管的“青春印记”—“青春致敬”—“青春期望”—“青春感恩”—“青春勉励”—“青春放歌”—“青春礼成”。

“成人礼”一天，留痕一辈子。随着“成人礼”系列活动的步步深入，学生的体验不断强化，情感的共鸣不断加深。学生们在终生难忘的“成人礼”中接受洗礼，唤醒了潜藏的独立精神与对生命意义的思考，学校的德育也在学生们的内心深处开花结果。

（二）精雕细节，震撼心灵

学生成长需要关键事件，怎样才能让学生对生命的重要时刻刻骨铭心？怎样才能使普通的事件成为学生不普通的经历？怎样才能更好地达到教育的效果？朱永新教授指出：“仪式、节日、庆典……使有意义的事情或者伟大的事情能够拥有一个伟大的时刻，获得神圣、庄严与尊重。”

在“成人礼”活动过程中，真光中学争取挖掘一切教育资源，利用一切教育契机，聚焦活动过程，放大活动细节，力求让每一个德育环节都能发挥教育功能。

镜头一：场面浩大，镌刻记忆。如2016年10月18日真光中学的“成人礼”，全体高三学生和家长，以班为单位一起走过真光百年校道，学生从书记手中接过代表着成人的纪念证书，家长从校长手中接过成长纪念章。随后穿过真光堂中厅，学生和家长在“青春印记”的留言板上签上自己的名字，之后以班为单位从升旗台两侧进入运动场，在指定位置坐好，进行主题活动。

镜头二：雨中宣誓，矢志不渝。“成人礼”活动当天，天公不作美，7点50分，淅淅沥沥地下起雨来，到8点10分雨越下越大，第二部分宣誓仪式临时改为在教室内进行。由于准备充分，宣誓仪式很快在直播室进行。主持人介绍到会领导和嘉宾，并宣布成人宣誓仪式开始。随后全体高三学生以及与会的人员参加升旗仪式并唱真光校歌。接着，全体面对讲台进行宣誓。随后高三18岁青年代表黄芷茵同学发言：立志为理想而奋斗，承担作为成人的责任，为祖国、为母校、为父母、为自己奉献力量。

镜头三：感恩父母，尽显孝道。在感恩父母的歌声中，学生帮父母捶背是我校成人宣誓仪式中最具亮点的环节。中国素以“礼仪之邦”著称，尽孝是礼节和仪式教育的重中之重，这一环节就是要提醒学生要尽孝道。不少家长直言：“很感动！孩子很懂事。感谢学校这样的安排！”现场不少家长感动得流下眼泪。

镜头四：感恩师长，感人至深。家长和老师轮流给学生戴成人纪念徽章，意味着孩子们正式成年，要“怀感恩”“有担当”。随后，学校李延彬书记赠诗勉励高三学子，向准成人们表达了学校的期望：“希望从今天起，你们能独立承担生活的一切苦和甜，希望你们能仰望星空，脚踏实地，为未来、为理想而奋斗。”书记精彩的发言，赢得同学们热烈的掌声。接着，全体学生面向老师、家长行鞠躬礼。

（三）营造氛围，打造主角

学生是“成人礼”的主角，我校每一年的“成人礼”都为学生创造条件，给他们自主策划、自主活动的空间。

首先，学校团委向高三的学生发出倡议，征集“致敬青春·砥砺前行——我期待的成人礼”策划稿，让大家思考应该以什么样的方式、什么样的状态来迎接自己的18岁，让学生们提供更丰富的思路或方案，使“成人礼”活动的内容有更多的借鉴。

然后，号召各班级准备好成人主题班会。充分利用家长们参与此次“成人礼”的机会，认真设计班会形式，充分收集各种素材，营造好班会气氛，让学生在18岁到来之际，认真做一次个人成长的回顾，引导每一个学生思考、感悟成人的意义。

同时，我校还很重视“成人礼”服装的设计。由学生提供备选男生、女生服装以及搭配思路，选出最得体、美观的装扮统一订购。“成人礼”当天男女生统一穿着正装，以最美好的形象完成“成人礼”。

另外，我校“成人礼”也很重视细节的完备。“成人礼”前一天学生开始进行活动场地布置，场外放置好指示牌，引导来宾、家长；场内进行清场，挂上五彩旗、五彩气球；班级内的布置由各班自主设计。“成人礼”在学生心中就是自己生命中最隆重的节日之一。

（四）重视宣传，延伸活动

在“互联网+”背景下，如何在教育活动中更好地利用新媒体、新技术，成为影响活动质量和育人效果的重要因素。真光中学遵循“上档次、出精品、见实效”的原则，在用好校园“一网”“一报”“一台”“一栏”“一屏”等传统宣传渠道的基础上，尝试使用微信、微博等新媒体。活动前，学校通过微信公众号渲染活动氛围。在“成人礼”活动中实时推送相关文字、声音和影像等信息，从而打破了时空界限，使活动的表现形式更加丰富，传播内容更为新鲜。

2016年，学校在信息科老师的协助下，利用微博进行“成人礼”活动的实时网络视频直播。学校也通过整合信息资源、拓展网络平台，在学校微信公众号开辟了实时留言区，让相关祝福语在第一时间传到活动现场。当日学校有关主页浏览量高涨，大大增加了“成人礼”活动的影响力。

一位学生家长通过微博留言说：“虽然没能到现场参加真光中学的‘成人礼’活动，但是通过学校提供的平台，全程观看了孩子的‘成人礼’，并参与了学校官方微博互动，及时为孩子们送上了祝福。为真光的精心安排和周密组织点赞!”

新媒体在“成人礼”活动中的应用，充分发挥了其网络资源优势，极大地拓展了活动的舞台，延展了活动的意义。活动中，亲朋好友的交流互动、微博上的互相分享，不仅满足了人们参与活动的需求，更重要的是让更多的人感受到了“成人礼”的力量，让活动的正能量源源不断地向外界传递，从而辐射和影响更多的人。

这次活动结束后，很多家长与学生都热泪盈眶，久久沉浸在这一场特殊仪式的氛围中。这次活动让学生体会到成长的责任，感受到了自己对家庭、对社会的沉甸甸的责任。“成人礼”将成为学生人生中宝贵的精神财富，并激励他们奋发向上，进一步完善自己，报答亲恩，为祖国、为社会奉献自己的力量。

由此，真光“成人礼”的践行，就是真光特色德育任务的落实：育人以爱——参加“成人礼”，感谢爱与恩德；育人以诚——设计“成人礼”，知道根脉；育人以责——重视“成人礼”，渗透公民责任；育人以礼——操作“成人礼”，认识中华礼仪。

三、活动的反思与探索

《中共中央国务院关于进一步加强和改进未成年人思想道德教育的若干意见》在分析当前未成年人道德教育所面临的挑战时指出：“一些成年人价值观发生扭曲，拜金主义、享乐主义、极端个人主义滋长，以权谋私等消极腐败现象屡禁不止等，也给未成年人的成长带来不可忽视的负面影响。”所以，要对未成年人进行有效的责任教育，而“成人礼”活动恰恰是对刚步入成人阶段的高三学生一次很好的责任、感恩意识教育。但一次仪式教育不是万能的，我们还需深入思考：

（一）构建仪式教育体系，提高教育实效性

“成人礼”作为所有学生走向成年的必经仪式和道德教育的重要形式，不应独立进行，而是应与其他的相关仪式如“入学礼”“毕业礼”等结合，并作为学校德育的有机组成部分，以提高教育的实效性。

比如，我校于2016年8月31日上午在白鹤洞校区举行题为“从今天起，我就是光荣的真光人”的真光教育集团四校区新生入学典礼。入学典礼主要有三大部分内容：一是小学一年级新生的开笔礼仪式：自正衣冠、朱砂启智、启蒙描红、诵读《弟子规》；二是初一新生的成长礼仪式：自正衣冠、关爱丝带、成长之树、手语表演《感恩的心》；三是高一新生的起航礼仪式：自正衣冠、升帆起航、航行目标、全体宣誓。学生在庄严的仪式后纷纷表示自己得到重视，感受到了学校的爱，新生的班主任和科任教师一致认为学生角色转变快，减轻了新生的入学教育负担。

（二）坚持活动形式和内容的统一

德国教育学家第斯多惠说：“教学艺术的本质不在于传授本领，而在于激励、

唤醒、鼓舞。”有些学校开展这一活动时偏重于单纯地举行18岁成人宣誓仪式，重在领导讲话、学生宣誓、家长发言，学校重结果而忽视过程，忽视学生成长的体验，感恩、责任、担当意识教育开展得远远不够。而教育是慢的艺术，是心灵与心灵的对话，学校要为学生、父母、教师搭建沟通的平台，让孩子进行一次心灵的洗礼。

（三）家校共育，形成教育合力

在现代教育的体系中，家校已经迈入了互动时代。学校要根据自身条件和学生家庭的具体情况来完成学校教育跟家庭教育的“组合拳”，没有家长参与的教育，是不完整的教育。单靠某一人肯定不行，直接丢给班主任也是行不通的，要做好这方面的工作，必须统筹学校的相关人力和资源，这样家校统一引导，德育必能事半功倍。

实践证明，“成人礼”活动的教育不是灌输，更不是说教和形式主义，唯有亲身感悟、深刻体验，才能让活动教育成为学生自己的行动，在践行仪式活动中感受到成长的美好！

开发“宽银幕”课程，促学生主体发展

——“‘真光德育’模式创新发展校本研究”的探索与实践

“‘真光德育’模式创新发展校本研究”课题（课题编号：GDZXXDY11008），是2011年立项的广东省中小学德育科研课题，也是广州市荔湾区教育局2011年立项的广东省重点课题“荔湾区中小学德育特色校本课程的开发与实践研究”（课题编号：GDZXXDY1105）的子课题。课题于2011年3月开始筹备，2011年10月13日正式开题。两年来，在全校师生的共同努力下，我们积极开发“宽银幕”德育校本课程，认真做好课题实施工作，一定程度上培养和增强了学生的“三爱”（爱国、爱校、自爱）教育意识，改进和创新了学校的德育工作，提升了学校的办学品位。

一、课题研究背景

育人是学校德育的出发点与落脚点，我校重视对学生德育的培养。创校141年来，真光德育工作与时俱进，从传统美德走向现代品质，形成了“爱国、爱校、自爱”的求真德育理念。学校通过开展“一德育模式”（全员育人、全程育人、全方位育人）、“二社”（级社、社团）、“三爱”、“四J”（静、敬、竞、净）、“五大道德底线”教育、每年组织丰富多彩的“六大节日”（3月环保节、4月读书节、5月科技节、10月体育节、11月英语节、12月艺术节）、建立50多个学生社团、创建省级“书香校园”等活动，构建起多层次、多渠道、全方位的德育工作网络体系，形成了强大的德育工作合力。随着德育工作的深入开展，广州市和荔湾区政府曾多次在我校召开德育现场会，2011年6月我校以高分通过“广东省首批德育示范校”评估验收工作。2011年11月荔湾区的社团展示现场会在我校举行。2011年是我校学习贯彻落实《国家中长期教育改革和发展规划纲要（2010—2020年）》的起始年，也是创建求真教育模式的关键年。在“十二五”规划中，我们进一步重视以“真光德育”模式创新发展校本研究，努力促进学校工作的全面发展。

基于上述认识，我们于2011年6月成立课题研究组，从本校实际出发，结合广州市实际情况和“求真教育”课题相关内容，开始就“真光德育”模式创新发展校本研究的省级课题进行立项研究。

二、课题研究目的

（1）开发“宽银幕”校本课程，完善并升华德育理念体系。深刻理解我校“求真教育”的内涵，在继承真光中学141年悠久的传统历史、传承真光优良文化的基础上，以“真光德育”模式创新发展校本研究，开发“宽银幕”校本课程，完善并升华德育理念体系。

（2）实施“宽银幕”德育课程，通过“求真”教育实际研究，促进学生主体发展。“真光德育”模式中的“求真”，就是追求认识与客观事物相符，真实地反映客观事物的本来面目，“求真”的根本就是真实，方法就是追求，过程就是扬真光、求真知、做真人，让真光精神发扬光大。

（3）传承真光文化，促进学校可持续发展。弘扬真光的五大文化（“爱”的文化、“行”的文化、“创造”文化、级社文化、书香文化)，用真光文化元素来引领“真光德育”模式的进一步发展。

三、课题研究的理论和实践价值

（1）理论价值：①创新真光精神，进一步提升真光“三爱”德育特色，全新发展，创新开拓。②传承文化，与时俱进，丰富与升华校园文化，促进学生主体发展，促进真光德育理念体系的不断升华，促进真光校园文化特质的发展。

（2）实践价值：①将真光中学活动育人的理论联系实际的德育创新模式推广至全省乃至全国、全世界。②加强级社、社团的文化研究，利用真光传统精神，实行真光文化管理。③进一步形成真光“爱”的教育道德模式，“行必爱，爱必行”。④形成真光系列文化管理制度，做到制度育人、管理育人。⑤开展有关《真光校史》《真光地震应急预案》《地质灾害——地震》《真光学生社团》《中学生学习方法指导》《中学生安全教育读本》等校本课程教材的开发与研究，保证课程开发的时间，有课时安排，有教育效果。

四、课题实施阶段

本课题研究历时两年，分为以下三个阶段：准备阶段（2011 年 6 月至 9 月)、实施阶段（2011 年10 月至2012 年12 月)、总结阶段（2012 年3 月至2013 年7 月)。

五、课题实施主要措施及研究方法

（1）通过实践活动，实施德育。寓教育于活动之中，定期或不定期开展团康活动、军训活动、学农活动、陶艺活动、春秋游活动、“道德讲堂”等一系列真光德育活动。

（2）通过安全演练，实施德育。定期开展消防演练、地震安全演练等活动，使它成为真光德育的有机部分。

（3）交互式学习模式。利用升旗仪式、国旗下讲话、“班主任艺术分享会”及培训、住宿生管理会议、家长学校、法制教育讲座、主题班会、心理健康教育等活动，开展以点带面，互动交流式学习，达到德育效果。

（4）文献分析法。通过检索文献资料，了解国内外对真光教育的最新研究成果，了解国内外最新的理论、手段和研究方法。

（5）观察调查法。通过开展一系列真光德育活动，观察学生的日常行为、学生主体参与行为，分析有关情况，总结“真光德育”模式的教育规律。通过问卷调查、家庭走访、学生座谈、社区调查等形式，收集和整理有关真光教育的信息材料，了解我校师生对“真光德育”模式的探讨，促进我校各项德育活动的顺利开展。

（6）统计法。进行数理统计，运用统计数据，反映实验进程及效果，揭示“‘真光德育’模式创新发展校本研究”变化发展规律。

（7）经验总结法。通过调查分析、行动研究，总结我校开展“‘真光德育’模式创新发展校本研究”教育的成功经验。师生共同参与总结，将“‘真光德育’模式创新发展校本研究”课题研究形成课题报告，以达到巩固学习成果的目的，将真光德育实践活动进一步推向深入。

六、课题预期研究目标及成果形式

（1）“‘真光德育’模式创新发展校本研究”课题报告。

（2）编辑《真光德育》1～4 期。

（3）编辑《真光德育》模式活动系列“宽银幕”校本教材（《真光校史》《地质灾害——地震》《中学生学习方法指导》《中学生安全教育读本》《生活地理》等）。

（4）完成《真光德育》《真光集》及《真光地震应急预案》《真光学生社团资料汇编》《真光校园报》《真光中学住宿生管理条例》等制度的资料汇编工作。

七、校本教材开发

本课题的研究结合真光“宽银幕”校本课程实际情况，重点从真光“爱国、爱校、自爱”的德育理念三个方面进行校本课程的开发与研究。

（1）“爱国”教育：①升旗礼、国旗下讲话形成系列；②少年军校以及军训活动研究。

（2）“爱校”教育：①真光校史研究；②真光校歌研究；③真光药用植物研究；④真光文物建筑研究。

(3)“自爱”教育：①生命教育——地震演练及地震应急预案制定；②心理健康教育——学习方法指导；③真光校园报——全面介绍优秀学生、社团活动等人和事；④真光社团——学生社团及活动介绍与总结；⑤法制教育——中学生法制安全教育读本。

八、研究结论

两年来的实验研究表明：在我校开发“宽银幕”德育校本课程，实行“三爱”教育模式是切实可行的，也是十分必要的。对中学生进行“三爱”教育从目前来看也是卓有成效的。通过对“宽银幕”校本课程的开发和实践，在课题研究实践中逐步发现，实行“三爱”教育必须遵循三项基本规律，坚持七条基本原则，把握四个基本途径。

（一）基本规律

1. 遵循教育养成与自我养成相结合的规律

中学生“爱国、爱校、自爱”教育意识和行为习惯的养成是学校教育与自我教育相结合的过程。一方面，学生的不良行为习惯反映了“三爱”意识的缺乏。错误的行为习惯一旦成为定式就很难自觉发现和矫正，需要在教育者的严格监督和训练中逐步矫正。正确的“三爱”行为习惯也只有在教育者的渗透教育和规范化实践训练中逐步养成。另一方面，良好的“三爱”教育意识和行为习惯的养成，必须通过学生的自觉参与、自我实践、自我教育才能实现。由此可见，良好的“三爱”教育意识和行为习惯的养成正是学校教育与自我教育有机结合的双边活动过程。从每年军训真光少年军校国旗班的组建，到每日课间操国旗班学员的常规训练，再到真光招飞行员的高考录取情况都是最有力的见证。2013 年，我校旭晶社高三学生张宇恒（北京航空航天大学）、邓智浩（南京航空航天大学）、余景凭、林炯豪、李泓源（中国民用航空飞行学院）五人被录取为飞行员。

2. 遵循意识养成与行为养成相渗透的规律

中学生“三爱”教育意识和行为习惯的养成是在教育实践活动和教育交往中形成的。在课题实验过程中，我们先后开展了学军、学陶艺、学农、真光杯足球赛、校歌比赛、“真光好男人”评选、“真光之星”评选、社团开放日、“六大节日”等活动，让学生在“三爱”教育活动和交往中互相学习、共同进步。同时，还多次组织学生到部队、工厂和农村参观，从而开阔眼界、增长见识，增强学生“三爱”教育良好行为习惯养成的自觉性。

3．遵循集体养成与个体养成相促进的规律

中学生良好的“三爱”教育意识和行为习惯的养成是一个循序渐进的发展过程，应遵循集体养成与个体养成相互促进、相互提高的规律。习惯是由于重复练习而巩固下来的行为方式。良好的行为习惯的养成并非一日之功。一方面，个人与班级、年级、学校要积极地配合，常抓不懈。班主任主要抓班级和个人的教育工作，重点加强学生的个别教育和指导工作。另一方面，教育教学中，要正确处理好单一学科与整体学科的关系，教学中每一科目的教学计划、教学内容渗透、教育实践活动安排都必须在学校课题组的统一组织下进行。如我们对少年军校国旗班的管理和学生社团的管理就自始至终这样做，从个体到整体，学生的“三爱”教育意识和行为习惯有了明显的转变和提高，取得了良好的教育教学效果，受到了全校师生的一致好评。

（二）基本原则

原则规范着人们的行为，是正确行动的根据、尺度和准则。课程资源的开发与利用不是随意而行的，需要一定的原则来规范。不同的学校有着自己独特的资源。这些资源进入课程，就成了素材性课程资源，具有较强的独特性。基于课程资源的基本特点，我校“宽银幕”校本课程资源的开发与“三爱”教育的实施遵循以下七条基本原则。

1．科学性原则

校本课程资源的开发与利用必须在明确“三爱”教育课程目标的前提下，认真分析与课程目标相关的各种资源，认识和掌握其各自的性质和特点，以保证开发与利用的科学性。我校是美国传教士为对妇女进行传道而在广州创办的一所女子学校。从历史的角度看，其百年沧桑，见证了一段殖民主义的侵略史；从办学的角度看，其发展经历，留给我们最宝贵的资源是这一百多年来所形成的“爱”的办学理念。因此，我们在挖掘学校历史这一人文资源时，应考虑如何有效达成对学生进行思想品德教育和历史唯物主义教育的课程目标，其中我们重点重新开发了《真光校史》《走进真光中学文物建筑》《真光校歌》《真光辉煌》画册、《真光人》等校本教材。

2．整体性原则

重视“宽银幕”校本课程与其他学科课程的纵向及横向联系，突出课程的整体效应。主要体现在三个“统一”上：一是教与学的统一；二是学科之间的统一；三是学校、家庭、社会三者的统一。学校人文资源的利用是学校综合课程体系的一个要素，因此对学校人文资源的利用要全方位、多角度地考虑。如对校史的研究，从学科的角度看，要寻找与中国近现代历史发展的关联；从爱国爱校教育的角度看，要编写具有本校特色的校本课程内容，如真光社团管理和真光少年军校国旗班管理建设；从提高学生综合素质的角度看，要引导学生对校园绿化、真光建筑、爱的文化等开展研究性学习，让学生在实践中应用，在应用中提高。

3. 开放性原则

对于学校资源，只要有利于“宽银幕”校本课程的开设、有利于教育教学质量的提高，都应是开发与利用的对象。其开发与利用不应局限于某一种途径或方式，而应探索多种途径或方式。我校的人文资源除了百年校史，还有历届校友、具有近百年历史的市级文物保护建筑和分布于穗、港的七所姐妹学校。我们要充分利用这些资源，探索“宽银幕”校本课程开发的途径和方式，落实真光“三爱”教育中的爱校教育。如《真光校歌》的开发，就是利用香港真光中学的优质资源，在2012年10月的真光校歌合唱比赛中，各班可以选取真光系列校歌中的两首歌曲进行比赛，收到了良好的教育效果。

4. 个性化原则

对于不同的学科和教师，可待开发与利用的学校人文资源具有极大的差异性，对学校人文资源的开发与利用也就成为一项极具创造性的实践活动。应从实际出发，在学科教学、德育渗透、团队建设和综合实践活动、研究性学习活动等方面，区分学科特性，展示教师个性；从学段的性质和培养目标出发，突出和渗透以学生发展为本的思想，注重培养学生的创新精神和实践能力，注重学生的主体性和个性发展，以求达到资源利用的最优化。如王丽玲老师开发了《真光药用植物研究》校本教材，黄建国副校长开发了《走进真光中学文物建筑》校本教材，阮淑珍老师开发了《中学生学习方法指导》校本教材，李延彬书记、卢岳飞副校长开发了《中学生安全教育读本》校本教材，卢岳飞副校长开发了《真光地震应急预案》《地质灾害——地震》校本教材并在广州市做了编写校本教材的经验介绍。

5. 主体性原则

学生既是接受“三爱”教育的客体，同时又是积极参与“三爱”活动的主体。教师传授的“三爱”教育知识只有通过学生的主动实践、亲身体验才能取得良好的教育效果，因此学校“三爱”教育中要突出学生学习的主体地位，激发学生学习兴趣，活跃思维，增强感知，提高分析判断等综合素质能力。在实验过程中，我们要求师生在日常学习和生活中，时时处处自觉地保护身边环境，增强改善和建设环境的使命感与责任心，引导学生认真做好“三爱”教育的主人。

6. 实践性原则

实践是认识的基础，学生的“三爱”教育意识养成和行为习惯的成长、成熟不是在“静听”中获得的，而是在丰富多彩的“宽银幕”综合实践活动中通过经验的积累得到的。理论学习和实践活动是“三爱”教育密不可分的统一体，相辅相成，相互促进，缺少任何一个方面，“三爱”教育都是不完整的，也不可能取得良好的教育效果。教师传授的知识，只有通过学生的亲身实践和体验才能内化为自身的行为。学生已经形成的行为习惯只有在反复的实践活动中才能不断强化、巩固和提高。在实践活动中，我们始终坚持让100%的学生积极参与，让全体学生参与社团活动，并取得了令人满意的效果。

7. 发展性原则

学生良好的“三爱”教育意识和行为习惯的培养是一个动态的、渐进的发展过程，必须遵循学生身心和思维、技能发展规律，合理安排教学内容，设计活动程序，开展各项活动，抓常规、促落实、求实效。我们在高一年级开展学军、学陶艺、学农、春秋游、禁毒教育、研究性学习活动，建设成为“行为习惯养成的规范级”；高二年级开展团康活动、“道德讲堂”、调查、考察、义工、社团活动课和兴趣小组活动，建设成为“学业水平考试的优秀级”；高三年级开展“百日宣誓”、毕业典礼、社会实践调查活动等，建设“学生综合评价的样板级”。在面向全体学生的前提下，还根据学生不同的个性特长，全面提高学生的综合素质和创新能力。

（三）基市途径

1. 渗透是教学的主要途径

“爱国、爱校、自爱”教育具有综合性、边缘性的特点，诸多学科都或多或少涉及“三爱”教育内容，课堂渗透是当前开展“三爱”教育最重要的形式，以渗透带动普及。搞好渗透教育，关键是选择好“三爱”知识与教材的结合点。在实验中，各科教师将“三爱”教育切入课堂教学，大大深化了课堂教学内容，拓展了知识领域，其多样性、鲜活性为学生所喜闻乐见。教师们建立了集体备课制，群策群力，千方百计拓宽思路，把涉及“三爱”教育的内容从备课、上课、布置作业到开展课外活动作为整体考虑和系统研究，建立“三爱”教育系统，从而增强了学生对“三爱”教育的感性和理性认识，同时也使学科教育更加生动有趣，富有教育效果。如黄俊英书记和宋玲主任在高一《真光校史》的教学环节中，通过了解校史，谈心得体会，请老校友来校交流，大大加强了新老校友的亲和力，一个个真光“爱”的故事在真光校园里传颂。

爱的教育是真光教育的灵魂。第一任华人校长罗刘心慈提出了“真光就是爱，爱就是真光”的名言。真光中学终身荣誉校长、美国国际合作委员会主席陈香梅女士，堪称爱国、爱校的典范。

同样，在我们的学习生活当中还有许多事例闪耀着“真光之爱”，以实际行动弘扬“真光之爱”，并且对“爱”做出了最贴切的诠释。2012 年 5 月，真光全校师生为身患重病的真光校友、华南农业大学学生关键捐款的事迹被多家新闻媒体报道，成为美谈。

围绕“三爱”教育内容，不同学科之间相互渗透、融合、深化，为“三爱”教育不断创造发展空间，展示新的机遇，也正顺应素质教育和新的高考改革的需要，成为真光中学“宽银幕”课程中“三爱”教育创新的重要内涵之一。

2. 强化是管理的重要途径

学校把“三爱”教育作为教育面向未来、全面推进素质教育、争创“文明示范窗口”的重点，为此，学校专门成立了“三爱”教育领导小组，校长任组长，分管教育教学的副校长和总务后勤的副校长为副组长，办公室、教务处、政教处、教研室、总务处、团委、学生会等处室负责人为组员，构成了我校“三爱”教育的组织机构，全方位、立体式地推进“三爱”教育模式，从制度上、管理上加以强化。

教务处要求相关科任教师积极渗透“三爱”教育，并进行“三爱”教育教案的教学常规检查和档案跟进；组织各相关科任教师上“三爱”教育专题课、选修课、研讨课，组织优秀教案和优质课评比。如学校每年进行全校性地震安全演练、防火灾演练，期末进行法制教育宣讲活动等，加强学生对“自爱”中“珍爱生命”的教育。

教研室制订“三爱”教育计划，组织一年一度的广州市真光中学“科技节”和“环保节”，结合有关真光“六大节日”内容，开展形式多样、生动活泼、寓教于乐的各种主题班会或艺术展览等系列活动，由美术教师专职负责布置宣传画廊，建立多个学生社团活动小组，制订具体活动计划。

德育处负责制订真光德育行动计划和真光学生行动计划，制定“真光德育

30个细节”“真光学生一日常规”等规则，把“三爱”教育纳入班级工作常规管理量化评估工作中和评选优秀班集体、班主任、班干部的管理办法中。严格的制度、规范的管理，使学生的“三爱”行为有章可循，克服了“三爱”教育的盲目性，因而进一步强化了对学生的管理，促进了校风建设，教育教学质量也明显提高。

后勤总务处加大资金投入，实施了广州市真光中学环境绿化工程。学校投入80多万元实施了沟沿保塌、填平铺草、植树栽花的环境绿化工程，学校的每一条校道在学生中征名，每年毕业班都有植树挂牌活动；学校还聘用了专职园艺技术人员负责校园绿化和环境管理工作，对校园花草、苗木进行适时修剪，保证了我校洁净优雅并具岭南文化特色的校园环境。

学校领导对优秀班集体、优秀班主任及教师在“三爱”教育方面获得的成果的奖励办法通过《广州市真光中学规章集》文件固定下来，操作性强，要求明确，有力地强化了全校师生的“三爱”教育意识和行为，激励了广大教师创造性地开展“三爱”教育实践活动，组织、制度、管理的三位统一，使我校“三爱”教育制度化、规范化、科学化、立体化，促进了全校“三爱”教育的可持续发展。

3. 引导是实践的关键途径

坚持实践第一的原则，要注意在“三爱”教育实践活动中对学生行为的正确引导。中学生社会经验不足，进行“三爱”教育的最好形式是让他们积极参与学习活动和环境建设，动手、动口、动脑，从而达到动情的目的，并将他们对“三爱”教育问题的认识转化为自己规范化的行为。因此，我们以活动形式组织实施，突出应用性和可操作性。

教师组织学生参与以“三爱”教育为主题的综合实践活动，高一新生的军训“学军人品格，强自身素质，扬真光精神，展级社风采”；高一学陶艺活动，增强了学生的动手能力；各班的“道德讲堂”班会课让学生明白做人的道理。每年走出去、请进来的“真光社团展示”和“嘉年华”活动，更是大大提高了学生的综合素质。通过一系列不同层次、不同形式的鲜活的“三爱”教育实践活动，帮助学生巩固知识，陶冶道德情操，提高生存技能，从自己做起，从现在做起，逐步养成“不以恶小而为之，不因善小而不为”的良好行为习惯。

要真正将“三爱”教育深入学生的心灵之中，仅靠课堂渗透是远远不够的，还必须借助其他媒体，利用课外时间辅助完成。军训、跑操、文明示范班及“真光之星”评比，鞭策学生遵章守纪，讲究文明；学校与上级教育部门挂钩，组织学生开展社会环境调查，创办校园教育园地，开展手抄报、“和衷共济促发展，携手共筑中国梦——2013 年广州市中学生涉台知识进校园活动”等竞赛，激励学生振奋精神，积极向上。与此同时，我们还通过发喜报、发“互教通”信息、开家长会等形式定期向家长汇报学生在校学习、生活、劳动等情况，督促家长对子女严格要求，配合学校做好学生的“三爱”教育意识和行为习惯的教育工作。家长纷纷向学校反映，孩子比以前更加注重自己的行为了。丰富多彩的活动促进了“三爱”教育中的学校、社会和家庭的良好结合，形成了立体的、交叉的、全方位的真光“三爱”教育“宽银幕”德育模式，使我校的“三爱”教育取得了明显的效果。

4. 熏陶是环境教育的有效途径

校园环境对学生来讲也是一部立体多彩的、富有吸引力的无声教科书。我们一直把校园文化建设和环境建设作为“三爱”教育的基本内容和具体手段来抓，发挥“三爱”教育的导向作用。一方面，教室要保持地面干净、桌椅整齐、墙面清洁、窗户明亮，使人赏心悦目。另一方面，建设优美文明的校园环境。自 2011 年以来，我校坚持规范化管理，建立安全文明小区，被评为“广东省书香校园”，面貌焕然一新。师生衣着整洁、举止文明，校园幽雅宁静、内外清洁，有利于学生陶冶情操，自觉规范自己的一言一行，养成良好的学习、生活行为习惯，有利于校园文化特色的形成。目前校园已成为花香四溢、绿树成荫的大花园，被评为“广州市花园式单位”“广州市绿化先进单位”“广州市教育先进单位”等。

在本课题的研究过程中，我们做出了艰辛的努力，取得了可喜的成绩，赢得了各级教育主管部门和教育科研单位的充分肯定和赞誉。2010 年 12 月我校荣获“广东省安全文明校园”称号，2011 年 9 月荣获“广东省首批德育示范校”称号，2012 年荣获“全国中小学健康教育心理示范校”“广东省书香校园”和“广州市优秀学校”称号；2013 年 7 月 15 日在香港举行的第二届亚洲国际声乐合唱节中，我校合唱团荣获金奖。

课题组宋玲、卢岳飞撰写的《利用学校人文资源开发校本课程的探索》研究论文在 2011 年广东省中小学德育重点课题“荔湾区中小学德育特色校本课程的开发与实践研究”的研究成果评比中，获研究论文类别组一等奖；卢岳飞撰写的《学生与社团共舞，德育与社团齐飞》荣获广州市德育研究会第二十六届年会论文三等奖。学校共有 40 多篇研究论文、通讯报道及教育随笔等在全国多种报刊上发表。

在今后的教研教改实践活动中，我们将更加深入地进行研究和探索，努力为发展“三爱”教育、开发更多更实用的真光“宽银幕”德育校本、培养新型的高素质人才做出我们应有的贡献。

参考文献

[1] 吴中辉：《“宽银幕”破解名校课改迷局》，《中国教育报》，2012 年 10 月 29—31 日。

[2] 徐继存、段兆兵、陈琼：《论课程资源及其开发与利用》，《学科教育》2002 年第 2 期。

[3] 李小鲁：《序言》，见刘秋明、王颖主编：《德育创新：破解德育难题》，广州：广东高等教育出版社 2009 年版。

社会主义核心价值体系融入学校特色建设研究

广州市真光中学“社会主义核心价值体系融入学校特色建设研究”课题是广东省教育科学“十二五”规划学校重点德育研究专项课题“社会主义核心价值体系融入中小学德育研究”（编号：2013JKDY013）的子课题。该课题由李延彬书记主持，卢岳飞副校长组织实施，于 2013 年 9 月开始筹备，2014 年 4 月 30 日正式开题。两年多来，在全校师生的共同努力下，我们积极开展“社会主义核心价值体系融入学校特色建设研究”，认真做好课题实施工作，一定程度上培养和增强了学生对社会主义核心价值观的认识，改进和创新了学校的德育特色工作，促进了“真光之爱，滋养心灵”特色品牌、“香梅课程”特色品牌、“宽银幕”德育模式特色建设发展，提升了学校的办学品位。

一、课题研究背景

党的十六届六中全会提出了建设社会主义核心价值体系的战略任务，强调必须把社会主义核心价值体系融入国民教育全过程。2011 年教育部制定了《社会主义核心价值体系融入中小学教育指导纲要》，在政策法规上明确了社会主义核心价值体系对学生德育工作的引领地位，为把社会主义核心价值体系融入中小学教育全过程提供有力保障。

十八届三中全会要求“全面贯彻党的教育方针，坚持立德树人，加强社会主义核心价值体系教育，完善中华优秀传统文化教育，形成爱学习、爱劳动、爱祖国活动的有效形式和长效机制，增强学生社会责任感、创新精神、实践能力”。目前，全国各地中小学正在全面贯彻落实十八届三中全会精神，按照《社会主义核心价值体系融入中小学教育指导纲要》的要求，把社会主义核心价值体系融入中小学德育工作全过程，开创中小学德育工作新局面。

习近平总书记也明确指出，要将社会主义核心价值观贯穿于全部教育教学活动之中，实现全方位融入。要把青少年价值观教育摆在突出位置，坚持育人为本，德育为先，融入国民教育的全过程。

基于上述研究背景，我们于2013年9月成立课题研究组，从本校实际出发，结合广州市教育局“社会主义核心价值体系融入中小学德育研究”总课题相关内容，开始就“社会主义核心价值体系融入学校特色建设研究”省级课题进行立项研究。

二、课题研究目的

（1）把社会主义核心价值体系融入“真光之爱，滋养心灵”心理特色品牌、“香梅课程”特色品牌、“宽银幕”德育模式特色建设发展，引导中学生树立远大志向；弘扬以爱国主义为核心的民族精神和以改革创新为核心的时代精神，培育中学生的爱国情感和创新意识；引导树立社会主义荣辱观，培养中小学生正确的是非观念、良好的品德和行为习惯，促进我校德育工作创新发展。

（2）按照把社会主义核心价值体系融入国民教育全过程的总要求，在实施关于未成年人思想道德建设和学校德育工作一系列重要文件和规定的基础上，坚持已明确的培养目标、基本内容、教育原则、管理职责、队伍建设、物质保证等要求，研究并解决“融入”这一关键问题，把社会主义核心价值体系融入我校心理健康教育、“香梅课程”特色品牌、“宽银幕”德育模式特色建设等具体环节；充分开发各门特色课程蕴含的核心价值体系教育资源，发挥各门课程已有的社会主义核心价值体系的育人功能；开发学校德育资源，突出实践育人环节，营造文化氛围，抓好课程德育、社会实践、校园文化，形成真光中学德育品牌，把学校特色品牌工作中的各个工作细节作为社会主义核心价值体系教育的契机；构建社会主义核心价值体系融入学校德育工作的有效模式。

三、课题研究意义及价值

（1）社会主义核心价值体系融入中小学德育，融入真光中学“真光之爱，滋养心灵”特色品牌、“香梅课程”特色品牌、“宽银幕”德育模式特色建设，具有极强的现实针对性和重大的实践意义，既为广东省进行社会主义核心价值体系融入中小学德育提供第一手调研资料，又为真光中学的德育发展提供了新的契机。

（2）探讨社会主义核心价值体系融入学校特色教育必须遵循的基本规律、必须坚持的基本原则、必须把握的基本途径，为把社会主义核心价值体系融入学校特色工作提供理论参考和选择。

（3）探讨社会主义核心价值观教育融入学校特色教育的科学方法，通过将社会主义核心价值观有计划、有步骤地融入学校特色教育，使社会核心价值体系内化到每一个学生的心中，并产生强烈的价值认同，达到教育的最佳效果。伴随着“核心价值观教育”的实施，使学校教育环境充满新的活力，育人氛围更生动活泼、富有创造性，学校的办学品位因此得到全方位的提高。

四、课题研究方法

本项研究主要采用行动研究法，以“真光之爱，滋养心灵”心理特色品牌、“香梅课程”特色品牌、“宽银幕”德育模式特色建设为例，研究社会主义核心价值体系融入中小学德育的教育规律和教育方法。具体方法如下：

（1）文献研究法。利用中国学术期刊网、中国知网等平台，检索社会主义核心价值体系与中学德育工作融合的最新研究成果，梳理和总结全国各地有关先进工作经验和模式，为真光中学的相关工作和研究提供借鉴。

（2）观察调查法。通过开展一系列真光德育活动，观察学生的日常行为、学生主体参与行为，调研中学生对社会主义核心价值体系的认同状况，对中学生的思想行为特点进行分析，总结真光德育创新模式的教育规律、基本原则和基本途径。收集和整理有关我校社会主义核心价值体系教育信息材料，了解我校师生对社会主义核心价值观的认识，促进我校各项特色品牌创建及德育活动的顺利开展。

（3）专题访谈法。设计访谈提纲，通过召开专题座谈会、分享交流会等形式，对学校各部门、全校师生、德育工作管理者、社区成员、家长代表进行访谈，了解中学德育工作相关人员对社会主义核心价值体系融入中小学德育工作的意见或建议。

（4）经验总结法。总结我校近几年在学生群体中开展社会主义核心价值体系教育的成功实践经验，提炼我校特色品牌建设的规律和方法。

五、研究步骤和实施阶段

（一）课题准备阶段（2013 年 9 月至 2014 年 4 月）

搜集整理课题相关文献资料，明确课题组人员分工，制订课题研究实施方案；设计调查问卷、专题访谈提纲；学习广州市教育局《引领成长的精神旗帜——社会主义核心价值体系校园读本》中学版读本；到上海、北京等地参观考察学习，培训课题组成员，总结并交流有关学习情况，指导课题组成员开展课题研究。

（二）方案实施阶段（2014 年 5 月至 2015 年 7 月）

发放调查问卷，召开座谈会；收集整理问卷，访谈材料；形成中小学生思想道德现状和社会主义核心价值体系教育现状调研报告，提出社会主义核心价值体系融入学校特色课程的建议；把班级工作中的各个工作细节作为社会主义核心价值体系教育的契机推广使用《社会主义核心价值体系校园读本》，总结融合到“真光之爱，滋养心灵”心理特色品牌、“香梅课程”特色品牌、“宽银幕”德育模式特色建设。开展“社会主义核心价值观融入真光教育”、广州市德育工作现场会各项工作，本阶段形成调研报告、工作方案、具体实施过程等过程性成果。

充分使用广州市《引领成长的精神旗帜——社会主义核心价值体系校园读本》（《青春航标：中学生读本》）；积极开发真光中学特色课程蕴含的社会主义核心价值体系教育资源，正式出版《青春印迹——真光德育巡礼》、汇编《青春导航》（《社会主义核心价值体系融入教育教学案例——学科教学》和《社会主义核心价值体系融入教育教学案例——班会课教案》）等校本教材，发挥特色课程已有的社会主义核心价值体系的育人功能；研究社会主义核心价值体系融入学校特色德育的教育规律、教育原则和教育途径；通过座谈会和各种交流活动、现场经验推广会等形式，总结中小学社会主义核心价值体系教育的成功经验，辐射带动，完善科学有效的融合模式，形成论文。

（三）总结结题阶段（2015 年 8 月至 11 月）

总结课题有关材料，申报广东省首批心理健康教育特色学校评选，研究“香梅课程”特色品牌，申报“真光德育”模式创新发展校本研究。撰写本课题研究报告、结题报告，汇编课题研究成果，准备课题结题验收，系统总结提升研究成果。

六、课题研究成果

（1）“社会主义核心价值体系融入学校特色建设研究”课题结题研究报告 1 篇。

（2）研发出版“社会主义核心价值体系融入中小学教育”《青春印迹——真光德育巡礼》校本教材 1 册。

（3）汇编《社会主义核心价值体系融入教育教学案例——学科教学》1 册。

（4）汇编《社会主义核心价值体系融入教育教学案例——班会课教案》1 册。

（5）承办“社会主义核心价值观融入中小学教育——2014 年广州市德育工作现场会”，编辑该现场会画册 1 本，宣传报道 2 篇。

（6）汇编《勿忘国耻，圆梦中华——纪念中国人民抗日战争暨世界反法西斯战争胜利 70 周年活动》“宽银幕”特色课程校本教材。

（7）编辑“真光德育”模式活动系列“宽银幕”校本教材（《中学生安全教育读本》、《真真心语》心理健康特色校本材料、《真光地震应急预案》等）。

（8）发表《真光中学：“宽银幕”德育模式的创新发展之路》通讯报道 1 篇。

（9）合编《培育价值观，我们在行动——2015 年荔湾区教育局开展社会主义核心价值观主题教育活动巡礼》刊物。

（10）编辑《台湾知识入校园》画册 1 本，发表宣传报道 2 篇。

（11）编辑 2013 年度广东省中小学德育科研重点研究课题《荔湾区中小学普法教育的科学化与规范化研究》结题成果集。

（12）编辑《广州市真光中学德育管理 30 个细节及住宿生管理手册》1 册。

（13）创作社会主义核心价值观原创歌曲《我们都是好公民》1首。

七、研究结论

两年来的实践研究表明，我校开展“社会主义核心价值体系融入学校特色建设研究”课题研究，将社会主义核心价值体系融入“真光之爱，滋养心灵”心理特色品牌、“香梅特色”课程教育、“宽银幕”德育模式特色建设是切实可行的，也是十分必要的。它对广大学生的教育意义是卓有成效的，对学校特色建设的推进也是显而易见的。通过对“社会主义核心价值体系融入学校特色建设研究”的实践，我校得出以下结论：让社会主义核心价值体系融入学校特色建设必须遵循三项基本规律、坚持四条基本原则、把握五条基本途径。

（一）遵循三项基本规律

1．遵循教育养成与自我养成相结合的规律

社会主义核心价值体系融入学校特色建设实践活动既要有德育团队的外在养成教育，也需要学生主体的自我养成教育。我校提倡的中学生“爱国、爱校、自爱”教育意识和行为习惯的养成是一个学校教育与自我教育相结合的过程。一方面，学生的不良行为习惯是“三爱”意识的缺乏。错误的行为习惯一旦成为定式，就很难自觉发现和矫正，需要在教育者的严格监督和训练中逐步矫正。正确的“三爱”行为习惯也只有在教育者的渗透教育和规范化实践训练中逐步养成。另一方面，良好的“三爱”教育意识和行为习惯养成，必须通过学生的自觉参与、自我实践、自我教育才能实现。由此可见，良好的“三爱”教育意识和行为习惯的养成正是一个学校教育与自我教育有机结合的双边活动过程。从每年我校军训少年军校国旗班的组建，到每日课间操国旗班学员的常规训练，再到我校每年招飞行员的高考录取情况都是最有力的见证。

2．遵循意识养成与行为养成相渗透的规律

社会主义核心价值体系必须体现在具体可感的实践中，才能真正让中学生接受。为此，我校倡导在教育实践活动和教育交往中形成中学生的“三爱”教育意识和行为习惯。在本课题实践过程中，我们先后开展了学军、学陶艺、学农、“真光杯”足球赛、原创歌曲《我们都是好公民》歌咏比赛、“真光之星”评选、社团开放日、“六大节日”等活动，让学生在“三爱”教育活动和平时交往中互相学习、共同进步，促进师生心灵健康成长。同时，还多次组织学生到部队、工厂和农村参观，从而开阔眼界、增长见识，增强学生“三爱”教育良好行为习惯养成的自觉性。通过这些实践活动，我们让意识养成与行为养成相渗透，取得了较好的成效。

3．遵循集体养成与个体养成相促进的规律

社会主义核心价值体系的倡导需要集体的氛围，为此必须遵循集体养成与个体养成相促进的原则。中学生良好的“三爱”教育意识和行为习惯的养成是一个循序渐进的发展过程，应遵循集体养成与个体养成相互促进、相互提高的规律。一方面，个人与班级、年级、学校应积极地配合，常抓不懈。班主任主要抓班级和个人的教育工作，重点加强学生的个别教育和指导工作。另一方面，教育教学中，要正确处理好单一学科与整体学科的关系，教学中每一科目的教育计划、教学内容渗透、教育实践活动安排都必须在学校课题组的统一组织下进行。如我们对少年军校国旗班的管理和学生社团的管理就自始至终这样做，“香梅特色课程班”的文明礼仪训练课也坚持认真做，学校重大活动均由“香梅特色课程班”学生来完成，从个体到整体，学生的“三爱”教育意识和文明礼仪行为有了明显的转变和提高，取得了良好的教育教学效果，得到了全校师生的一致好评。

（二）坚持四条基本原则

原则规范着人们的行为，是正确行动的根据、尺度和准则。社会主义核心价值体系融入学校特色教育不是简单的糅合，需要一定的原则来规范。在课题实践中，我校结合实际，坚持了以下四条基本原则。

1．整体性原则

社会主义核心价值体系从国家、社会和个人三个层面对我们提出了一个整体的要求，因此我们将社会主义核心价值体系融入学校特色教育中来就要把握住它的整体性原则，从多个层面、不同维度进行融合。我校重视“宽银幕”校本课程与其他学科课程的纵向及横向联系，突出课程的整体效应，主要体现在三个“统一”上：一是教与学的统一；二是学科之间的统一；三是学校、家庭、社会三者的统一。学校人文资源的利用是学校综合课程体系的一个要素，因此对学校人文资源的利用要全方位、多角度地考虑。如对真光校史的研究，从学科的角度看，要寻找与中国近现代历史发展的关联；从爱国爱校教育的角度看，要编写具有本校特色的校史课程，如我校社团管理和少年军校国旗班管理建设；从提高学生综合素质的角度看，要引导学生对校园绿化、学校建筑、爱的文化等开展研究性学习，让学生在生活的各个层面中应用，进而提高学生的整体综合素质。

2. 个性化原则

社会主义核心价值体系的融入渗透都以不同个体的理解接受为前提，因此也必须遵循个性化的原则。这一原则在社会主义核心价值体系融入“香梅课程”特色品牌中得到较好的体现。作为承担真光百年“女界之光”的“香梅特色课程”，教育对象、理念均有独特之处，所以社会主义核心价值体系在融入这一课程时便要体现出相应的个性化。同样，对于不同的学科和教师，可待开发与利用的学校人文资源具有极大的差异性，对学校人文资源的开发与利用也就成为一项极具个性化的创造性实践活动。融入社会主义核心价值体系应从实际出发，在学科教学、德育渗透、团队建设和综合实践活动、研究性学习活动等方面，区分学科特性，展示教师个性；从学段的性质和培养目标出发，突出和渗透以学生发展为本的思想，注重培养学生的创新精神和实践能力，注重学生的主体性和个性发展，以求达到资源利用的最优化。

3. 实践性原则

实践是认识的基础。唯有坚持实践，才能真正将社会主义核心价值体系融入学校的特色教育。学生的“三爱”教育意识养成和行为习惯的成长、成熟不是在“静听”中获得的，而是在丰富多彩的“宽银幕”综合实践活动中通过经验的积累得到的。“三爱”教育理论学习和实践活动是“三爱”教育密不可分的统一体，相辅相成，相互促进，缺少任何一个方面，“三爱”教育都是不完整的，也不可能取得良好的教育效果。教师传授的知识，只有通过学生的亲身实践和体验才能内化为自身的行为。学生已经形成的行为习惯只有在反复的实践活动中才能不断强化、巩固和提高。通过让师生参加市、区有关社会主义核心价值体系融入中小学的各项比赛活动，如绘画、手抄报、歌曲创作、小品，师生都亲身实践，主动参与。在实践活动中，我们始终坚持让全体的学生积极主动参与社团活动，取得了令人满意的效果。

4. 发展性原则

社会主义核心价值体系融入真光特色建设教育必须坚持发展性原则。学生良好的“三爱”教育意识和行为习惯的培养是一个动态的、渐进的发展过程，必须遵循学生身心和思维、技能发展规律，合理安排教学内容，设计活动程序，开展各项活动，抓常规、促落实、求实效。我们在高一年级开展学军、学陶艺、学农、春秋游、禁毒教育、研究性学习活动，建设成为“行为习惯养成的规范级”；高二年级开展团体心理健康活动、“道德大讲堂”、调查、考察、义工、社团活动课和兴趣小组活动，建设成为“学业水平考试的优秀级”；高三年级开展“跑步进高三”“百日宣誓”“成人礼”、毕业礼、社会实践调查活动等，建设“学生综合评价的样板级”。根据不同年级、不同时段的特点，真光心理健康特色教育始终遵循学生的发展性原则，既体现社会主义核心价值观教育“润物细无声”的特点，又切实推进了学校特色教育的发展，为社会主义核心价值体系融入学校特色教育提供具有价值的参考示范。2015 年 9 月 1 日，真光岭南校区全体师生在严美棠副主任的带领下，共同学习了新版的《中学生守则》，与时俱进，以发展的眼光将社会主义核心价值观落到实处。

（三）把握五条基本途径

1. 教育渗透是主要途径

社会主义核心价值观教育具有综合性的特点，诸多学科都或多或少涉及其教育内容，因此，教育渗透是当前开展社会主义核心价值观教育最重要的形式，以渗透带动普及。搞好渗透教育，关键是选择好社会主义核心价值观与教材的结合点。在实践中，各科教师将社会主义核心价值观教育与课堂教学有机结合，大大深化了课堂教学内容，拓展了知识领域，其多样性、鲜活性为学生所喜闻乐见。教师们建立了集体备课制，群策群力，千方百计，拓宽思路，把涉及社会主义核心价值观教育的内容从备课、上课、布置作业到开展课外活动作为整体考虑和系统研究，增强学生对社会主义核心价值观教育的感性和理性认识。

余莉老师在一堂题为“树立正确的价值观”的政治课上，和薪圃社 16 班的学生们一道创设情境，渗透爱国主义教育，激发热爱祖国的情感，并将之转化为努力读书、建设祖国、贡献社会的具体行动。在“你认为出国是爱国吗”的课堂大讨论中，学生们各抒己见，讨论热烈，在感性材料中归纳出理性认识，既升华了情感态度，又将所学知识内化为实践的指导标准，整节课的设计都贯穿着浓郁的爱国主义情感教育。刘少敏老师则带领旭晶社 8 班的学生们以“敬业乐学”主题班会展示了在德育过程中践行社会主义核心价值观的巧功夫。主题班会课通过视频观看、学生讨论等环节引导学生理解敬业乐学的含义，学生通过参与讨论和树立榜样加深了自身的责任意识，提高把握细节的能力，养成从身边的小事做起的良好日常行为习惯。在榜样学习环节，学生们还邀请了真光原校长林文华作演讲，林校长虽年事已高，但仍然精力充沛，面对同学们的求知热情，娓娓道出自己的人生经历，在课堂上还以歌声感染全体师生。刘老师的课堂形式多样，师生互动，有视频观看、讨论思考、经典诵读、榜样学习、小品观看等多种手段，在符合真光学子的认知水平的基础上，引导学生敬业乐学，注重学生感恩意识的培养。

2. 强化管理是重要途径

学校把社会主义核心价值观教育作为教育面向未来，全面推进素质教育，争创“文明示范窗口”的重点。为此，学校专门成立了社会主义核心价值观教育领导小组，校长、书记任组长，分管教育教学的副校长和总务后勤的副校长为副组长，办公室、德育处、教务处、教研室、总务处、团委、学生会等处室负责人为组员，全方位、立体式地推进社会主义核心价值观教育模式，在制度上、管理上加以强化。

教务处要求相关科任教师积极渗透社会主义核心价值观教育，并进行社会主义核心价值观教育教案的教学常规检查和档案跟进，我校还汇编了全校教师课堂教学中渗透社会主义核心价值观的教案集《青春导航》；组织各相关科任教师上社会主义核心价值观教育专题课、选修课、研讨课，组织优秀教案和优质课评比。如学校每年举办的体育节、学生会及团干竞选、期末法制教育宣讲活动等，加强学生“民主”“文明”“诚信”“公正”“法治”方面的教育。

教研室制订社会主义核心价值观教育计划，组织一年一度的我校“科技节”和“环保节”，强化中学生的“富强”“爱国”意识。

德育处负责制订真光德育行动计划和我校学生行动计划，制定“真光德育30个关键细节”“真光学生一日常规”等规则，把社会主义核心价值观的“和谐”教育纳入班级工作常规管理量化评估工作和评选优秀班集体、班主任、班干部的管理办法中。

3. 引导实践是关键途径

坚持实践第一的原则，要注意在社会主义核心价值观教育实践活动中对学生行为的正确引导。让师生积极参与到学习活动和环境建设中去，动手、动口、动脑，从而达到动情的目的，并将他们对社会主义核心价值观教育问题的认识转化为自己规范化的行为。

教师组织学生参与以社会主义核心价值观教育为主题的综合实践活动，如高一新生的军训、学陶艺活动；各班的“道德大讲堂”班会课；“社团展示”活动。通过一系列不同层次、不同形式的鲜活的社会主义核心价值观教育实践活动，帮助学生加深了解社会主义核心价值观。

要真正将社会主义核心价值观教育深入学生的心灵之中，仅靠课堂渗透是远远不够的，还必须借助其他媒体，利用课外时间辅助完成。军训、跑操、文明示范班及“真光之星”评比，鞭策学生遵章守纪，讲究文明。丰富多彩的活动促进了社会主义核心价值观教育中学校、社会和家庭的良好结合，形成了立体的、交叉的、全方位的社会主义核心价值观教育，并取得了明显的效果。2015 年 4 月 20 日由工会组织的“唱响社会主义核心价值观”全校教工比赛活动，如期在真光楼三楼多媒体室举行，气氛活跃，精彩纷呈。2015 年 9 月 1 日在我校岭南校区成功举行了“勿忘国耻，圆梦中华——纪念中国人民抗日战争暨世界反法西斯战争胜利 70 周年”专题活动，进一步激发了全校师生的爱国热情，师生们共同汇编了《勿忘国耻，圆梦中华——纪念中国人民抗日战争暨世界反法西斯战争胜利 70 周年活动》“宽银幕”特色课程校本教材。

4. 环境熏陶是有效途径

校园环境对学生来讲也是一部立体多彩的、富有吸引力的无声教科书。我们一直把校园文化建设和环境建设作为社会主义核心价值观教育的基本内容和具体手段来抓，发挥社会主义核心价值观教育的导向作用。一方面，班级墙面、黑板报以及年级黑板报都要书写张贴社会主义核心价值观的内容及内容诠释。另一方面，在学校的宣传栏、电子屏幕、外立墙面等地方也利用多种形式对社会主义核心价值观相关内容及图片进行展示。还有，自 2011 年以来，我校的篮球场、室内风雨球场、游泳馆都免费定期对周边居民开放，一个文明、和谐、友善的校园环境正在对外展示。

5. 特色课堂是可靠途径

“心理健康课堂”和“道德大讲堂”是我校独有的特色课堂。按照广州市和荔湾区精神文明的相关要求，在真光中学建设了较高标准的“荔湾道德大讲堂”的总堂会。“道德大讲堂”通过自我反省、唱歌曲、学模范、诵经典、念劝善词、谈感悟、行崇德礼、送吉祥、行善举的基本流程，对师生和市民开展社会主义核心价值观教育，引导师生树立正确道德观念，做一个有道德的人。比如，王方荣老师主讲的“道德大讲堂”之“诚信的力量”，全场座无虚席，气氛热烈。王老师教导蘅圃社 4 班的学生们感悟诚信的力量，懂得诚信的重要性，树立诚信的意识，学会在现实生活中践行，真正做到诚实守信。在“道德大讲堂”的基本流程中，学生们积极参与活动，培养了主体意识和主人翁精神，有效提升了综合素质。广州市教科所梁东标副所长作了精彩的点评，他说到，“这堂‘道德大讲堂’突破了硬灌方式，强调了道德对话，实现了与经典、与现实、与自我的对话”。

陈云芳老师的蘅圃社 15 班班级团体心理健康特色课程“和谐班级，友善在心中”，通过“风雨同行”“解手链”等游戏活动，让学生们领悟到在学习生活中不仅需要独立与竞争，更需要依赖与合作。帮助他人与接受帮助同样是快乐的事情，帮助他人，快乐自己。这种体验式生态教育活动课程，在轻松活泼的游戏中，促进同学的沟通协作，增强班级团结，树立了团结友善的观念。

八、成效与示范

在本课题的研究过程中，我们做出了艰辛的努力，取得了可喜的成绩，赢得了各级教育主管部门和教育科研单位的充分肯定与赞誉。在原有的“广东省首批国家级示范性普通高中”“广东省安全文明校园”“广东省首批德育示范校”“全国中小学健康教育心理示范校”、广东省“书香校园”和“广州市优秀学校”称号基础上，2014年10月获广州市“香梅特色课程学校”称号，2015年6月获首批“广东省中小学心理健康教育特色学校”称号，2015年9月真光心理团队荣获荔湾区“最美教师团队”称号，并于11月25日参加全市总决赛，2015年10月被评为“广州市依法治校示范校”，广州真光中学连续8年进入高中毕业班综合评价前10强行列，真光岭南初中部连续两年获荔湾区“素质教育成果奖”。

课题组卢岳飞副校长出版了30万字的《青春印迹——真光德育巡礼》。李延彬书记、卢岳飞副校长撰写的科研论文《开发“宽银幕”课程，促学生主体发展》荣获“2013年广东省中小学优秀德育科研成果评选”单位（集体）成果一等奖，卢岳飞副校长撰写的《学生与社团共舞，德育与社团齐飞》荣获广东省中小学德育科研成果评选二等奖；在2015年7月广东省中小学优秀德育科研成果评选中，卢岳飞副校长《以普法教育规范化促进中学法制教育——中学普法教育手段的规范化研究》课题报告获一等奖，《论新形势下中学生法治精神的培育》论文获一等奖，莫霓虹《花样年华急需培养的三种情感》、冯显中《新时期特殊后进生的心理因素及转化对策》获教育案例一等奖，卢岳飞副校长、蒋蔼瑜《“真光之爱，滋养心灵”——广州市真光中学全国小学生心理健康教育特色学校方案》获教育方案设计一等奖。刘雄伟《浅谈学困生转化的思想教育》、李智慧《求真·求和·求实》、陈钊荣《创新班级管理制度，培养学生政治素养》、谭东明《“德”于心，“诚”于人——心理咨询技术在思想政治工作中的有效运用》、周丽君《让社会核心价值观走进英语课堂》、蒋蔼瑜《密不透风的心“墙”——一例初中学困生的心理辅导案例》、张间花《毅力与成长》、苏国东《践行社会主义核心价值观》、丘琳琳《静能生慧》等论文和教学设计获广东省二等奖。由卢岳飞副校长和王得刚团委副书记创作的《我们都是好公民》在全校传唱。

广东省重点研究省级德育课题“荔湾区中小学德育特色校本课程的开发与实践研究”2013年9月已成功结题，我校被评为“优秀课题实验学校”。由李延彬书记主持的广东省“‘真光德育’模式创新发展校本研究”课题于2014年11月结题。2015年2月，卢岳飞副校长主持的“‘宽银幕’德育模式创新发展”课题荣获广东省德育创新重点科研课题立项，并得到广东省政府的10万元科研经费资助。2015年1月，我校获得广州市中学生法制宣传知识竞赛优秀组织奖。卢岳飞、张光礼撰写的论文《论新形势下中学生法治精神的培育》荣获广东省重点课题“荔湾区中小学普法教育的科学化与规范化研究”（课题编号：GDZXXDY1301）总课题组论文评比一等奖。

我校李延彬书记为全国各地教育考察团开展“社会主义核心价值体系融入真光特色教育”讲座10多场。卢岳飞副校长在2015年10月10日结合真光中学“社会主义核心价值体系融入真光特色建设”课题内容，为贵州省教育考察团作了“真光之爱，滋养心灵”专题报告，11月10日作了“‘宽银幕’德育模式创新发展”专题报告，11月17日还作了“传承真光爱，共圆真光梦”专题报告，起到了很好的辐射示范引领作用。2014年4月30日，广州市教育局在我校成功举办了“社会主义核心价值观融入中小学教育——2014年广州市德育工作现场会”。2015年3月24日我校又成功举行了广州市“社会主义核心价值观进校园”活动。真光中学的多项活动在广州电视台等多家媒体播放，并产生了良好的社会效果。2015年11月19日我校荣获首批“广州市培育和践行社会主义核心价值观示范校”称号。近年来有欧泽羽、杨韵等600多名真光学子考入清华、北大等国内外名校，并且在各校担当院系学生会干部。真光学子心态阳光，学有所成，真光教师因材施教，爱校如家。

我校以强化内涵、铸造特色、德育示范为重点，在常态的日常管理中落实，在丰富的学生活动中落实，在系统的课堂阵地上落实，在良好的文化氛围中落实，努力践行社会主义核心价值观，从而形成了“真光之爱，自能发展”的德育特色，赢得了社会的广泛赞誉。

在今后的教育教学实践活动中，我们将更加深入地进行研究和探索，努力将社会主义核心价值体系融入真光中学心理健康特色教育、“香梅特色”课程教育、“宽银幕”德育模式特色建设等进行深入研究，开发更多、更实用的真光中学“宽银幕”德育校本教材，为培养新型的高素质人才做出我们应有的贡献。

参考文献

[1] 吴中辉：《"宽银幕"破解名校课改迷局》，《中国教育报》，2012年10月29—31日。

[2] 李小鲁：《序言》，见刘秋明、王颖主编：《德育创新：破解德育难题》，广州：广东高等教育出版社2009年版。

[3] 吴安春：《中小学社会主义核心价值体系教育省思》，《中国德育》2011年第10期。

[4] 张广斌：《中小学开展社会主义核心价值体系教育的几点思考》，《中国德育》2011年第10期。

[5] 刘烨：《中小学社会主义核心价值体系教育学术研讨会综述》，《中国德育》2011年第10期。

[6] 蒋亚辉：《广州市中学生思想品德及中学德育工作现状的调查报告》，《中小学德育研究》2012年第4、5期。

[7] 蒋亚辉：《扎实开展社会主义核心价值体系学习教育——广州市学校教育的探索与实践》，广州：广州市中小学德育研究与指导中心2009年版。

[8] 路琴、叶飞霞：《论社会主义核心价值体系教育的实效性》，《思想理论教育导刊》2011年第7期。

[9] 唐西胜：《培育和践行社会主义核心价值观的课程路径》，《中小学德育研究》2015年第4期。

[10] 黄晖：《让社会主义核心价值观走进学校全域——广州市东风东路小学社会主义核心价值观教育新模式初探》，《中小学德育》2015年第5期。

学生发展

爱国是一种美好的情操

近期，对日本右翼势力挑起的购岛闹剧，中国政府和人民表示坚决反对和强烈抗议。

昨天下午，广州的天河体育中心、中华广场等地也出现了部分市民自发组织表达抗议的保钓示威行动，充分彰显了南粤人民心系祖国、同仇敌忾的爱国热情。真光中学的小部分同学也在现场目睹和参加了示威游行活动，在此我要感谢和祝贺同学们：你们长大了，没有忘记自己肩上的担子和责任，没有辜负老师和家长的教诲！在你们身上我看到了“青年强则国强”的希望！

晚上，我上网浏览了全国各地游行抗议、表达意愿的有关图片和资料，国人的爱国热情十分震撼！但我也留意到在游行过程中极个别地方出现了非理性的抗议活动苗头，甚至有人怂恿实施“打砸抢”行为。这吓得我的邻居在他的本田私家车的醒目位置贴上“买车在前，日本人犯贱在后，敬请国人谅解”的字条。

对此，同学们想一想，“打砸抢”一旦付诸现实，你们的学习环境会是怎样的？老师们的工作环境会是怎样的？大家的生活会是怎样的？一切还会像往常那样秩序井然吗？最关键是大家想解决的问题解决了吗？有多少实质性的进展呢？日本不是照样还在做它的帝国复兴梦吗？

同学们，爱国不是一时的冲动，而应是理性的正义之声，在一个法治的社会，爱国首先就是要守规守法，做好自己的工作，积极营造温馨和谐的家庭氛围，共建和谐向上的活力团队，合法有序地表达情感，这才是我们公民成熟理性的表现，也是真光儿女良好素质的体现。反之，走向街头逞一时之勇，非法无序的示威游行不仅给城市的交通、社会秩序带来不必要的影响，也给包括参与者在内的广大市民的生产、生活造成很大的困扰，更可怕的是有可能被少数别有用心的人利用而挑起事端。

天下兴亡，匹夫有责！遇事需权衡，三思而后行，利国又利民。

人的美丽在心灵，人的高贵在精神

大家知道，在未来的20天内，我们将迎来3项师生共同参与的大型活动。

6月14日将迎来广东省体育社团俱乐部展示现场会。本次活动是我校向全省的专家、同行展示真光学生体育社团活动的一个舞台。作为东道主，我们要积极参与这一盛事，展现“真光人”的热情、活力和有序。让每一位来宾怀着期待而来，满意而归。

6月21日将迎来广东省德育示范校的评估督导验收。本次评估主要有以下几个环节：自评报告，查看校园文化环境、德育、学科及主题教育课6节，教师及学生问卷调查和座谈会，教师和学生专访，家长话访等。为了做好迎检的准备，我与大家重温真光6项核心文化。校训：尔乃世之光；办学理念：以人为本，求真创新；德育理念：爱国、爱校、自爱；育人目标：把学生培养成为“具有国际视野，具有民族精神，具有现代人基本素质”的人；办学目标：市一流、省著名、国有名的高质量、有特色的国家级示范性普通高中；校风：团结、求真、博学、创新。

6月底、7月初的期末考试，将是每个同学成长路上的一次飞跃，既是知识的考试，也是德行的一次考验。鉴于3项活动的意义和价值，今天我讲话的主题词是“诚信、感恩、负责、自我完善”。

诚信是为人之道。诚信，是一种品行，是一种责任，是一种道义，是一种准则。古人刘基在他的名著《郁离子》里讲过这样一个故事，一个富商在过河时翻船了，他在水中大声呼喊：“谁能救我，我就给他100两金子！”一个善良的渔夫把他救上了岸，可是富商只给了80两金子，渔夫指责富商不讲信用，商人则训斥渔夫太贪婪。第二天，渔夫坐船过岸，不巧又碰到富商翻进了水里，富商仍旧在水中喊：“谁能救我上岸，我给他100两金子！”曾经救过他的渔夫告诉周围的人这个富商言而无信，结果可想而知。这正应了古代的一句名言：身不正，不足以服；言不诚，不足以动。

感恩是为民之道。大家知道，在这个世界上，除了父母等亲人外，其他人给予你的帮助、关爱，都不是必需的，但事实是我们在场的每一个同学从来到这个世界的第一天起，就得到了很多人的帮助，邻居的一声赞许、同学不经意间递过一张纸巾的问候、老师的心灵鸡汤、父母的呵护、社会为我们创造的良好而又公平的受教育机会，这些都是你成长路上的加油站。你感知到了吗？你也有同样的行动吗？

负责是行事之道。在座的每个同学都是级社和学校的“形象代言人”，素质的高低、形象的好坏，关系到学校未来的发展，也关乎你自己的成长。在建设和谐真光、文化真光、书香真光的历程中，大家做到新“三好”了吗？

“一好”就是管好自己的口。良言一句三春暖。该说的则说，要说得及时，说得到位。不该说的则坚决不说，适可而止。读书之人不讲大话，大话会使自己丧失信誉，求学之人不讲空话、假话，空话、假话会使自己丧失公信。而文明用语我们要时时讲、人人讲、处处讲。请大家牢记校祖的话：“行胜于言，言若不行，不如不言。”

“二好”就是把好自己的手。大家都是“真光人”，同学都是兄弟姐妹，要互相关心，遇到事情，多沟通，不能靠拳头，更不能靠阴招，拳头和阴招是当下最幼稚、最没有技术含量的方法。要遵守社会规范，不要触犯道德的底线，做人可以不高尚，但绝不可以卑鄙。

“三好”就是做好自己该做的事。班风好不好，级风良不良，校风优不优，这不仅是集体的事情，还是关乎每个人的大事。所以人在江湖，就要人人出力。一看首领的引领思路及个人素质和能力，是否发挥了旗手的作用。二看师生关系、生生关系是否和谐，是否互相欣赏、形成合力。三看同学是否做好了迎接挑战的思想准备，高一要升高二，并且面临文理分科，现在的高二已是高三。我要问，大家准备好了吗？特别是高三的同学，“师哥、师姐”称号意味着什么？仅仅是年龄吗？这个称谓意味着你在真光大家庭有义务和责任照顾好弟弟、妹妹，垂先示范。何谓“哥”？德高为哥；何谓“姐”？学高为姐。四看学生与家长、学校与家长的沟通和理解是否真的通了，如果不通，记住下面的话：把他人当作自己，把自己当作他人，把自己当作自己，把他人当作他人。

自我完善是立身之道。十年寒窗苦读，见证了你的成长，从一个流着鼻涕的小男孩长成了现在的小帅哥，当年的“丑小鸭”现在出落得亭亭玉立，十几年的变化，你是否意识到你的成长除了社会教育、家庭教育、学校教育的作用，自我完善、自我教育一直在陪伴着你呢？人不可能十全十美，但可以不断完善，没有最好，只有更好。首先，个人要有完善自我的愿望，并主动追求，多读名人传记和奋斗史；其次，学会自我分析，学习孔子的“吾日三省吾身”，用“反思”来作自我分析；再次，塑造自我的形象，正确对待别人的赞扬与批评，珍惜自己的荣誉，更要珍惜集体的荣誉；最后，在活动中，体验规矩的存在，感受生命的能量，培养自己的品质，陶冶自己的情趣，树立“我为人人”的公民意识。

人的美丽在心灵，人的高贵在精神！

做优秀的“真光人”

开营仪式，标志着同学们的军训生活已经拉开序幕！从今天开始，你们要有“真光人”的自觉，更要做优秀的“真光人”！

同学们，中考结束后，你们的初中生活画上句号，在你们面前的是全新的征程，不管过去的是挑战、挫折还是成功，都已经站在新的起跑线上。新的开始孕育新的机会和新的希望。我相信在座的每一个同学在今后的三年中都能以勤奋和智慧书写新的篇章。

同学们，你们选择真光中学作为新起点，这里是你圆梦的地方。

百年真光，历经岁月沧桑，铸就深厚底蕴，在近十年的高考中，年年有进步，届届有惊喜，2008、2009、2010、2011 连续四年进入广州市高三毕业班工作评价 10 强行列。2012 年高考再创新高：重点本科上线人数 175 人，重点本科率为 21.85%，重点本科达成度为 210.84%；本 A 人数 492 人，本 A 率为 61.42%；普通本科上线人数 686 人，普通本科率为 85.64%，而创造真光历史的骨干成员就是站在你们身边的主任、级长、班主任和老师们。

忆往昔，数风流人物，还看今朝：

2012 年蘅圃社高一入学的成绩全市排位第 11 名，普通班平均分已达 675 分，展望 2015 年的高考：你们收获的应该是 100% 的本科率，50% 的重点本科率。有人可能会疑惑，但我要告诉大家，只要努力，一切皆有可能，而创造这一历史的不是别人，就是在场的你们。

同学们，军训是高中第一课，是学校拓宽教育内容，培养高素质、高标准、全面发展人才的重要举措，是大家在校期间履行兵役义务，接受国防教育、组织纪律教育和艰苦挫折教育的基本形式，它将为你们今后人生的健康成长打下坚实的基础。

在此我向同学们提出三点希望：

（1）服从指挥，听从安排。希望大家养成良好的规则意识和自律意识，服从教官指挥和教育，遵守各项规章制度，令行禁止。

（2）正视困难，磨砺意志。军训是入学以来的第一次严峻考验，离开父母和熟悉的环境，接触新的同学和老师，要经受烈日炙烤和蚊虫叮咬，承受雨水洗礼，接受艰苦训练。但是，艰难困苦，玉汝于成。

（3）积极参与，尽情展示。这里是大家展示才情的舞台，军训的表现是你们呈现给学校的第一份答卷，“不想当元帅的士兵不是好士兵”，同样，没有竞争意识、团队精神和互助习惯的学生不是好学生。

最后用一句话来表达我的期盼：炼蘅圃强壮之魄，展蘅圃青春之翅；铸蘅圃无价之钻，成蘅圃威武之师。

站直了，别趴下

今天是我们军训闭营的日子，同学们的分列式表演和跑操比赛都非常精彩，可以说为我们这次军训画上了圆满的句号。

军训作为学校教育的一种特殊形式，在培养和提高学生素质方面发挥着其他教育形式不可替代的作用。通过军训，同学们不仅学到了基本的队列知识，还学习到了教官们艰苦奋斗、吃苦耐劳，勇敢顽强、坚忍不拔的优良传统。在此，我提议，让我们把热烈的掌声献给最可爱的教官们！

军训期间，同学们能以教官为榜样，严格训练，对每一种军姿都认真领会、反复训练，做到队伍行列整齐、步调一致，嘹亮的口号声回荡在帽峰山上空。尽管其间有的同学身体不适，但他们仍然咬紧牙关，坚持训练，保质保量地完成了军训任务。同学们在军训中的表现，展现了晨晖社学子的精神风貌，我们相信，这次军训会对大家高中阶段的学习和生活产生深远的影响。在此，我建议，把掌声献给自己，为自己的成长和成熟，为自己的努力和进步！

为期5天的军训就要结束了，但它的影响是深远的，会在即将到来的高中生活中发挥积极作用。希望同学们以这次军训为起点，牢记以下几点：

站直了，别趴下。任凭前路有千难万险，只要你们真正懂得“磨难是化了妆的幸福，你们必将勇往直前，无往而不胜”。

把简单的事情做到极致就是伟大。严于律己，知晓并遵守真光德育30个关键细节，同学之间礼让谦和，言谈举止文明礼貌，积极参加社会实践活动和校内外各项集体活动，树立集体观念，做文明学生，让真光中学因你而精彩。

耐得住寂寞，才能守住生命得黄金。希望你们把今天的口号转化为诺言，追求真理，追求光明，谨记校祖遗训：行胜于言。

最后，让我们再次以热烈的掌声向基地的领导，向为完成军训任务付出艰辛劳动的教官们，向每天陪伴你们、无微不至地关怀着你们的班主任老师，以及为军训的圆满成功默默无闻做出贡献的宣传人员、后勤保障人员表示衷心的感谢！

家和万事兴

再过几天就是中国传统节日农历新年，在佳节到来之际，我向师生们表示祝福，祝老师们身体健康，家庭幸福，万事顺意！祝同学们学习好，性格好，脾气好！

在此首先通报两件事情。

第一件：某天晚上，学校的保安将衣服晾晒在宿舍外，不知何方歹人，利用夜黑人少之机，把学校保安工作服的扣子全部扯掉，把剩饭剩菜倒进上衣口袋，袜子也被烧坏了。

针对该事件，我要问同学们，你会做何感想？但我要说，当事者的行为已不是简单的违纪问题，而是已上升为品质问题、道德问题、触犯国家法律的问题。这位歹人，你要警惕呀，勿以善小而不为，勿以恶小而为之。

第二件：某个周六的中午，大约1点，两名高年级的学生到体育馆打球，由于门已锁上，两人就合力踹门，结果把门的玻璃踢坏，此时负责体育馆的老师发现了此情况，赶紧过来处理，结果，肇事者像兔子一样快速逃走。今年是兔年，兔子本来是吉祥之物，“兔”气扬眉嘛。但我要说，这两只“兔子”不是真正的“真光兔”。

这两件事发生后，很长一段时间，我都很纠结，常常想：作为有情有义、有思维的人，怎能在大白天去做“鬼”呢？咱们站着就要堂堂正正地做人，做人就要头顶蓝天，脚踏实地，也可以说是，头顶道德的准则，不触法律的底线，不越雷池半步，否则就要突破道德和法律的底线，走上邪路，成为家庭的耻辱、学校的耻辱、国家的耻辱。

家和万事兴。我想“和”应该成为2011年真光中学的主旋律，“和”不仅是和谐、和睦、和风、和畅、和暖、和好，更应该是真光大家庭齐心合力、奋发向上、你争我赶、互帮互助。大家知道，今年网络最火的一个词是“给力”，在此我要说：积极进取的教师团队“给力”；充满朝气和活力的学生团队“给力”；充满关爱的家长“给力”；2011年真光中学一定“给力”。

不同态度，不同结果

三只青蛙在觅食中，不小心掉进了路边的一个牛奶罐里，罐里还有为数不多的牛奶，但是足以让青蛙们体验到什么是灭顶之灾。一只青蛙想：“完了！完了！这么高的牛奶罐，我是永远也出不去了。”于是它很快就沉了下去。另两只青蛙鼓足勇气，一次又一次地奋起、跳跃，可总不见效果。第二只青蛙想：“我的力气快用完了，什么时候才能跳出来?”它也渐渐地沉了下去。可是第三只青蛙并没有沮丧、放弃，而是不断告诫自己：“上帝给了我坚强的意志和发达的肌肉，我一定能够跳出去。”不知过了多久，它突然发现黏稠的牛奶变得坚实起来。原来，它的反复踩踏和跳动已经把液状的牛奶变成了一块奶酪，它从牛奶罐里轻盈地跳了出来，重新回到绿色的池塘里，而那两只沉没在罐底的青蛙，做梦都没有想到会有机会逃离险境。

不同的态度，不同的结果。每每面对困难和挫折，大致有三种人，第一种人胆怯、懦弱；第二种人意志不坚定，半途而废；第三种人意志坚强，坚持到底。

同学们，人生一开始就像是一张空白的五线谱，你们的每一次努力都会在这张五线谱上写下一个新的音符。高二的春天即将来临，十六七岁的你们就要开始谱写一个新的乐章。老师们所希望和期待的是，用你们丰富而永远美丽的心，为自己谱写一曲最精彩的人生之歌。

最后，我要送四句话给高二年级这个积极向上、充满活力的团队：态度决定高度；习惯决定成绩；细节决定成败；心态决定命运。

没有最好，只有更好

明天上午8：30我校将迎来广东省德育示范校的验收。我校分在第一评估组，组长由中山大学现代化研究中心主任、教授、博士生导师冯增俊先生担任，其他四位专家来自广东第二师范学院，以及佛山、中山和江门的高等院校。

本次评估主要有8个环节：察看校园文化环境，自评报告，随机听课，教师及学生问卷调查和座谈会，教师和学生专访，家长话访，反馈评估意见。从评估督导内容可见，本次评估不仅仅是针对德育，实际上是对我校的校园文化、德育特色、课堂教学、核心文化渗透、精神文明建设等情况的一次全面考核。

为了做好迎评工作，在此提出几点建议，与大家共勉。

公寓与教室环境。本次评估的第一项内容就是察看校园文化环境，其中的一个关键点就是公寓。为此，住宿生周二的早锻炼暂停，起床后，各宿舍长组织舍员全面清理宿舍的卫生。人人要做到被褥叠放整齐，各类物品摆放有序，地面干净整洁。当然，平时大家本应做到，只可惜经常留有遗憾。现在天气热了，把公共卫生搞好，时时注意个人卫生，你们说，谁是最大的受益者？教室环境，要做到窗明几净、干净整洁、物品有序，并注意营造班级文化氛围。班级是大家的学习之家，有好的氛围才有好的心情，有好的心情才有好的学习。

随机听课。教育，就是既教书又育人。随机听课的时间是上午的3、4、5三节，请有课的老师做好准备。上课的过程不仅要传授知识，还要时时渗透德育教育，它包括人文关怀、民族精神、学法及生活指导、心理健康教育渗透等。同时学校还推荐了三堂示范课，分别是高二（10）班的政治课、高二（1）班的心理课和高一（16）班的历史课，任课教师分别是陈钊荣、蒋蔼瑜、宋玲。这三节课都在第三节。请科长组织本学科的老师观摩学习，同时也欢迎其他学科的老师指导。

问卷调查、座谈会及专访。问卷调查、座谈会及专访的内容虽有十多项，但只要大家熟悉六项核心文化和注意问答技巧，所有问题都是“浮云”。

参与问卷调查、座谈会及专访的老师和同学除了了解、熟悉学校的情况外，还要注意一个问题，就是要看清或听清问题，然后再作答，不要表意相左，更不能片面理解问题。比如“家访”，不能片面理解为老师到学生家才叫家访，现在的家访可采取多种方式：电话、互教通、网络、家长会等。再如“心理教育”，不能片面理解为心理老师上的课才叫“心理教育”，它的形式也是多种多样的：心理课，个案辅导，专题讲座，校会、级会、班会的心理健康教育渗透，课堂上的心理健康渗透，家校联动关注大家的心理变化并给予适时帮助等。

主题教育活动。下午第 8 节（15：40—16：20）还安排了三堂主题教育活动。一是主题班会课“畅想未来”，由高一（11）班承担，班主任为王方容，活动地点为高一（11）班。二是团体心理辅导，由高二（14）班承担，班主任为陈云芳，参与该项活动的还有该班任课教师和级组的热心同志，活动地点为真光楼一楼的音乐室。三是团队活动——团委、学生会换届，该项工作由叶柄健书记负责，地点为多媒体一室。

这三堂课的参与主体既有学生，也有老师，将全面展示我校主题教育的特色：全员参与，团康辅导，学生民主与自治。

主动参与，做好东道主。真光百年的发展史、十年的奋斗史，离不开社会各界的支持与帮助，也离不开教育主管部门关键时刻的扶持与提供的机遇，更离不开一辈辈“真光人”的付出与牺牲。明天的迎检工作又将为真光中学的发展提供一个全新的平台，作为“真光人”，要心怀感恩，更要发愤图强，用我们的文明、热情与活力感染和打动即将到来的专家与领导！同时，我们还要换位认识督导工作，专家们的到来不是给我们增加负担的，也不是专门来挑刺的，而是来帮助我们工作的。专家们在当地都是有名的教育专家，这样好的学习机会，我不会错过，我想老师们、同学们也不会错过。无论在走廊还是在教室，要主动与专家交流，展现你的风采，让他们感觉到，真光中学不但出“帅哥”、出“潮女”，而且个个“帅哥”有内涵、有修养，个个“潮女”有思想、有理想、有追求。

本次评估验收，广州地区只有六所中学有资格参加，而且在未来三年内全省所有中小学都要参加中小学德育绩效评估，可见在这项工作上我校走在了全市乃至全省的前列。广东省首批德育示范校距离我们只有一天的时间，一步之遥。我相信有大家的积极参与和支持，一定能圆满完成这一任务，因为“真光人”做事的原则就是“没有最好，只有更好”。

流血的手指才能弹出世间的绝唱

从今天开始，你们的高三生活将正式开始。

经过三周的调试和休整，大多同学已做好出征的准备，有的同学还处在茫然、懵懂之中，针对高三学习与生活的特点，在此对大家提出几点希望：

一是激情。激情能给平淡、单调、机械的高三生活带来一点乐趣。正如恩格斯所言，“现代的命运，取决于青年人崇高而奔放的激情”。智慧的最大成就，也许要归功于激情。

二是节奏。当快则快，当慢则慢，保持一种节奏，学习就不会感到很疲乏，学习的效益就能较好地体现。当效益产生时，大家就能体验到成就感，感受到高三“痛”并快乐的生活。

三是危机。“适者生存，优胜劣汰”，这是一个自然法则。当今社会无时无刻不充满竞争。高考作为目前最公平的选拔考试，其残酷性也不言而喻，“千军万马过独木桥”。如果没有一种危机感，温水煮青蛙的故事，想必大家还没有忘记青蛙的最终结果。

四是责任。现代公民具备的一个基本素质就是责任感。一谈到“责任”，不能空泛地理解为读书就是为了民族的振兴、国家的强大，说得更加实际和贴切一点，就是个人的人生职业规划该如何走的问题，“不是世界给予我们什么，而是我们为世界创造什么。不是别人给了我什么，而是我为别人带来什么”。请大家记住，高三学习，目标要远，品位要高，意志要坚。

五是定力。外面的世界很精彩，精彩的世界很无奈，无奈的背后多诱惑，诱惑的背后有“魔咒”。所以高三生活，大家要有一种定力，让自己心无旁骛、专心致志、聚精会神，要能够让自己迅速进入状态，按捺住自己一颗躁动的心，“静得下、坐得住、学得进”，只有这样才能“水滴石穿”“铁杵磨成针”。

六是行动。每天都是 24 小时，所以大家有效的学习时间不是延长出来的，而是挤出来的。如何挤？一个字“快”。高三拒绝慵懒、拖沓。

最后送四句话给同学们：高三的学习生活，要有理想，因为有理想在的地方，地狱也能变成天堂；高三的学习生活，要有希望，因为有希望在的地方，痛苦也能成就梦想；高三的学习生活，要能耐挫，因为只有经历“春夏秋冬”的磨炼，才能练出创造奇迹的力量；高三的学习生活，要有刻苦的精神，因为只有流血的手指，才能弹出世间的绝唱。

宝剑锋从磨砺出，梅花香自苦寒来

从今天开始，大家的高三生活将正式开始。经过近三周的休整，看到大家的眼神，我能感觉到绝大部分同学已做好出征的准备，但个别同学的眼神还有些飘忽、茫然和懵懂。

在此我先提第一个问题：在福建的武夷山地区盛产一种乌龙茶，名叫“大红袍”，有谁知道为何取这个名字？据说，当年武夷山地区的一位官员得了一种怪疾，遍访名医都没能治好，结果他喝了武夷山的一种乌龙茶，病情逐渐好转，月余就痊愈。为了感恩，官员盛装来到茶园，除了给茶树奉上丰厚的贡品，还把自己披在身上的大红袍解下盖在茶树上，从此这种乌龙茶被人们称为圣茶，并赠以“大红袍”的美名。也就在这一年，乾隆皇帝下江南正好路过此地。官员就用当地最好的“大红袍”接待圣驾。乾隆皇帝喝了一杯茶，感觉除了苦没有别的，心情不悦，起身就要走，人还没有走出县衙，嘴中的苦开始发生变化，莫名的甘香越来越浓。此时的乾隆皇帝浑身通畅，准备上轿的他，转身又回到了县衙，继续慢慢啜饮。所以说，“大红袍”的特点就是苦尽甘来，齿留余香。

下面我就要问第二个问题：古时的百姓，几时穿大红袍？金榜题名时。古人金榜题名时，穿上大红袍，骑上高头大马，在乡里骑游，光宗耀祖。大家想一下，金榜高中，是一件轻而易举的事情吗？它要经历十年寒窗，春去冬来，四季更迭；它要经历头悬梁锥刺股，凿壁借光，最后才赢得“苦尽甘来，金榜题名时”。

接下来我要问第三个问题：高中三年学习与生活，你们是为“升大学”做准备，还是为“读大学”做准备呢？如果选择为“升大学”做准备，它强调的是“分数”的唯一性，只要能考高分，其他都可以退其次，或者忽略不计，学生更多体味的是学习过程的“苦”和“伪”。

镜头一：班级挂满吊瓶，学生仍坚持备考；看到此景，我并没有被青年学子的孜孜以求所感动，而是产生了莫名的感触。同学们，“身体锻炼好，才能保卫钓鱼岛”啊！

镜头二：高考结束，课本撕碎，天女散花，读书人的本色尽失。试想一下，一个不喜欢读书的老师能是好老师吗？一个不爱书的学生能成为好学生吗？一个不喜欢读书的民族，它的“复兴梦”能实现吗？一个死读书的国家，它的强国之梦能成为现实吗？

镜头三：毕业典礼结束，背起书包，决然离开校园，没有回望，没有留恋，记忆中曾经的美好——心之爱、行之善、品之美，已被高三的“忙碌、分数、压力”摧残得荡然无存。

镜头四：班级伪文化。“只要学不死，就往死里学”，总是将人生中最美好的一段年华与最伤感的话题联系在一起，在如此的氛围里，能快乐学习，高效备考吗？

镜头五：个人伪励志。“超越一分，干掉千人”，有同学把干净的桌面变成他的涂鸦板，然而高考的成绩告诉我们，“个人的志”要刻在心灵，落在行动。请大家谨记校祖训导“行胜于言”。既要实干，更要巧干；实干代表的是态度，巧干显示的是智慧、高效，是自己解决问题的能力。

如果大家选择为“读大学”做准备。那我们就要细细品味高三的“苦”。

苦瓜苦，它可以解暑和去毒。咖啡苦，它可以消脂和解乏。高三苦，它见证你的雏鹰展翅：求真、求善和求美；它磨砺你的心智和情志：真情、真实和真理；它敲打你的梦想和追求：识人之美、成人之美和美美与共。

同学们，“宝剑锋从磨砺出，梅花香自苦寒来”。进入高三，同学们时不时就要亮一亮手中的“剑”，晓社的“亮剑精神”是什么？我认为晓社的“亮剑精神”应该是仁爱、尊重、宽容、习惯、责任和自律，渴望“自由”的同学先不要说高三我能做什么，要先想清楚高三我不能做什么。进入高三，即将成年的你们还要“识梅花之香”，“静能生慧，净能健康，敬能养德，竞能发展”要成为大家高三生活的主旋律。因为学校是读书的地方，学生养成良好的读书习惯，是未来可持续发展的基础；学校是育人的地方，学生养成良好的人格、品行和心理，是未来可持续发展的保障；学校是育才的地方，激发并发展学生搜集和处理信息的能力、获取新知识的能力、分析解决问题的能力以及交流与合作的能力，是学生可持续发展的核心。

老师们，同学们，风雨同舟，一路相伴。请记住我们今天聚会的主题：激情、定力、专注、行动、辉煌。

老师们，同学们，海阔凭鱼跃，天高任鸟飞。明年的6月，用数据说话，重点本科目标230人，普通本科目标750人。

同学们，你们准备好了吗？你的青春，你做主；你们的青春，你们做主。

这里是机遇与挑战并存的舞台

10月21—23日，我校9名老师参加了全国十大名校之一的河北衡水中学主办的全国高三教学策略研究会。

衡水中学是全国第一个提出素质教育更能提高升学率和把学校建成“精神特区”两个新理念的学校。在这两个新理念的指导下，学校获得了持续、健康、快速的发展，连续17年夺得河北省高考第一名。以绝对优势连年取得河北省高考文、理科状元，河北省文科前10名、河北省理科前10名及重点本科录取率位居全省第一。

衡水中学作为经济欠发达地区的一所学校，是如何创造这一辉煌的高考成绩的？带着疑问和期待，我们走进了传说中的衡水中学。

镜头一：“这里是机遇与挑战并存的舞台，这里是失落与梦想交织的赛场，这里是耕耘收获的田地，这里是憧憬与渴望齐飞的天空。这里就是衡水中学，一个会给你落寞也会给你辉煌的地方，一个会给你挫折也会给你奋起的地方，一个能给你梦更能给你翅膀的地方。不要问衡水中学能给你什么，而要问你能够从衡水中学得到什么，梦想离你有多远，衡水中学从不会告诉你准确的答案，它只是给你无限的可能。”这是已被清华大学录取的衡水中学毕业生王伟的一段话。他的话语告诉我们，衡水中学是个培养人才的摇篮，来到这里，只要你充满激情，脚踏实地，严于律己，就能实现自己的梦想。

镜头二：上午10点，衡水中学的跑操开始了。他们以班级为单位进行跑操比赛，全体同学快速而有序地跑到指定地点集合，集合后，每班的队伍都迈着整齐划一的步伐，同学之间始终保持30厘米左右的距离，各班都有自己的励志口号，比如，高三（1）班同学高呼“非同一般，勤奋好学，追求卓越”，高三（2）班同学呐喊“团结协作，顽强拼搏，齐心协力，战胜自我”等，五千多人的步伐，五千多人的口号，震撼着校园。

镜头三：衡水中学流传着一句口头禅“两眼一睁，开始竞争”。学生早晨起床后用15分钟穿衣、收拾床铺、洗漱、整理卫生，然后到操场列队出操，在这短短的时间里就包含了七个“争”：争起床速度快，争宿舍卫生质量好，争到操场列队早，争早操队列整齐，争步伐矫健，争口号响亮，争精神面貌朝气蓬勃。

学生就是在这种竞争之中开始一天的学习与生活。

镜头四：走进衡水中学的每间教室，只见每一张课桌上都摆满了各种学习资料，墙上张贴着学生自己书写的座右铭，如“高考夺魁，舍我其谁”“努力才有机会”“超越自我，追求完美”“梅花香自苦寒来”……每一张座右铭中都洋溢着衡水中学学生自信、自强、拼搏、超越的人生信念。在每个教室门口的墙壁上都张贴着班级风采牌，上面写着班级誓词、治班方略、奋斗目标、班主任寄语等，这一切无不激励着全体师生努力工作、刻苦学习。

镜头五：信步来到宿舍区，惊叹于衡水中学的宿舍文化建设。“寒梅墨香”“星尘物语”“灵感门”“遐韵轩”“女子屋”“兄弟连”一个个有趣的宿舍名字映入眼帘。窗明几净，地面清洁光亮，被褥折叠标准，屋内空气清新，物品摆放整齐，文化气息和谐。大家都在说，这哪是学生的宿舍，这简直就是一个温馨的家。

镜头六：有幸听了高三的一节论述类文本复习课，衡水中学的课堂是朴实的，也是高效的，教有方向，学有目标。同时还翻看了他们的课堂笔记、试卷和语文“自助餐”等，处处体现教师工作的细致、关怀和高效。

以上镜头，只能算是花絮，衡水中学能连续创造出这样的教育奇迹，确实有许多因素，绝不仅仅是我们看到的这些，我想应该有更深层次的东西和历史沉淀的东西。所以，对于衡水中学的经验，我们应该结合真光中学的办学理念、历史文化、新时期的定位及在广州教育界的地位，采用拿来主义的原则，全员参与，加强风气建设，严抓细管，形成“入室即静，入座即学”的良好风气；加强校园文化建设，激发鼓励，让学习的激情燃烧起来，让生活的节奏快起来；加强学习目标和人生目标建设，明确教室、食堂、寝室的功能，打造高效课堂，打造书香校园和阳光校园。

最后，我用衡水中学“格致楼”上的“三问”警句来结束我的发言：“我到衡中来干什么？我要做什么样的人？我今天做得怎么样？”

反过来，我要问同学们：“你到真光来干什么？你要做什么样的人？你做了吗？你做到了吗？”

找问题是为了更好地前进

今天中午，个别同学翻过生物园的围墙，叫外面的人把饭送进校园。我要问同学们，围墙代表着什么？栅栏代表着什么？作为高三的学生要有清晰的认识。俗话说，一尺墙三尺法。这个“法”是法律的“法”、宪法的“法”。

关注自己的身体，关注自己的健康。学校虽然三令五申不要把白色垃圾带进校园，不要把餐食带进教学区和宿舍，可是有的同学总认为这是小事。

在此我要给大家提供一组数据，希望大家引起重视和关注。去年高三毕业生体检，检出多例异常情况：检出肺结核 3 人，其中 1 人休学，其余 2 人因病影响学业，不然可上重点本科；检出转氨酶偏高的人数，第一次检查查出 17 人，复检仍有 5 人，最后检查仍有 1 人。以上情况以前是非常少的，究其原因，医生说，一是学生的作息没有规律，二是乱吃东西，特别是经常食用一次性饭盒盛放的食品。

考完试，学生应该做什么？任课教师要给予指导，班主任更要及时跟进，及时给予引导，管理上更要从严。从这几天早读、晚自习的情况看，都有让人不满意的地方：迟到、讲话、用餐、东张西望、精神恍惚等。在此我要特别强调“入室即静，入座即学”，否则，就不要在教室影响他人。

长风破浪会有时，直挂云帆济沧海

再过两天就是一年一度的高考，在此，我代表学校向辛勤工作的老师们说声“你们辛苦了”；向历经十年寒窗苦，渴盼金榜题名时的同学们道声“长风破浪会有时，直挂云帆济沧海”。

几年的中学时光如白驹过隙，转瞬即逝。

弹指一挥间，两年前的男孩已成长为家长眼中的“高富帅”，当年还有些羞涩的小女孩已出落成“白富美”。相信中学生活的酸甜苦辣，给在场的每个人都留下了弥足珍贵的回忆；相信在真光中学几年的学习与生活会成为你们未来发展的不竭动力。

面临毕业，环顾左右，面对熟悉的一切，相信你们一定会感慨万千，留恋不舍。

同学们，请留意你身边的真光园。

红墙绿瓦，绿树成荫，鸟语花香。是它，包容了你们的懵懂无知；是它，孕育了你们的睿智果敢；是它，给了你们展示自我的舞台。“尔乃世之光”的校训，“行胜于言”的校祖遗训，崇实求真的学风，心怀大爱、做小事情的德育追求将使大家终身受益。

同学们，请留意你们身边的老师们。

衣带渐宽终不悔，为伊消得人憔悴。正是他们的辛劳付出、无私奉献，使你们在发展方向上拥有了充分的个性空间；正是他们的关怀，使你们可以自信地面对任何艰难困苦；正是他们的呵护，使你们即将顺利完成学业，接受祖国和人民的选拔；正是他们的宽容，使你们的错误可以被谅解，你们可以按自己的方式、理想、爱好，学会生活，善待生活，追求生活。

同学们，请留意你们身边的父母。

一路风雨兼程，家长为你撑起一片灿烂无比的晴空，用细致无私的爱，给了你温暖的港湾和不断前行的力量。为人父母，尽的是责任，挑起的是义务，求的是孩子的快乐成长：有梦想去追求、有责任敢担当、有爱心懂感恩！

同学们，请留意你身边的“遗憾”。

面对即将结束的高中生活，在回味精彩的同时，也许还有一些遗憾吧，那么多精彩的课堂，大家已经来不及聆听；那么多精彩的活动，大家已经来不及参与。也许还有一些愧疚吧，面对要求严格的老师，大家总有各种理由为自己年少轻狂时的青涩行为掩饰、开脱。在此，老师不是责怪你们，而是告诉你们一个秘密，我们也年轻过，我们也在“山楂树下”留恋过，只是风雨过后，一切都化为粉色的记忆。

同学们，今天是你们的毕业典礼，看着充满朝气的你们，作为师长，“斗胆”在此提出最后几点希望：一是请认真保存好你们的每张合影，因为合影上的灿烂笑容已经定格在“真光元素”的永远记忆中；二是请用力拥抱每一个你们喜欢、欣赏的人或曾经帮助过你们的人，因为对于有些人来说，分别意味着以后见面的机会屈指可数；三是请你们对曾经起过争执冲突的人说声“对不起”，不要再追究谁对谁错，不要把友情的缺憾带入今后的生活和学习，否则你就要为自己曾经的“鲁莽”买单；四是请你们用真诚和挚爱表达对真光园内所有教职工的谢意，不管你喜欢还是不喜欢，正是因为他们的存在，你们才可以安全地、舒心地学习和生活；五是请拿出决斗的姿态，因为高考的冲锋号已经吹响，现场的你们就是战士，是战士就要亮出你们的“艺芸神剑”！让“皇天后土”检验艺芸学子“舍我其谁，艺芸必胜”的信心和决心；让“金日明月”见证艺芸学子“笑傲江湖，功成六月”的豪迈与荣光！

忆往昔，峥嵘岁月稠。数风流人物，还看今朝。

打破心中的完美形象

发展心理学告诉我们，青春期的学生向往异性、接近异性是一种正常的心理反应。男女生之间的正常交往是无可厚非的，但是在实际交往中，部分同学出现异性交往困难或异性交往过密的问题。

下面我来谈谈如何与异性健康交往。

一是在和异性交往的过程中，不要让自己带有一种目的，自然就是美的，要问心无愧，自然大方。

二是采取集体交往的方式，避免单独的接触。

三是在与异性交谈中，要让人感到你的诚意和值得信赖。

四是要分清友谊和爱情。爱情的三要素：激情，看到对方就特别开心；亲密，任何事情都想与其分享；责任，将对方考虑到自己的未来计划中并为之努力。青春期的男女互相欣赏优点是很正常的，但要记住，不要把别人的欣赏、帮助、同情等当成爱情，想入非非。

五是为避免产生与异性交往过密的问题，可以采取以下两种方式：一种方式是转移注意力，把注意力转移到自己喜欢干的事上或与好友交谈；另一种方式是客观评价自己所喜欢的人，人无完人，每个人都有很多优点，也有很多缺点，也就是说，当你欣赏别人的 10 个优点时，优点的背后还隐藏着 10 个缺点，有的缺点可能是性格的缺陷，有的缺点可能是品德的缺陷，如不能了解，对自己来讲都可能是“致命”的，轻者浪费青春，重者幸福生活不再。所以说，青春期的男女要理智、理性，更要打破对方在心中的“完美形象”，切勿意乱情迷！

同学们，岁月如歌，青春无悔。

保持一颗平常心

一位科学家做过一个实验：让10个人穿过一间黑暗的房子。在他的引导下，10个人都成功过去了。然后科学家打开房间的一盏灯，所有的人都惊出了一身冷汗，他们看到的是刚刚走过的窄窄的小木桥和桥下的数条大鳄鱼。

科学家问："现在你们还有谁愿意再次穿过这间房子呢？"无人回答。

过了很久，有3个胆子比较大的人站了出来，其中一个小心翼翼地过去了，速度比第一次慢；第二个颤颤巍巍地踏上小桥，走到一半时，竟然只能趴在桥上爬过去；第三个刚走几步就一下子趴下，再也不敢移动半步。

科学家又打开房间其他的灯，这时，他们才发现桥下有一张安全网。科学家问："现在谁愿意过这独木桥？"剩下的7个人又有5个人站出来。"你们为什么不愿意？"科学家问剩下的2个人。"这张网安全吗？"他们异口同声地反问道。

听了故事，同学们有什么想法？

很多时候，成功就像通过这间房子中的独木桥，过不去不是自己力量不足或不够聪明，而是周围环境的影响。而对于糟糕的成绩和遇到的困难，如果失去平常心，慌了手脚，乱了方寸，胜利会离我们越来越远。所以，同学们不要被周围的高手和眼前的困难吓倒，保持一颗平常心，反思自己失败的原因，打起精神，向着自己的理想冲刺！

青春真美

18岁，朝气蓬勃，清新芳香；18岁，指点江山，斗志昂扬。18岁，是生命航线上的又一个新起点；18岁，是人生旅途中的又一个里程碑。今天，广州市第二十一中学高三的同学们在老师和家长、杭州第十一中学的嘉宾和老师，以及广州市首期卓越中学校长培训班学员的见证下，庄严宣誓，喊出青春的誓言，从此告别稚嫩、烂漫的过去，掀开了肩负着成人神圣责任的崭新一页。

今天的成人宣誓在学校的大操场举行，与往日不同的是今天的运动场更加喜庆，主席台正中挂有“十八岁的青春”的背景板，主席台的两侧是学生成长记忆片段的回顾图片，操场两侧是树荫浓密的榕树，高三的学生全部穿上整齐的礼服，家长们也满怀喜悦地三五一堆，利用典礼开始前的片刻交流互动。

本次成人礼的主持人是雷志勇主任。宣誓仪式的第一项是升国旗、唱国歌，整个会场肃穆庄严，仰望国旗，大家高唱国歌，表达中国人的雄心壮志及爱国情怀。

接下来是戴东祥校长发表《十八岁的青春》寄语，明确告诉学生们，18 岁是你们人生道路上的重要转折点，它象征着你们的人生历程又掀开了崭新的一页，它意味着你们应该承担起家庭、社会和民族的责任与义务，告诫学生“天下兴亡，匹夫有责”。“成人”虽是一个普通的字眼，但它对人的成长经历的划分有着强大的警醒作用。它分明在及时地告诉你，你已经长大成人，不再是顽童，不再是孩子，不再需要太多的看管与叮嘱，不再需要太多的呵护与搀扶。你有了理智的头脑，健康的体魄，公民的权利、责任和义务。你要自信地昂首面对社会，你要努力思索该怎样更好地报效祖国，为人民服务。最后戴校长语重心长地说：“孩子们，18 个春秋已过去，你在风雨中成长；18 个冬夏已过去，你的体内浸透了父母、老师的关爱与辛苦。18 岁以前，有作为监护人的父母为你们遮风挡雨，有爱你们的老师在左右搀扶；18 岁后，你们将独自面对道德约束，独自承担法律责任，你们的一言一行都将接受良心、道德和法律的考验。18 岁，该是可以‘齐家、治国、平天下’的时候了。从今天起，你们会发现这个世界舞台真的很大，社会生活真的很精彩。从今天起，你们只有用‘爱心与责任’来描绘你的人生蓝图，才能不被将来的社会淘汰，才能适应更加激烈的生存竞争，才能回报你的父母、师友和社会，才能向祖国献上自己真挚的爱。同学们，青春给予你们激情，你们就要热烈地拥抱生活；青春给予你们力量，你们就要执着地拼搏追求；青春给予你们思考，你们就要理智地处人面世；青春给予你们勇气，你们就要无畏地接受挑战！”

戴校长的寄语犹如醍醐灌顶，获得了全场最热烈的掌声。此时高三优秀家长代表已做好准备，只见她款款走向演讲台，满怀深情地发表了《孩子，我为你喝彩》的演讲。

高三优秀家长代表的讲话主要表达了三层意思。一是对于即将成年的广大学生提出三点要求和希望：“首先是坚守，18 岁的你们将离开父母的怀抱，独立面对人生。置身于这个精彩繁华而又充斥着浮华的世界，希望你们不要迷失了自我。也许你会沾上俗念，但是永远都要坚守美好的人格；也许你会看到邪恶，但是永远都要坚守善良的天性；也许你会因受挫而迷茫，但是永远都要坚守自信和理想。其次是担当，社会赋予成年人的除了权利，更多的是义务与责任。无论是对国家和社会，还是对个人和家庭，你们都要挺起胸膛，担当起责任。国家要振兴，家庭要建设，个人要发展，孩子们，你们肩上责任重大啊！最后是感恩，没有父母的养育，就没有你们的生命；没有老师的教诲，就没有你们今天的学识；没有朋友同学的关爱，就没有你们健全的身心。感恩没有可以衡量的标准。只有当你真正成熟起来，你才会把感恩之情奉献给你人生中的每个人、每件事和“美”时“美”刻。二是借此机会对学校和老师们表达最诚挚的感谢。三是借此平台，对广大的家长也提出希望和要求，希望家长做孩子的朋友，倾听他们的精神需求，还要做好他们的后勤工作，全力保驾护航，坚定地支持孩子去追逐梦想。同时还告诫孩子们，高考不是你们的唯一目标和追求，你们要打好基础，养成良好的习惯和品格，这才是大家可持续发展的不竭动力。”

听罢家长代表的肺腑之言，学生代表的发言让我对广州市第二十一中学的学生更加刮目相看。学生代表的发言没有太多的客套和废话，重点突出“感谢”与“感恩”。一是向朋友寄语祝福，感谢他们多年来与自己一同走过平坦和坎坷。二是向老师道几句辛苦，感谢他们的谆谆教诲，把一个个懵懂的少年培育成茁壮的青年。三是感谢他们的父母，他们无价的爱虽没有钻石的晶莹、翡翠的夺目、珍珠的耀眼，它拥有的只是一种平凡、简洁与质朴，它舍去了繁花似锦，却留下浓浓回味。夜深时，热腾腾的牛奶；生病时，焦灼的眼神；失落时，温情的抚摸；成功时，鼓励的话语……点点滴滴，流露出父母无尽的爱。而今天，千言万语只汇成一个词——感谢。

最后是所有宣誓学生面对国旗，左手持宣誓词，右手握拳举起，在国旗前庄严宣誓，他们许下的不仅仅是诺言，更主要的是种下了信仰、责任和坚毅的种子。

星星之火，可以燎原。回眸自己的18岁，我曾戏言，那时的我们不懂“爱情”，面对自己的前途，十分茫然；而今再看“18岁”，我对其有了新的定义：“1”代表的是顶天立地；“8”代表的是上下两体的合作，上半部分代表付出，下半部分代表幸福；“岁”代表的是只争朝夕才能登上知识的山巅，才能登上人生的顶峰。

“鸿鹄高飞，一举千里，羽翼已就，横绝四海。”

写给18岁的孩子们！

曜社青年的梦想

——献给2016年真光曜社18岁“成人礼”的歌

宣誓告别少年郎，谨言笃行有担当。
明确目标定方向，坚毅品性扬帆航。
探求真知潜心学，注重细节习惯良。
披荆斩棘勇攀登，超越自我志四方。

宣誓告别少年郎，心怀感恩曜真光。
恩师引领沥心血，父母呵护伴身旁。
川流汇海沙聚塔，科学备考创辉煌。
师生携手齐奋进，笑傲高考梦飞扬。

家校共育

常怀感恩之心

——荔湾家庭教育学院中国科学院大学培训班结业总结

美好的时光总是过得很快。

五天的学习，在我心中沉淀的就是三个词：感恩、不舍与反思。

感恩什么？一是感恩中国科学院大学给我们提供的良好的学习生活环境。“APEC 蓝”的浸润，让我们领略了“中国科学院大学人”的求真、务实与创新。二是感恩给我们授课的教授和专家。他们教给我们的不仅是知识和技能，更主要的是跟随教育大师起舞，让我们发现了自己能够成为家庭教育名师和大师的潜质。三是感恩荔湾区委、区政府、区教育局的领导。荔湾家庭教育学院工作的全面推动，让我们看到了荔湾教育的春天。四是感恩三生教育基金会的张明源会长。会长灿烂的笑容和深邃的眼神刻在我记忆的深处。

不舍什么？不舍的是三生教育基金会的工作人员，他们的高效工作和贴心服务，让我们感受到“生命、生存、生活”的意义和价值；不舍的是我们全体在座的学员，为了感谢学员们对我工作的支持，我给全体男学员起了一个共同的名字“高富帅”，给全体女学员起了一个共同的名字“白富美”，白在眼界，高在境界；富在学识、学养和学习的能力与决心；美在其行、帅在其行，内涵就是“因材施教，真爱学生，用心陪伴，师生共同成长，关注成绩，更关注品行”。

反思什么？过去我们是儿女、父母，我们要反思：什么是家？有父母在的地方就是家，有儿女在的地方就是家。什么是家庭教育？家庭教育不仅仅是说教，也不仅仅是父母教育子女，而应该是双向的教育和影响，“行胜于言，言若不行，不若不言”。

现在我们是学员，我们要反思这五天我们学了什么、悟到了什么、将来如何用的问题。

将来我们是家庭教育学员的讲师，我们要反思：它的职责是什么？它与教师的职责有何异同？只是给家长和学生上上课、辅导辅导？若是这样，我想大家没有必要千里迢迢来到北京学习。我知道，在座的学员有很多是校长，校长要做的事就是提出“家庭教育整体提升方案”，主任和教师要做的就是落实方案，重在践行、提升和创新。帅与将的区别就在于帅谋全局，不在乎一城一池的得失；将谋一役，必须要有每战必胜的信心、勇气和行动。

最后，用一句话结束我今天的发言：人是山东的人，心是荔湾的心，情是“国科”的情，缘是三生教育基金会会长张明源的缘。

现代家庭教育要关注子女的全面发展

我在学生中做过一个调查：目前你的家长对你最关心的是什么？90%的学生的回答是两项内容，一是学业成绩；二是身体不要生病，也就是狭义的身体健康，真正的健康要包括学生的身体健康、心理健康。

我在部分家长中也做过一个调查：目前在家庭教育中你感到困惑的是什么？大多数家长的回答是孩子叛逆，不愿与家长交流，不愿听取家长的意见，不愿家长走进自己的私人空间。

家长如此关心子女，子女为何不买账呢？为何子女越大，家长感觉管起来越力不从心？

现代家庭教育最突出的缺点是活动太少而说教太多，殊不知孩子主要是在行动中，而不是在言论中成长的。所以，一位优秀的家长会把主要精力放在设计教育情景上面，注重子女的亲身体验，而不是把主要希望寄托在自己的说教中，天天唠叨换来的只是子女的厌烦与逃避。

现代家庭教育过程中，家长不要对子女过度地保护和担心，要把学习和生活真正交给子女，“春江水暖鸭先知”，要相信他们，家长只给予适当的帮助即可。

现代家庭教育过程中，家长往往重视子女的学业成绩与身体健康，忽略心理健康。身边的很多例子告诉我们，关注偏颇，孩子就会出大问题，轻则影响学业、工作和生活，重则使孩子成为“废人”，变成家庭永远的负累。

孩子好好学习，家长天天向上，在此我要特别提醒广大家长同志：孩子成人比成功重要，成长比成绩重要，体验比名次重要，付出比索取重要，巧干比苦干重要，勇敢比退缩重要，对话比对抗重要，激励比指责重要。

孩子们该如何选择？

故事的主角是一只蚂蚁和一只蟋蟀。蚂蚁每天忙碌着为自己准备食物，而蟋蟀什么都不干，每天在洞口快乐地唱歌。冬天到了，勤劳的蚂蚁在家里享受储备好的食物，快乐的蟋蟀却在饥寒交迫中悲惨地死去了。

讲完故事后，老师问学生："如果让你选择的话，你愿意做蚂蚁还是蟋蟀？"

有的学生说："勤劳的蚂蚁。"有的学生说："快乐的蟋蟀。"老师提醒说："蟋蟀最后可是死掉了，很悲惨的。"但结果还是近七成的学生选择做快乐的蟋蟀。

这个故事从表面上看是快乐与不快乐之争，其实是"现在快乐"和"将来快乐"之争。

蚂蚁选择的是暂时牺牲眼前的某些快乐，以换取日后的长远快乐；蟋蟀则相反，它选择的是只顾眼前的快乐，不管以后如何。

许多学生选择做"快乐的蟋蟀"，让我们感到震惊，但是仔细想一想，他们的选择又不是偶然的，不能简单地看成糊涂或者堕落，他们毕竟已是接近成年的学生。

为什么他们会赞成蟋蟀的选择呢？

因为他们心里有底，他们知道自己不是未来的蟋蟀，不会有蟋蟀的命运。

他们从家长的过度保护和过分关怀中早就看透了：无论我什么样，家长都不会不管我。虽然家长每天用下岗和失业、没有好的生活来吓唬我，其实我将来要是真的考不上理想的学校，没有理想的工作，他们肯定比我还着急。既然他们急得像火上房一样，我还着什么急呢？

现在社会上充斥着目光如豆的短期行为。周围都是"蟋蟀"，竞相比赛谁唱得欢，没有几个人像蚂蚁一样深谋远虑。在这种氛围里，要想孩子崇拜蚂蚁，确实太难了！

感受孩子们的欢乐，陪伴孩子们的成长

——真光中英文小学第十一届艺术节暨家长开放日

今天我们相聚在一起，共同参与广州市真光中英文小学第十一届艺术节暨家长开放日活动，在此，我谨代表广州市真光中学、广州市真光中英文小学，向各位领导、来宾及家长的光临表示诚挚的欢迎和衷心的感谢！

回顾过去，“真光人”洒下了汗水，收获了喜悦。广州市真光中学实施“宽银幕”课程，低进高出，高进优出，实现了跨越式发展，连续16年荣获广州市高中毕业班工作一等奖，7次进入广州市高中毕业班工作一等奖10强行列。年年有学生考上清华、北大、复旦、人大、浙大、南大、香港中文大学等全国顶级名校和牛津大学、剑桥大学、帝国理工学院、波士顿大学等世界名校。

真光中英文小学作为真光教育“一体两翼”的重要组成部分，创校虽然只有短短的十余载，但广大教职工谨记校祖“行胜于言”的遗训，传承真光文化，弘扬真光精神，坚持“以人为本，求真创新”的办学理念，以创建素质教育示范学校为办学目标，以培养全面发展的高素质人才为育人目标，努力打造英文及艺术教学特色。近三年，师生在国家、省、市、区不同类别比赛活动中，获奖累计1 300多人次，毕业班学生中入读真光实验学校、六中珠江中学、二中应元学校等名校的比例达到48%，教学特色及综合办学水平得到社会的肯定和好评，荣获“广东省绿色学校”“广州市一级学校”“广州市义务教育规范化学校”“广州市优秀家长学校”“荔湾区德育工作示范校”“广州市义务教育阶段特色学校”等殊荣。

我们希望，通过本届艺术节暨家长开放日活动，向社会各界充分展示真光中英文小学的办学成果，让我们一起感受孩子们的欢乐、感受孩子们的成长。

最后，祝愿真光中英文小学第十一届艺术节圆满成功！

遵循规律，因地制宜，构建家校教育合力

家庭教育是指在家庭，由家长（主要指父母和家庭成员中的成年人）自觉地、有意识地按一定社会（在阶级社会中为一定阶级）对培养人的要求，通过自己的言传身教和家庭生活实践，对子女施以一定的教育影响的社会活动。尽管家庭教育发生在家庭这一生活气息浓厚的场所，不如学校教育那样专业化、系统化，但它对孩子成长的影响绝对不逊色于学校教育。

一、追根溯源，解析规律

家庭、学校、社会作为教育的三种渠道，虽然在教育目标、内容、策略上各有不同，但常被人们视为影响一生的三股教育力量。从这个角度来看，家庭教育是教育的一个分支，具有教育的一般规律；同时，又因为家庭教育中教育者与受教育者之间特殊的关系以及发生场所和方式的极度生活化，所以，家庭教育与生俱来具有许多不同于其他教育形式的规律和特点，主要体现在以下四个方面：

1. 家庭教育扎根早、影响深

每个人一出生最先接触到的人便是自己的父母。无论父母是不是合格的家庭教育实施者，孩子都不可避免地、毫无选择地受到这股力量的影响。父母组建的家庭是否和睦很可能就决定了孩子对家的印象。这种类似于宿命的教育，是孩子来到世上的第一份礼物，不论好坏，其影响必定是一生的，也是刻骨铭心的。

2. 家庭教育施教者的个体差异大

每个人都是独一无二的，每个孩子的父母也是如此。作为家庭教育的施教者，社会无法像管理和考核学校教育中的教师那样来管理和考核家长，更无法确保所有家庭教育的施教者都能有必备的知识储备。有些家长有很好的教育学知识和心理素养，善于倾听，懂得尊重和理解，时常陪伴着孩子，一起健康快乐成长；而有些家长可能目不识丁，不重视教育，甚至一身陋习，给孩子带来较大的负面影响。施教者的个体差异极大程度上关系到家庭教育的质量，必须引起我们的重视。

3．家庭教育容易做到因材施教

一般情况下，一个家庭只有一个或两个孩子，而施教者又往往是孩子的父母和至亲，他们对孩子的情况是非常清楚的，这样的“师资”配备下，如果施教者的教育能力合格，很容易做到因材施教。而因材施教又恰恰是学校教育中，尤其是班级授课制中难以全面兼顾到的。

4．家庭教育缺乏监管和干预机制

学校教育有一套自上而下的管理体制，体制以内，学校教育的方向和质量得以统一和保障，而家庭教育则不然。家长作为家庭教育的施教者，同时也是一家之主。关起门来，法律和道德都无法在实质上对家庭教育的施教过程进行强有力的监管和干预。这样的局面下，家庭教育的质量完全取决于家长的认知和能力。

要形成家校教育合力，学校必须要采取有效的措施。只有根据自身的办学条件和方针，结合家庭教育的特点，整合资源，相互弥补，家校之间才能实现默契配合，真正构建起家校教育的合力。

二、因地制宜，构建合力

学校要根据自身条件和学生家庭的具体情况来完成学校教育跟家庭教育的“组合拳”，单靠某个人肯定不行，直接丢给班主任也是行不通的。要做好这方面的工作，必须统筹学校的相关人力和资源，从以下六个方面入手：

1．加大对家长学校的重视和支持力度，落实“一方统筹、多方配合”的家长学校管理制度

家庭教育施教者的个体差异大，很多家长缺乏必备的教育心理学知识。从这点出发，学校要想得到家长在家庭教育中强有力的配合，必须制定一系列家长培训课程，并利用恰当的时机组织家长参加学习、提升能力。这一系列家长课程的制定，需要一方统筹。而利用恰当的时机组织家长学习这些课程，则需要各年级的紧密配合。例如，可以根据不同年级、不同层次的学生家长所反馈的问题，有针对性地在家长会上开设相关课程，就家长在家庭教育中遇到的困惑提供指导。

当然，这一系列的统筹和配合，离不开学校领导对家长学校的重视和支持。家长学校的直接受众不是学生，而是学生的家长。只有健全这一块的工作考核评价体制，才能激发负责家长学校的教师的工作热情。只有将这一块的工作纳入级长和班主任的工作考核范围之内，才能强有力地获得年级和班级的紧密配合。

2. 整合校内外优质资源，打造家长学校系列精品课程

学校是专门的教育机构，有专业的教育工作者，因此学校可以承担起指导家庭教育的责任。学校可以通过开设系列课程，传播家庭教育知识，实施家庭教育指导；可以邀请教育行政部门领导、优秀教师、教育研究专家等向家长传达国家的教育方针、政策和法令，开设普及家庭教育知识的讲座或报告会，传授教育学、心理学、卫生学等方面的基础知识，弥补家长在家庭教育中相关专业知识储备的不足，使家长在实施家庭教育时更有成效；还可以结合当下时代发展的要求和新时期学生的心理特征，开展家长和学生共同参加的系列德育活动课程，培养家长与孩子之间的感情，强化家长对孩子的影响力，帮助家长打破自己和处于叛逆期的孩子之间的隔阂。

3. 借助家长建立全面而真实的学生成长档案，为学校教育的因材施教创造条件

我国的中学教育采用的是班级授课制，无论是班主任还是任课老师，想要全面了解班上的每一个学生都不是一件容易的事情。尤其是学生的过往表现和家庭情况，往往很难通过一两次家访全面了解。如果入学初便借助家长了解这些信息，并且科学有效地组织教师将这些信息运用到日常教育教学中，毫无疑问，教育教学工作必能更有成效地做到因材施教。

4. 邀请家长参与学校各项教育活动

长期以来，我国学校在课程实施中多采用专家模式，教师对课程实施具有主导权，而家长多是学校教育的一种咨询工具，家庭教育和学校教育的结合、渗透往往不够，难以形成有效合力。由此，我们可借鉴国外一些家校合作的成功经验，比如，英国让家长作为教师助手参与到教学活动中，日本学校成立 PTA（父母与教师联合会），诚挚地邀请更多家长广泛参与学校的各项教育活动。此举使家庭与学校结合在一起，可以帮助家长在诸多教育实践中丰富知识、深化认知，在日常的家庭指导中更好地找到着力点，有的放矢。分而言之，其重要意义如下：

第一，家长可在参加学校教育活动的亲身实践中对学校的育人理念和具体做法有更清晰的了解。家长熟悉学校教育活动的具体操作后，在家庭教育里跟进学校教育便可以更加有的放矢。例如，学校邀请家长参加了某主题的大型德育活动，家长知晓后便能用在家庭德育里。这样家校统一引导，德育必能事半功倍。

第二，学生看到自己的家长被邀请来参加学校里的活动，会受到充分鼓舞而更加投入、积极表现。如果是一堂班会课，学生肯定会聚精会神地参与进来。而且，学生有机会看到家长在学校里表现出来的另一面，也加深了对家长的认识和认同。如果家长在参与学校活动的过程中表现出众，学生心里肯定充满了自豪感。这种情感体验，无论是对日后的家庭教育还是学校教育，都是有百利而无一害的。

第三，不同学生家长一起来参加学校的活动，认识后相互交流教育经验，对彼此都有促进作用。一起探讨孩子在学业上遇到的困难，也更容易找到解决办法。

5．班主任借助学生的力量，对家庭教育实施巧妙干预

作为家庭教育的施教者，家长几乎没有任何门槛。不管家长有怎样的知识结构、道德水准、经济实力，他们几乎都会通过自己的言传身教去影响孩子，从孩子的身上往往能看到家长的影子。有些家长一面以各种科学思想、文明律令去教育孩子，另一面却对自己放松要求，甚至与对孩子说的那一套准则相悖，这就会影响孩子，给孩子做出错误示范。这样一来，要纠正孩子身上的问题，就必须要先纠正家长身上的问题。班主任可以通过和学生及家长双方面的协议来同时消除学生与家长身上的问题，在学生和家长之间形成相互监督的氛围，远程干预家庭教育。当然，也可以更有成效地在家长会上利用气氛促成班级所有家长达成一致协议，用这份协议来规范和干预家庭教育。

6．利用互联网平台，加强家校联系，统一家校步伐

“互联网+”是时下流行词，也是各行各业发展中不可忽视的一种趋势。随着无线通信技术和无线通信设备（智能手机、平板电脑等）以及微博、QQ、微信等交流工具的发展，家校合作也有了更广泛的基础、更便利的平台。要想建立科学的家校合作关系、形成有力的家校教育合力，一定要有互联网思维。通过互联网，学生在学校教育中的各项表现可以及时地反馈给家长，孩子在家庭教育中表现的种种也可以方便地告知学校。双方教育信息的及时交换，对双方的后期教育指导都有积极的促进作用，真正地将力往一处使，实现教育合力最大化。

从家庭教育到学校教育，再从学校教育到社会教育，三股教育力量既容易相互渗透，又容易彼此对立较劲。显然，仅仅做到家校合作、家校教育合力还不太够，争取构建家庭、学校、社会三位一体的教育合力才是最好的局面。

参考文献

［1］陈佑兰：《家庭教育》，北京：北京大学出版社 1990 年版。

［2］逯改：《论家校教育的一体化》，《山西师大学报》（社会科学版）2008

年第7期。

［3］杨雄、刘程：《关于学校、家庭、社会“三位一体”教育合作的思考》，《社会科学》2013年第1期。

［4］王盛峰：《家校教育合作的网络机制研究》，《教学与管理》2015年第9期。

中小衔接家校共育之“整体架构”研究

从幼儿园到小学、从小学到初中、从初中到高中，每一次阶段性的跨越都会给学生带来不小的压力和挑战。学生能否顺利适应这些衔接阶段，往往决定了他在下一阶段能否得到更好的成长和更多的收获。要想帮助学生顺利度过这些衔接阶段，单靠学校的力量是远远不够的。关于阶段衔接的重要性，在信息发达的今天，很多家长都有所认识和了解。但由于家长群体普遍对教育学、心理学等专业学科知识缺乏认识，加上家校沟通不畅，以及缺乏有效、系统的家校合作模式等问题，让这一阶段家校共育的科学布局和整体规划变得尤为迫切和重要。

2016年11月，全国妇联等9个部门共同印发《关于指导推进家庭教育的五年规划（2016—2020年）》，明确提出要“巩固发展学校家庭教育指导服务阵地。在中小学、幼儿园、中等职业学校建立家长学校”，文件中还指出，“各级教育行政部门要切实加强对中小学、幼儿园、中等职业学校家庭教育工作的指导管理，将家庭教育指导服务作为学校和幼儿园工作的重要任务，纳入师资培训和教师考核工作，指导家长学校做到有师资队伍、有教学计划、有指导教材或大纲、有活动开展、有成效评估”。由此可见，对中小衔接阶段的家校共育进行科学的整体架构搭建，已经迫在眉睫。笔者尝试从中小衔接阶段的问题分析入手，根据这些问题来对该阶段家校共育的整体架构进行探索，以期能为下一阶段的实践提供方向性的参考。

一、中小衔接家校共育方面存在的主要问题

（一）揠苗助长的教育，适得其反

跟幼小衔接中出现“以幼儿园教育小学化作为幼小衔接的主要方式”的问题类似，家长们普遍想用武侠小说里“以快打慢”的方式对孩子的学习进行揠苗助长——在小学毕业后的暑假给孩子疯狂报班，让孩子提前学习初中学科课程，以期用这样的方式让孩子赢在初中的“起跑线”上。殊不知，这种急功近利的做法很有可能会导致以下问题：

1. 美好的“第一次”被不靠谱的“第一次”替代

众所周知，在教育中，对人、对物的第一印象非常重要。各级学校也对教师如何上好第一堂课提出了很多细致的要求，就是希望教师和其所教的学科能在与学生的第一次见面中留下非常美好的印象，并由此开启学生学科学习的兴趣之门。而家长提前让孩子在培训机构里接触初中学科课程的做法，不仅无法让孩子赢在起跑线上，还可能取代学校教育“开学第一课”给孩子的第一印象，把孩子人生中对初中学科美好而至关重要的“第一次”见面交给了无保障、不靠谱的培训机构。其中的风险，不言而喻。

2. 对孩子的自信心造成危害

让孩子在未经历学校开设的初中学前教育、初中开学典礼等系列课程的情况下，直接接触难度跨度较大的初中学科课程，极容易对孩子学习自信心造成毁灭性破坏。从小学到初中，学科种类和学科知识难度都有不小的跨度。孩子们进入初中的第一门课程往往是学前教育，很多学校在学前教育中会通过各种活动帮助学生认识到自己身份的转变，从而引导学生对接下来在初中学习中可能遇到的问题做好心理准备。不少学校还会在学前教育中对学生进行初中学习上的学法指导，让学生为新阶段的学习做好足够的准备。等到真正面临初中学科学习时，他们已经从心理到学习方法都有了全面的铺垫和提升。而补习和培训机构这部分的教育则比较缺失。

3. 破坏了孩子在校学习的正常进程

孩子提前学了初中学科课程，如果学得一知半解，往往在学校学习时更加容易盲目自信，导致课堂学习效率低下，无法紧跟学校科任老师上课时的教学节

奏。如果孩子提前在培训机构学到的学科知识跟学校科任老师课堂上所传授的知识有出入，就可能让孩子在课堂学习中陷入思维困局。这些情况的出现，不但会增加孩子与科任老师之间建立信任的难度，而且破坏了孩子在校学习的正常进程。

（二）家长对自身角色转变认识不足

步入新阶段，意味着孩子要从小学生转变为中学生。期间的跨度之大，不仅孩子需要面对许多严峻的挑战，而且家长更需要做好角色转变。

首先，必须让家长对及时做好角色转变给予足够的重视。我们很容易在网上看到一些中学对学生进行学前教育的报道，却很少看到中学在开学之前对全体家长先进行学前教育的报道。由此，家长在孩子入学前对自身角色转变的必要性认识的欠缺，是家长无法及时做好角色转变的首要因素。

其次，要真正做好家长的角色转变，必不可少的条件便是对中学与小学之间、中学生与小学生之间、中学教师与小学教师之间的差异的全面认识。只有先全面了解这三个方面的差异，家长才能明白角色怎样转变才对孩子的发展更好。然而，现实是社会上几乎没有这样的平台和正规途径让家长们得以系统地了解这三个方面的差异。连全面系统地了解差异都做不到，家长们绝大多数是不可能及时做好相应的角色转变的。

除了以上两点以外，家长群体本身客观存在的能力和素质上的参差不齐、父母之间教育理念的不同，以及离异或工作繁忙对家长的困扰等因素，都会给家长的角色转变带来重重阻力。

（三）中学家长学校的工作流于形式

正常来说，中小衔接家校共育这块的工作在中学的执行机构应该是家长学校。虽然国家最近出台了文件，要求全国各中小学都要成立家长学校。但因为目前仍然没有将家长学校工作纳入学校和教师的绩效考核制度内，各中学负责家长学校的教师和家长们容易出现工作热情不高、投入精力不够的问题。这些问题将直接导致家长学校的工作流于形式，自然也就无法承担起中小衔接家校共育的重任。

（四）缺乏具备“学生适应性数据分析”功能的家校信息平台

既然中小衔接家校共育的根本目的是帮助学生在升入初中后，用最快的速度适应新的学习和生活，那么，其中不可或缺的便是用来评价学生适应性的一个集数据采集、数据分析处理、家校信息沟通三个功能于一体的信息平台。而现实是，目前很少有学校具备这样的信息平台。

二、中小衔接家校共育问题解决的有效途径

（一）及时召开新初一的家长见面座谈会

一般来说，初中的招生工作会在每学年放暑假前完成，这就意味着，暑假前已经具备了召开新初一家长见面座谈会的基本条件。在家长会上，学校可以以家长学校的名义对在座家长进行问卷调查，了解初一新生的基本家庭情况。同时，可以在这次座谈会上安排介绍小学与中学在管理、教师、课堂、学生等方面的差异，使家长重视自己角色的转变，以便引导家长正确认识中小衔接的重要性，少走弯路。

（二）研发并开设相关学前教育必修课程

中学家长学校、德育处、教导处、心理咨询室联合研发中小衔接家长必修课程和中小衔接学生必修课程，作为家长和学生在学前教育中的必修课。这两套课程的研发起到了为小学和中学之间的跨度牵线搭桥的重要作用。中小衔接家长必修课程要把学生的变化、教师的变化和学校的变化透彻地呈现出来，要有对学生在适应期常出现的典型问题的具体处理方法介绍，以帮助家长对中小衔接的重要性和解决方法有全面系统的了解。另外，每学年均可根据暑假前的家长问卷调查结果分析来对这套课程进行修改和补充，以适应家长群体整体需求的变化。中小衔接学生必修课程则要重点介绍中学学习和生活的特点，要突出学校的课程特色、管理特色和文化特色，帮助学生对中学学习和生活有整体认知，以便更快、更好地适应新的生活和学习。

（三）搭建配套信息平台

中学家长学校、德育处、教导处、心理咨询室共同研讨，与软件公司合作搭建具有学生适应性数据分析功能的家校信息平台。既然这个信息平台要能做到对学生进行适应性数据分析，就需要把学生的日常表现录入数据库，并用若干项科学指标对学生的个人表现数据进行比对评判。评判结果要有明确的问题指向性，以便指导接下来衔接工作的开展。

（四）成立精准跟踪帮扶小组

1. 圈定在衔接阶段出现适应性困难的学生

中学家长学校、德育处、心理咨询室、班主任联合成立学生适应性困难评判组，定期圈定在衔接阶段出现适应性困难的学生。评判组既需要有中小衔接方面的校内专家，也需要有跟学生接触最多的班主任。配合软件和数据的评判，以便更准确地圈定适应性困难的学生，给他们提供及时、准确的帮助。

2. 对存在适应性困难的学生进行心理特征分析

学生在衔接阶段出现适应性困难，心理因素往往占多数。即便不是心理因素造成的，为了方便接下来的帮扶工作的开展，先了解学生的心理特征也是非常有必要的。所以，在圈定适应性困难的学生后，学校心理咨询室应当马上对他们进行心理特征分析，并建立适应性困难学生的专属档案，为后期工作提供有价值的参考。

3. 成立帮扶小组，帮助学生尽快适应中学学习和生活

对在衔接阶段出现适应性困难的学生的心理特征有了一定的了解后，中学家长学校、德育处、心理咨询室、班主任等应成立帮扶小组，并联系家长一起研究和制定解决对策，最终一起实施对策，完成帮扶工作。

三、中小衔接家校共育的整体架构

综合以上问题和解决途径，我们可以得到如下图所示的整体架构：

在这样的整体架构中，课程干预能提高学生的适应能力，能加速家长的角色转变。而运行模式中，学生的个人表现可以以在校表现的形式被德育处、教导处、班主任、心理咨询室采集进入数据库，也可以以在家表现的形式被家长通过家校信息平台传给家长学校。在数据库对学生的数据进行适应性分析评判后，心理咨询室则根据数据对学生的心理特征进行分析，两份结果都分别返回给家长学校和德育处、教导处、班主任。家长学校再把评判结果和心理特征分析结果反馈给家长，这样就做到了家校信息共享。同时，家长和德育处、教导处、班主任、心理咨询室对评判结果和心理特征分析结果在线完成交流研讨，据此制订工作方案，分别在学校和家庭对存在适应性困难的学生在适应能力提升上做工作。如此循环，帮助学生更快速地适应中学学习和生活。

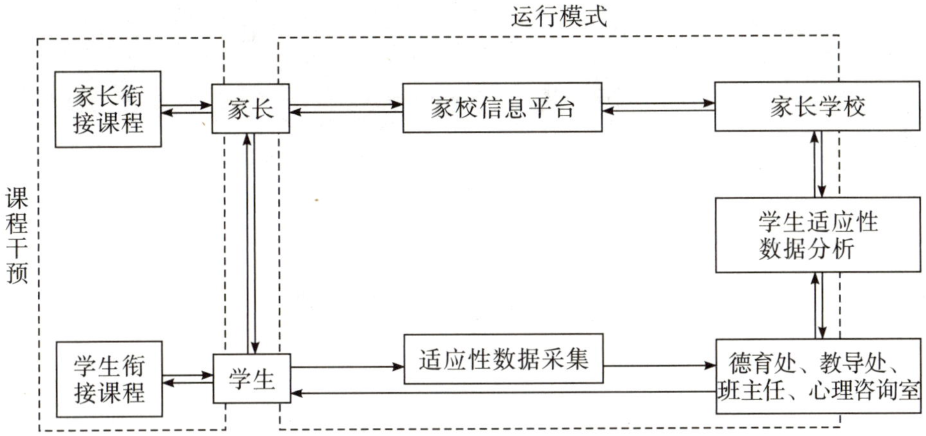

中小衔接家校共育整体架构模式图

参考文献

［1］杨文：《当前幼小衔接存在的问题及其解决对策》，《学前教育研究》2013 年第 8 期。

［2］林慧芳：《中小学衔接教育家庭指导策略研究——论家长在中小学衔接教育工作中的作用》，《才智》2010 年第 3 期。

［3］路佳：《中学家校合作实施中的问题与对策研究》，辽宁师范大学硕士学位论文，2015 年。

师生安全

关注健康，关爱生命

广州市真光中学由校祖那夏理女士创办于1872年，历史悠久，环境优美。

回顾历史，我们对学生不仅侧重于自然与人文知识的传授，还特别重视学生健康的体魄、健康的心理、健康的灵魂的教育与培养。

一、开展健康教育的目的和意义

健康促进学校是指通过学校、家长和学校所属社区内的所有成员的共同努力，给学生提供完整的、积极的经验和知识结构，包括设置正式的和非正式的健康课程，创造安全健康的学校环境，提供合适的健康服务，让家庭和社区更广泛地参与，以促进学生健康。

健康教育是学生素质教育的重要内容，要重视健康教育工作，不断提高师生的健康意识和自我保健能力。通过有计划、有组织、有系统的健康教育教学活动，促使学生自觉地采纳有益于健康的行为和生活方式，消除或减轻影响健康的危险因素，预防疾病、促进健康和提高生活质量。我校作为广州市推广发展创建健康促进学校活动11所试点学校之一，能够认真贯彻上级部门颁发的相关文件精神，充分利用学校、社会、环境等资源，使师生们树立正确的健康信念，进一步完善学校的素质教育体系。

二、基本做法

（一）制定工作目标

我们的工作目标是认真落实健康促进学校考核评估细则的各项要求。在组织发展、政策保障、物质环境、社会健康环境、社会关系、个人健康技能、健康服务等各方面达标，力争办出特色；树立健康意识，把健康教育课放在重要地位，树立正确的健康观念，培养学生良好的卫生行为、健康的生活方式。创建健康的校园环境，把师生身体素质、心理素质的普遍提高作为目标；开设健康教育课，培养学生良好的健康意识和技能；拓宽育人渠道，发挥社会、家庭、学校三结合的教育模式，充分利用家长委员会、街道居委会、红十字会、共青团等部门，发挥团体和机构的作用，调动家长的积极性，争取社区的支持，提高教育实效，为学生健康成长创造更为和谐的环境，为师生提供必要的健康教育和健康指导。

（二）健全组织机构

健康促进学校领导小组由学校主要领导挂帅，成员则由教导处、总务处、工会、年级组、心理咨询室、校医室、体育科、生物科等相关部门人员组成，并请区各机关部门、区教育局体卫艺科、区红十字会、家长委员会、社区等部门主管和相关部门成员作为顾问形式参加。

（三）具体工作措施及活动内容

制定学校健康政策。一直以来，学校确立了“以人为本、求真创新”的办学理念和形成了“全员育人、全程育人、全方位育人”的德育模式，教育教学事业蒸蒸日上、硕果累累。其中，我校把争创“健康促进学校”银牌、金牌列入了学校教育发展的重要内容，在“健康促进学校”铜牌的基础上，进一步制定了争创“健康促进学校”银牌、金牌的工作目标，做到有计划、有总结，分工明确，责任到人，由学校校长作为第一责任人，下设领导小组，通过各部门的通力合作，形成合力，保证学校顺利实施健康教育的过程。

建立健康检查制度。每年学校都会组织师生进行一次健康体检，并建立健康档案。对于学生体检后的情况，校医室都会及时与班主任联系，发现异常情况及时督促学生检查治疗，并将每个学生的体检报告以信的形式告知家长。同时还重视后续工作，对体检结果按相关要求进行统计、评估分析并准时上报。建立学生伤害事故登记，并与相关老师及时联系，分析原因，教育学生提高防范意识，减少意外伤害事故的发生。建立因病缺课登记制度，以便了解学生常见病的发病情况，采取对应的预防措施。做好女生青春期经期保健，让体育老师适当安排运动量，避免剧烈活动。

重视健康教育。做到对高一新生及早进行健康教育，认真落实眼保健操、课间操等活动，保证学生有一个健康的体魄和良好的视力，并以海报形式或发放小册子形式教育学生，如《中暑预防知识》《如何营养地饮食》《艾滋病预防健康教育处方》《当心红眼病》《沉重的血铅》等内容。由于高三学生学业繁重，往往超负荷运行，因此，我们对高三学生也非常重视健康教育，定期进行一些专题讲座，如“营养与膳食”“如何消除紧张与恐惧心理”“临考保健”等，有针对性地开展心理咨询与辅导，引导学生适当参加体育活动，注意劳逸结合，避免恶性循环，以最佳机能状态迎接高考。学校还利用自习时间、每周五电视直播时间播放《青春期生理卫生》《如何预防艾滋病》等视频，希望通过多渠道让学生们尽早建立“健康第一”的意识。在平时的教师会议上，我们也专门对教师进行健康问题教育，发放健康促进学校项目章程、实施计划及各类制度（控烟、安全、健康教育、艾滋病预防、教学卫生、传染病防控、食堂饮食卫生管理）等资料，号召所有部门把健康相关问题融入学校综合管理中，促使学校充分发挥教师的潜能，以促进学生、学校员工、家庭和社区成员的生理、心理健康与社会适应能力。德育处主任也经常在全体班主任工作会议上，强调健康教育与健康促进的重要性，并对学校的安全卫生工作进行布置，各班卫生包干，责任到人，充分发挥班主任在健康促进实施中的主导地位。

重视宣传。目前学校有宣传橱窗30个，年级、班级有黑板报68个，还拥有自己的校园电视台、广播站等，这些都是我们宣传的重要阵地。学校每年都会利用宣传栏进行卫生保健知识的宣传，并通过卫生委员培训、班会课等多种形式，广泛开展呼吸道、肠道传染病的预防知识宣传教育，提高师生对传染病的认识，增强自我防范意识。通过讲座、板报图片、画报展览等形式对学生进行艾滋病预防、禁毒、青春期生理卫生、心理卫生、饮食卫生、营养卫生、考前保健等教育。充分利用广播、黑板报、电视、录像、卫生小报、多媒体等广泛开展健康教育。在宣传上尽量做到月月有主题，让健康教育无时不在。

积极创建无烟学校。学校有禁烟标志，并且每年都会利用世界戒烟日，积极开展“拒吸第一支烟，做不吸烟的新一代”签名活动，积极宣传吸烟的危害。另外，严格禁止学生饮酒，如有发现，定当严肃教育和处理。

做好传染病监控及防治。平时严格执行传染病管理制度，依法管理，预防为主，防治结合，明确责任，加强督查。严格执行学校门卫管理制度，及时掌握校内各类人员流动情况。能根据各季节做好呼吸道、肠胃道等传染病的预防工作，及时消除校园内可能导致传染病流行的各种危险因素；做到早发现、早报告、早隔离、早治疗。

将健康教育纳入课表。保证每学年对全校师生进行健康教育培训，并开设专门的健康教育课，同时还通过体育课、生物课渗透健康教育。制定平衡膳食政策，学校定期对学生进行营养教育，通过调查问卷了解学生的饮食情况，针对个别差异进行教育，保证学生能够健康发展。总之，使健康教育工作做到制度化、经常化、教育形式多样化，反复强调，不断渗透，贯穿整个学年。

优化学校物质环境。加强校园卫生管理，优化校园环境，积极开展爱国卫生活动。特别在创建国家卫生城市中，我校坚持不懈地创造优美的育人环境，成绩显著，多次受到上级领导的高度评价。一般在每周五我们都会进行全校卫生大扫除，通过集体劳动发扬团队精神，使师生、同学和其他人员间的人际关系更密切，形成一种和谐健康的气氛。积极开展卫生评比活动，坚持一日两扫，常规检查与突击检查相结合；各班每周评定一次并公布，每周对教师办公室进行卫生检查，使学校卫生面貌达到焕然一新。

注意安全隐患。定期检查教室、实验室、学生宿舍、体育设施、消防栓等的安全性，有使用、定期检查及维修记录，经常对师生们进行安全防范教育，并制定了相应的应急措施，通过讲座、电视、广播等途径对师生进行演习示范。对学校不平整的路面及场地进行修整，对一些旧楼进行全新改造，尽量减少学生意外伤害事故，消除安全隐患。

加强食堂卫生管理，确保饮食卫生安全。学校认真贯彻《中华人民共和国食品卫生法》，防止病从口入，杜绝食物中毒事件的发生，确保学生饮食卫生安全，由总务处对食堂卫生进行监督管理。完善食堂卫生管理的各项规章制度，严格岗位责任制，并对管理制度的执行情况进行督促检查。每周不定期检查食堂在操作过程中的卫生状况，发现问题及时反馈，并提出整改措施。重视食堂人员的健康状况，严禁无健康证者或有传染病等症状者上岗。建立食堂卫生管理档案，保存各种检查记录。

建设良好的学校硬件设施。新建的教学大楼教室、功能室设备齐全，可容纳 2 000 多人的公寓以及可接待 3 000 人同时进餐的食堂顺利投入使用。其中新建的 400 米塑胶田径运动场、羽毛球场、篮球场、乒乓球室、游泳馆等，为学生的课外活动提供了保障。同时学校还制订了使用方法，在醒目位置张贴注意事项，以保证学生安全。学校购置了若干垃圾箱、垃圾桶，无乱倒垃圾现象出现。教学大楼每层都有热水供应，保证师生饮水充足。教室采光条件好，各种用电设施都有安全操作规程，各楼道走廊护栏情况良好，每层都设有拉闸门以及消防器材，以防万一。教学大楼每层都设有男、女厕所。清洁工严格执行每天消毒厕所一次、每周消毒功能教室一次的制度，保证了学校的卫生环境。

创造和谐的学校社会环境。真光就是爱，爱就是真光。这是真光的优良传统，也体现了真光人团结友爱的精神。校友张广宁莅临母校视察时深有感触地说："在真光当校长、当老师非常幸福，在真光当学生更加幸福。"一句话道出了我们的心声。我校一向以“管理严、校风好、质量高”著称。学生们互相帮助、互相谦让，知书达礼。我们经常教育学生不但学习成绩要好，而且思想品德也要好，这样才能做一名德才兼备的人，造福人类，做一个对社会有用的人。学校尊重学生个性发展，鼓励学生主动学习，努力创造条件培养他们成才。学校有着现代化的教育教学设备，为学生的发展提供有力的保障。师资雄厚，教师爱生如子，师生相互尊重，处处呈现一派和谐的景象。

我校还向贫困地区以及教育设施不甚完备的学校伸出热情的援助之手，分别与新州中学、东澈中学、连州中学、良口中学、广豪学校建立了帮扶关系，并对新州中学给予全方位的扶持，其中包括接纳新州中学部分壮族学生在我校借读学习，这些学生在我校师生的共同关心和帮助下，进步很快，使他们非常感动。对于一些家庭有困难的学生，我们同样伸出援助之手，通过申请扶困基金，帮助他们顺利完成学业，并且设立奖学金，为这些学生创造条件，让他们通过优异的成绩来获得奖励，促进身心健康发展。

关注学生的心理健康。优化校园，美化教室、寝室，环境幽雅，鸟语花香，使学生在赏心悦目的环境中学习、生活、发展。每月出一期心理健康专栏，为学生的学习、生活导航。利用校园电视台，每周播放《青春潮汐》栏目，内容涉及学法指导、交友指南、青春絮语、心理乐园等，探索心理奥秘，开启愉快人生。学生有问题就到心理咨询室寻找“真真姐姐”“光光哥哥”，创造了相互关怀和友好的环境。

维护良好的社会关系。加强学校与社区、家庭的合作。除了利用广播、黑板报等形式在学生中进行卫生知识宣传外，还努力探索社区、家庭、学校相结合的教育方式和方法，充分发挥家长委员会的作用，提高家长的整体素质，调动其积极性。与社区联系，拓宽育人渠道，优化教育环境。特别是寒暑假与社区共同抓好学生的健康教育工作和健康教育活动，开学时由社区写好鉴定让学生带回学校。学生积极参加社区组织的公益活动，如清洁大扫除、慰问烈军属、为低保户送温暖献爱心等。街道办事处、各居委会也非常支持学校的健康促进活动。

每学期的家长会都会请家长配合对学生进行健康知识的教育和健康行为的培养，如“爱牙大行动”“整理家务”等。寒暑假也以书信形式与家长联系，落实对孩子的健康教育问题。家长还要对学生在假期的表现写评语，鼓励孩子上进。学校成立了由家长代表组成的“家长委员会”，定期召开会议，虚心听取他们对学校的意见，共同搞好学生的教育工作。

每学期团委、学生会都会组织学生到社区进行宣传，如环保活动、免费为社区老人进行简单的身体健康检查等，共同创造良好的社会环境。

心理教师定期为家长学校上课，给家长们讲解青少年学生的心理特点，传授育人教子的艺术；配合社区，整理周边环境，减少或消除不良因素对学生心理的影响。

培养个人健康技能。开设健康教育课，将健康教育课纳入教学计划，做到有课时、有教师、有规范的教学管理。教师可以科学性地、实用性地、针对性地对学生进行卫生知识的传授，提高学生卫生知识的水平，保障学生的健康成长。另外学校还设立了心理健康教育课：从2000—2001学年开始，我校就把心理健康教育排入高一的课表，课时为每两周一节，由专职心理学教师进行团体辅导，内容涉及学习、生活、职业和自我意识等方面，面向全体，整体提高，达到了预防和发展相结合的目的。学生对这些健康教育课的满意度很高，一定程度上提高了学生的健康意识。

注意培养学生良好的卫生习惯，提高学生的自我保健能力。通过学校的健康教育，使学生获得相关的医学保健知识，如“禽流感”“流行性感冒”“红眼病”“诺如病毒”等，学校都有针对性地进行宣教，除个别学生在家庭感染外，均未造成校内暴发流行。此外，开展健康教育，养成文明、卫生的生活方式和健康的心理状态，树立正确的生态观、自我保健观，以便真正做到“健康为人人，人人为健康”。这是预防和减少疾病、提高健康水平的有效措施，也是保持校园整洁、创造优美学习生活环境的有力保证。在校道、教室、洗手间均贴有宣传标语，如“勤洗手”“请不要随地吐痰”“请不要随地乱扔垃圾”“请保持教室的整洁”等，为学生养成健康习惯营造氛围。平常注意教育学生有病一定要及时到校医室看病，若严重者一定要到医院就诊，保证个人的身体健康，减少传染的范围。在每年流行病高发期，学校严格执行健康检查制度，每天坚持在早读时间为学生测量体温，及时了解学生的身体状况，班主任每天坚持将学生情况上报，督促和监督全校师生养成健康意识，对待健康的态度也更加严谨。由此可见，良好的卫生习惯并不是一朝一夕养成的，所以这些仍然要靠我们坚持不懈、防患于未然。

增强体育锻炼。体育是我校的一大特色，这与我校重视体育活动是密切相关的。每年学校都会举办学生运动会、教工趣味运动会以及“真光杯”篮球比赛、“真光杯”足球比赛、乒乓球比赛等，宣扬体育运动的重要性。

开展健康服务。建立健全学生及教师的健康档案，每学期坚持对全体教职工进行一次健康体检；为新学期教育教学工作提供健康保障；做好“六病”预防及学生常见病防治工作，开展近视、沙眼、龋齿、贫血、营养不良、肠道蠕虫等疾病的防治工作。

保持良好的医德医风，全心全意为师生服务。校医室现有医务人员2名，校医室设备较好，学生的一般伤病能及时得到治疗。校医室医务人员能够做到严格把握药品质量关，保证无失效、变质药品。定期对器械进行高压消毒，确保师生用药、检查安全有效。同时校医室医务人员还定期进行药品统计、盘点，做到药明账清。严格执行药品管理办法，不断提高医疗质量。

学校设立专门的心理咨询室，目前有专业心理辅导教师5名，她们定期为学生进行心理辅导和心理咨询。特别在期末期间，心理辅导教师还特别针对学生考试前紧张不适的心理进行排解、辅导，顺利帮助学生度过心理障碍期。

堵疏结合，加强学生网络道德文化教育。创建青少年绿色网络教室，杜绝学生进入营业性网吧的不良现象，引导他们自觉遵守《全国青少年网络文明公约》，兼收并蓄网络优秀文化，把握好网络这把“双刃剑”。

总之，我校健康教育已走出了自己的一条路子。内容丰富、形式多样、目标明确、责任落实。下一阶段我们会继续严格要求自己，加强与社区合作，在卫生习惯和行为习惯等方面做得再细致些，努力争创“健康促进学校”的银牌、金牌，为广州教育争光！为广东教育争光！

攻坚克难，“真光人”在行动

2016年新学期开学不久，学校迎来了一场严峻的考验，诺如病毒的来袭，加上被新闻媒体有失偏颇地渲染，一下子把学校推到舆论的风口浪尖。面对危机，“真光人”沉着冷静，上至学校领导，下至清洁、安保人员，谨记校祖“行胜于言”的训示，不掩饰、不争辩，全体动员，迅速启动应急预案，并做出一系列有效的应对措施。

学校成立应急领导小组进行全面指挥，每天上午10点召开工作会议，通报各系列防控工作，商议应对措施，加强各部门的沟通，集中处理各种应急情况。

根据上级疾控中心的指引，学校结合实际情况制定了相应的措施，对出现发烧、呕吐或腹泻的师生按要求自康复始72小时后方能回校，从而大大降低再度感染的风险。之后全面启动病愈师生回校流程，认真甄别病愈师生是否达到回校的标准，严格管控，消除隐患。

总务处则安排人员坚持每天早、中、晚多次对教室、宿舍、食堂、厕所、水源等进行专业防疫的消毒工作，做到卫生无死角，消毒全方位。对校园绿化带、运动场、校道、学生公寓周边以及“真善美地块”等室外地段进行了专业喷雾消毒。同时在每个洗手间都安放或添加了洗手液。全力做好全校饮水系统清洗消毒防控工作，停止了饮水系统中冷水的供应。同时迅速加装了宿舍的热水供应系统，使热水得到充足的供应，解决了学生洗澡问题。

德育处给班主任拟定各种工作指引，使班主任的工作井然有序，有条不紊；特别加强了晨检工作，落实了午检制度，让相关信息能够及时上报，同时实施了密切跟踪患病师生制度，对患病的学生做到每日电话慰问。携手宣传部门加大防治病毒的宣传工作，并在校门口、班级门口安放或添加了洗手液，张贴了宣传画，指导师生正确洗手；利用校园广播几乎每天一次播报，给全体学生强调注意事项。

教务处每天都到教室认真清点学生人数，以便做好教学的监控。同时为患病的老师安排好代课老师，以保证各班教育教学有序开展。对于缺课较多的学科则统一安排补课，如高一周三第 8 节补上英语，第 9 节补上数学，师生干劲足，令人感动。

特色处、德育处则坚持大课间运动，提高学生的免疫力，并在大课间期间，让教室得到 30 分钟的通风，营造健康的学习环境。

我们的校医、保安员工、清洁员工、宿管员工、食堂员工都在这场防治病毒战中无私地奉献着，以真爱在守护着真光中学。

还有那群最可爱的人——班主任和科任老师，为了了解每个学生具体的情况，深夜还守在电话旁；为了学生的健康，中午休息时还在联系校医；为了学生的成长，坚守三尺讲台。

以上的一幕幕，就发生在大家的身边，同学们看到了吗？感知到了吗？有积极的回应和作为吗？

然而当事情发生后，我们也听到了和看到了关于此事的一些观点，同为“真光人”，各位同学的选择又是什么呢？是一起积极面对发生的一切，保卫“真光人”的权益呢？还是火上浇油，传播道听途说的不实信息，乘机推波助澜，甚至唯恐天下不乱呢？

不信自家人，偏听他家鬼。锦上添花谁都会，患难之时见真情。

且让我们听听一些同学、校友和家长是怎么说的，他们才是真的明白人，他们才是真的“真光人”，他们才是真的有责任、敢担当的“真光人”。

高三学生：“天佑真光，患病真光同学早日康复，辛苦奋战在第一线的全体教职工，你们负责任、有作为、敢担当，大家都看在眼里。那些趁机辱骂真光的人，100 天之后我们用辉煌的成绩堵住你的嘴巴，也让你知道‘真光人’的坚定和团结。真光就是爱，爱就是真光。”

高二学生：“其实我有时候搞不懂，学校不是神，有时候出点问题、出点状况，为什么就不能宽容理解？上次英语节，喷泉恢复使用一段时间，就一大堆人说‘我读的真光这么虚伪’，但为什么就没有人考虑过喷泉要停止使用的原因？我记得初中的时候来食堂吃饭，那个喷泉是一直都在用的。后来停了，我想大概是因为喷泉在教学楼中心，使用时很吵，会影响学生上课吧。在真光5年了，我相信这是一个负责任的学校，因为真光，我们才能聚在一起，也许很多年后我们再聚真光，还会笑着说当年拉肚子的回忆呢，但绝不会再用一些偏激的思想去想这些事情。所以我希望有一些越说越过火的言论可以停下来，至少在‘真光人’的口中停下来。我不是学校方面的老师、领导，也不是被洗脑的‘托’，只是一名普通的真光学子。”

毕业校友：“虽然真光会给学生布置很多作业，真光也没有好到上天，可我们毕竟生活在真光，老师也给过我们不少关爱。不要再给真光抹黑了！出事了，真光的领导不会不负责任的。而且我们始终爱真光，不是吗？从前、现在、以后，我也依然会骄傲地告诉别人我是真光的。包容真光，给点时间给学校领导，会好起来的。大家不必惊慌，毕竟你还是要生活在这里。希望生病的‘宝宝们’快点好起来，严重的要去看医生。希望你们在朋友圈多传播正能量，不想有再多的人出事了！”

学生家长：“作为学生家长，觉得学校做得已经不错了，有担当，无回避，及时发布情况和处理事宜，两天里共收到16个信息，做足了指引。事情发生了积极去面对，及时启动了应急预案，快速做出反应，老师们，你们辛苦了！希望我家宝贝安康。”

同学们听了上面的言论，是否有共鸣呢？如果有，说明你在成长，你在长大，真光之爱已在你心灵深处生根发芽。

老师们、同学们，请大家记住，“真光人”的做事原则就是“出了事，不怕事，不多事，积极应对，信息公开，众志成城”。

最后我用两句话结束今天的发言。

第一句：我代表学校向老师们及你们的家属表示衷心的感谢，真光有你们真好！

第二句：我代表学校向同学们及家长表示衷心的感谢，你们就是真光的信心。

人人讲安全，处处讲安全

在刚刚过去的一个月里，我校经历了一场与诺如病毒的战争，在这场战争中我们“真光人”展现出团结合作、不畏艰苦、不计个人得失的优秀品质，在全校师生尤其是在座各位的共同努力和辛勤付出下，我校取得了最终的胜利。这次诺如病毒事件让我深深认识到校园安全的重要性，自我接手安全工作以来，心里特别不踏实，因为在我工作过程中发现学校存在的安全隐患实在太多了，主要有以下 8 个方面。

交通方面的安全隐患。我校走读生有 1 000 多人，有部分学生没有选择较为安全的交通方式，如公交车、的士等，而是喜欢骑自行车但又不注意遵守交通规则、不注意检查自行车车况，还有一些学生为了赶时间搭无证摩托车来校。

饮食卫生方面的安全隐患。有些学生为了贪图方便，在校外流动小食品摊就餐，还有部分学生喜欢买一些“三无”小食，小商贩多数没有卫生许可证，而且收完钱的手直接接触食品，安全隐患极为严重。而学校食堂是由广州市世光校园服务有限公司经营管理的，食堂正在申请食品卫生 A 级证，而且力求在食品卫生和食品质量上做到精益求精，为师生提供早餐、午餐、晚餐、夜宵服务。价格也由物价局严格审核。希望级长在级会和班主任会议上多宣传，让学生放心在校内就餐，杜绝饮食安全隐患。

用火方面的安全隐患。一是有些教职工有吸烟的习惯，也有乱丢烟头的现象，在今年寒假期间校园发生了一起火灾，就是由烟头引起的，幸亏保安及时发现，用消防水带把火扑灭；二是灭火器材不充足，楼内的消防系统过于陈旧，部分消防器材损坏严重，就消防水带来说，全校有 31 条都有不同程度的开裂。教职工不会正确使用灭火器，学生对消防疏散演练不够重视。

用电方面的安全隐患。一是有的教室内开关、插座松动；二是办公室用电热壶烧水的情况严重，建议学校统一管理，在每个办公室设置微型茶水间；三是有的线路老化、漏电；四是部分学生缺乏安全用电常识，有些学生私自在校内给手机或手机电池充电。

财物方面的安全隐患。有的学生随身携带较大数目的现金，有的学生离开宿舍、教室时不关窗、锁门，有的学生在操场随意放置手机和钱包。上学期丢手机和钱包的事件就有好几起。

实验安全隐患。学生在做实验时是否有用湿手触摸开关、电器的现象；是否有上实验课时不认真听老师讲解实验注意事项，实验中出现操作不规范的现象；是否有实验中不小心打碎玻璃仪器、危化药品外溅等现象，这些我们都要重视。

活动方面的安全隐患。一是校内各种健身运动器械出现生锈、不牢固现象。二是午休时间有学生在操场进行活动。上体育课时，有些女生佩戴小饰品。运动前，有的学生不做准备活动，容易引起肌肉拉伤。三是出操或集会时，楼梯拥挤，室外活动时有违纪攀爬的情况。

房屋设施的安全隐患。宿舍伸缩缝有漏水现象，墙壁上出现裂纹且有漏水现象，宿舍地基有下沉现象，运动场围墙有开裂现象，走廊楼道、运动场的护栏过低。

除了上述隐患，学生的身心特点也成为易受伤害的因素。中学生发生意外伤害的原因与他们日常生活行为密切相关。交通安全意识淡薄、不健康的交往（拉帮结派、早恋等）、携带锐器、打架等危险行为是造成身体伤害的主要根源。此外，自杀倾向、易于冲动、情绪障碍等心理健康问题是导致中学生意外受伤的另一个根源。

总之，我们要有高度的安全意识，若发现有安全隐患，要及时向学校领导汇报，防患于未然，就像这次出现的诺如病毒，如果在这期间我们对安全意识的敏感性不高的话，这事发展下去可能会造成更大的影响。所以，我们一定要时刻加强安全意识，努力增强自我防范能力，做到警钟长鸣！我们要努力营造出“人人讲安全、处处讲安全、时时讲安全、事事讲安全”的浓厚氛围。

党团建设

责任比天大

——2015 年党委书记任命大会上的表态性发言

首先感谢组织对我的培养！感谢各位领导对我的信任！感谢老师们对我的大力支持！

我 32 岁加入真光大家庭，至今已有 17 个年头，见证了真光 10 年的快速发展。对于我来说，真光既是学校，也是我的家，17 年的时光孕育了我对她的莫名情怀，因为她承载了家庭的幸福，承载了我的教育梦想，承载了继往开来的重托与重任。

面对新的工作岗位，倍感责任重大。在未来的日子里，我将加强学习、恪尽职守、清正廉洁、团结同志、关爱师生，为真光未来 10 年的可持续发展保驾护航。

定位比角色更重要

李书记原来在北京市海淀区教育局组织人事科任职，来到首都师范大学附属第二中学任职只有 2 年，性情温和、平易近人。

根据党对组织的要求，50 人以下的单位成立党支部，50 ~ 100 人的单位成立党总支，100 人以上的单位成立党委。首都师范大学附属第二中学现有教职工 192 人，党员 86 人，退休的党员有近 60 人，学校党总支由 7 个委员组成，各有分工：正副书记各 1 名，组织委员、青联委员、纪检委员、统战委员、宣传委员各 1 名。

党组织的首要任务是“抓好干部”。由于历史的原因，首都师范大学附属第二中学的一批老干部逐渐退休，在位时，他们业务精湛，政治过硬，在大是大非面前爱憎分明、立场坚定。现在的年轻干部没有跟上来，校级干部副职的年龄集中在40～45岁；中层干部缺失，这不是一件好事，直接导致的后果是校长们的手下没有人做事，只能事事由校长们亲力亲为，天天忙得团团转，精力分散，精疲力竭。鉴于此情况，近两年，学校先后提拔了3名副主任，包括德育主任。当然，对于干部的调整，海淀区有严格的程序，在干部调整的过程中少一个环节都会有人提出异议。学校为了提拔这3名干部，历经4个月，李书记找个人谈话70多次，办公室组织进行民主测评、推选，整个工作进行得非常顺利。同时李书记自己也借这个机会了解和进一步认识了队伍的情况。从目前的情况来看，这几位副主任也相当“给力”，学校的各项工作趋于正常，校长们也从繁杂的事务中解脱出来，可以静下心来思考学校的发展与愿景。现在海淀区有些学校侧重实施扁平化管理，校长直接到年级主任，部门工作强调服务而不是指导和决策，淡化责任和权力。副校长的任命原来是实施聘任制，程序要走齐全；现在的副校长由海淀区教育局统一进行任命，这样便于校长们的选拔，由组织人事科进行考察并提出意见和建议。从长远的角度考虑，海淀区教育局希望未来的干部能够进行流动，为实现教育均衡化发展奠基，因为教育的均衡化不仅仅是硬件条件的均衡化，更主要的是人的均衡化，也就是教师团队素质、素养、能力、可持续发展的均衡化。

党组织选拔干部的基本程序要规范。当学校的校长感觉需要补充和加强干部队伍时，由校长提名，接下来会委托学校的党组织进行考察，考察的人员可以是差额的，也可以是等额的，关键是选拔干部的基本程序一定要规范，选拔干部的基本原则是公正、公平、公开。

程序一：谈话环节。与学校拟提拔的人选进行广泛的干部和教师的民主谈话。谈话的人员包括副主任以上干部、教研组长、备课组长、年级长等，谈话的比例不得少于30%，教师的比例不得少于10%，还要兼顾到各个年级的人员平衡。

程序二：民主测评。如果说谈话环节还有人情面子的话，无记名投票的民主测评环节可以说最为客观。当选者的票数必须达到80%以上，如果推选的人选是2选1的话，当选者的票数不能少于60%，当然干部的选拔是实施差额还是等额，要看具体的情况。

程序三：校务会决定并公示。党组织在由校长们参加的校务会上汇报选拔的情况，对于有关当选的人员进行最后的和议和确定，并在全校公示3天，然后上报教育局备案存档。

党组织的核心工作是抓好党建、加强党员教育。队伍要不断壮大，党员素质要不断提高，这就要我们智慧地工作，高标准地严格要求。

双培养：即把党员培养成骨干，把骨干培养成党员。让骨干教师把榜样的示范引领作用发挥好，政治上积极向党组织靠拢，尽快把他们吸引进党组织。

双标准：即学校领导班子的工作标准和学校党组织领导的标准。前者重在学校发展的引领、工作标准的制定与实施、育人目标的达成、榜样的示范；后者重在政治方向的引领、监督和扶持校长的工作、政治团队的建设等。

双报告：每学年校长要在全体教师大会上做班子的述职报告，书记要在全体党员大会上做党组织工作的述职。目的就是要让全体有关人员了解情况，特别是了解任务目标及达成情况，树立信心，众志成城，推动学校的不断发展。

双测评：教育局组织在网上对学校干部进行民主测评，测评的内容是“德、能、勤、绩”四个方面，真实度很高。一周的时间，全校实行网络开放，回家上网进行测评也可以，全区干部进行大排位，包括校长和主任，然后进行全区同一级别的排位，并逐一进行反馈，最后要求单位和个人形成整改的报告。排在后10位的学校领导由区教育局进行组织诫勉谈话，连续3年同样情况的考虑岗位调整；中层干部排名倒数的，由校长决定任免，每3年进行一次。党组织的民主测评，也是在网上进行，所有党员对自己的组织打分，群众对党组织打分，两者往往有差距，然后形成一个满意度。

当然，满意度能说明问题，但不能说明所有问题。因为学校的情况不一样，这种横向的对比并不一定客观，关键是班子内部的排位。校长要了解自己的干部，执行力是否强大，工作起来是否不打折扣。对于分数低的中层干部，从某些角度我们要保护，在有些情况下分数低不是能力和水平的问题，更不是态度的问题，这样的同志我们要区别对待。

最后，李书记的一句话引起我极大的兴趣，好的党政搭配一定是“性格互补型”的。在学校的工作中，学校的党政工作难免出现分歧和矛盾，怎么办？李书记坦言，要把问题摊在桌面，常沟通。在学校的很多工作中，书记一定要清晰自己的定位，鞍前不越位，马后不掉队。书记要帮助校长，因为学校的很多重大决策往往由校长做最后决定。

我认为定位比角色更重要。

师生是我们的源头活水

我是一名从教28年的老教师，在教育实践活动中，按照党的群众路线教育实践活动的总体要求，能够做到严格要求自己，以身作则，并进一步引导党员、干部牢固树立群众观点，弘扬优良作风，保持清廉本色，进一步提高广大党员、干部思想觉悟，转变作风，树立为民务实清廉形象，把党员干部在活动中激发出来的热情和进取精神转化为破解难题、做好工作的强大动力，深化教育改革，促进教育发展，努力提高学校教育的质量和水平。

切实落实为民务实清廉要求。为民，就是要坚持以人为本，坚持全心全意为人民服务，坚持从群众中来、到群众中去，不断提高办学质量与水平，努力办好师生满意、社会满意的教育。一是增强责任意识，不断提高教育教学质量，为社会提供更多更好的优质学位；二是关心教职工的专业发展和身体健康情况，提供不同的平台进行学习、进修和交流，借助学校的资源为教职工家人的就业、上学和就医提供一定的帮助等。

务实，就是要求真务实、真抓实干，发扬理论联系实际之风；坚持问政于民、问需于民、问计于民，发扬密切联系群众之风；坚持谦虚谨慎、戒骄戒躁，厉行勤俭节约、反对铺张浪费，发扬艰苦奋斗之风。一是坚持挖掘学校的历史，弘扬真光精神，在学校特色课程、德育课题、校本研究等方面依靠广大的教职工，进一步促进真光的发展；二是坚持集团化办学，为社会提供更多的小学、初中、高中的学位，这就是责任和使命。

清廉，就是要自觉遵守党章，严格执行廉政准则，主动接受监督，增强领导干部反腐倡廉和拒腐防变的自觉性，严格规范权力行使，坚决反对一切消极腐败现象。一是坚持接受学校教职工的监督，不接受有往来单位的宴请和礼物。二是坚持与家长保持一定的交往距离，因为距离产生美。三是要不断提醒和警示身边的工作人员，切不可与有利益关系的社会人员有经济往来，守住道德的底线，守住法律的底线。

着力解决“四风”突出问题。我通过学习党报和阅读有关的文章，进一步明确党的群众路线，教育实践活动要着力解决形式主义、官僚主义、享乐主义和奢靡之风的“四风”问题。

坚决反对形式主义，大兴求真务实之风。教育引导党员、干部端正学风和工作作风，真正把心思用在学校事业改革发展上。一是把问题当课题，通过团队研究，再服务于教学，提高团队的研究能力和解决问题的能力；二是占领课堂这个育人的主阵地，熟悉国家对学科的要求，把握学科发展的方向，关注学生的全面发展，关注学生的个性差异，关注学业，更关注学生的成长和成人，牢固树立“高中比高考重要”的指导思想，把精力放到察实情、出实招、办实事、求实效上。

坚决反对官僚主义，大兴调查研究之风。教育引导党员和干部深入实际、深入基层、深入师生员工开展调查研究，真心对师生员工负责，热心为师生员工服务，诚心接受师生员工监督。一是深入课堂，特别是高三的课堂和德育系列的班会课及“道德大讲堂”等，深入了解一线的教育情况和存在的问题。二是召开教师座谈会，听取他们的意见和建议，特别是学校的工会在完成荔湾区教育局下达的任务外，还策划新的活动，如教工趣味运动会、健身中心多器械比赛，成立教工体育社团等。三是坚持深入教职工的家庭，特别是对于本人或家人身患重疾的，学校都给予帮助。对于学生，也经常与级组沟通，了解学生的情况。对于单亲家庭、困难家庭、心理偏差及身体不适的学生，给予全方位的关心等。

坚决反对享乐主义，大兴勤政廉政之风。教育引导党员和干部牢记“两个务必”，克己奉公，清正廉洁，保持昂扬向上、奋发有为的精神状态。一是坚持无纸化办公；二是坚持多人共享一份报纸，提高使用率；三是一切用餐在食堂，实施“光盘行动”。

坚决反对奢靡之风，大兴厉行节约之风。教育引导党员和干部坚守节约光荣、浪费可耻的思想观念，坚决制止挥霍享乐、铺张浪费等不良风气，做到艰苦朴素、精打细算、勤俭办一切事情。一是坚持办公室设施的简朴，不摆鲜花，更不能“摆谱”；二是坚持办公用品的大众化，限定一定的数量；三是彰显办公室的工作职能，严禁闲谈无聊之事，严禁成为喝茶之所，严禁成为私人小天地，要成为群众进言的快乐之地。

准确把握教育实践活动基本原则。在教育实践活动中，学校坚持以正面教育为主。加强马克思主义群众观点和党的群众路线教育，加强党性、党风、党纪教育和道德品行教育，引导党员和干部坚定理想信念，增强公仆意识，讲党性、重品行、作表率，模范践行社会主义核心价值观，坚守共产党人的精神追求。一是通过全校的教职工大会进行学习和宣传，了解中国梦的实质和深远影响，了解国家对教育提出的要求，特别是教育的公平、教育的顶层设计和社会主义核心价值观等；二是组织广大党员干部到番禺的廉政教育展览馆参观学习，签下“从我做起，反腐倡廉”的誓言；三是观看反腐的警示片，了解腐败分子堕落的过程，了解他们给党和国家造成的严重影响，了解他们对家人的伤害；四是组织广大党员，通过说课、评课等，展示党员名师的引领作用，展示党员骨干教师的示范作用，展示青年教师的正能量等。

在教育实践活动中，坚持批评与自我批评。以整风精神开展积极健康的思想斗争，敢于揭短亮丑、改正缺点、修正错误，真正让党员和干部受到思想教育，作风得到改进，行为更加规范。在日常工作中，大家在做工作总结时，对自己有较高的评价，但与学校、学生及家长的评价并不十分吻合，这就对我们的评价机制和师德要求提出新的挑战，这就要求我们必须坚持批评与自我批评，而现实是这个曾经是我党最有效的武器，在某些地方和某些人的心中已沦为形式和摆设，接下来我们要做的就是突破瓶颈。好人难当，工作难做，更难以服人，我们要时时提醒自己入党时说了什么。

行胜于言，言若不行，不若不言。

在教育实践活动中，坚持讲求活动实效。开展活动，要请群众参与，让群众评判，受群众监督，努力在解决作风不实、不正和行为不廉上取得实效，在提高群众工作能力、密切干群关系上取得实效。一是坚持学生评教活动；二是坚持教师评议教务员和后勤人员的活动；三是坚持广大教师评议学校领导活动；四是坚持中层干部每年两次的述职活动等。

通过教育实践活动，我更加坚信，广大师生、家长和社会资源是我们的源头活水，只有根植于他们之中，我们才能真正了解到他们的所思、所想，才能更深切地感受到他们的疾苦，才能更具体地知晓他们最关心、最现实的利益要求，从而更好地为他们服务。

遵守党章，践行“三严三实”，“真光人”在行动

“三严三实”是中央对县处级以上领导干部提出的要求，但我们作为培育国家未来人才的普通高中，普通教师同时也要有这样的触觉和敏感度，我们不仅要学，还要把它的精神实质落实到我们的生活和工作中，从自己的工作实际出发，彰显以学生为主体、教师为主干的思路，找到与我们学校文化和建设一致的落脚点，生根发芽。

学习“三严三实”，找到“实”的根。大爱无声铸师魂，通过学习“三严三实”的有关文件精神，我深深地体会到教师的“实”就是抓好师德建设，教师才能以德治教，以德育人，进一步树立社会主义核心价值观，树立正确的人生观、世界观和价值观；进一步增强宗旨意识、责任意识和服务意识。抚今思昔，真光中学经历百年的磨砺和耕耘，“真光人”形成了自己独特的教师文化“真光六种精神”：终身从教的敬业精神、勇于改革的创新精神、共同进步的协作精神、爱生如子的园丁精神、奋发向上的拼搏精神、不计得失的奉献精神。

学习“三严三实”，找到“实”的魂。根据荔湾区教育局党委和纪委的工作要求，真光中学党委积极开展纪律教育，师德教育与遵守党章、践行“三严三实”教育月活动。通过开展党纪政纪和法律法规等知识的学习，大家进一步增强了党性观念和纪律意识，提高了自我净化、自我完善、自我学习的能力，不仅筑牢了党风廉政建设和反腐败斗争的防线，而且将其产生的力量发挥在真光课堂、真光德育、真光课程、真光课题、真光文化等，形成强有力的“真光现象”和“真光速度”。

学习“三严三实”，找到“实”的基。真光校祖遗训“行胜于言，言若不行，不若不言”，简言之就是“实干”。近十多年真光教育发展如此之快，主要有三点原因：一是真爱，遵循教育的规律，因材施教；二是“真光人”的钓鱼哲学，不但要研究鱼喜欢吃什么，更要不断研究教师能给鱼什么，给多少；三是“真光人”的实干，从中让我们看到的就是“真光人”能谋事，善决策，把实事做好，把好事做实，体现的就是“真光人”脚踏实地、真抓实干、敢于担当、忠诚老实、襟怀坦白、公道正派。

当然在“三严三实”的学习、领会及践行中，我们既要注重较好的廉政文化氛围和踏实努力工作氛围的营造，也要力争从自身出发，从自己身边的人出发，解决工作中存在的主动意识不够强、工作责任心不到位、精神状态不佳、得过且过思想等问题，进一步改变工作作风，提高真光教师队伍核心素养素质，保持思想纯洁、心灵纯洁、作风纯洁、清正廉洁。

阳光教育，阳光“真光人”，践行“三严三实”永远在路上，这就是我们的追求！

守纪明德，实干兴教

当前，开展“三严三实”专题教育活动，学习《中国共产党廉洁自律准则》《中国共产党纪律处分条例》等，旨在解决党员干部“不守纪律”“是非不明”“不严不实”等问题，增强党员干部践行“三严三实”要求的思想自觉和行动自觉。这次活动将“严以修身”放在首位，狠抓纪律作风，其重要性不言而喻，正如古人所说，“其身正，不令而行；其身不正，虽令不从”，真正达到“严以修身”，必须从明准则、守纪律做起，正所谓：“天下大事必做于细。”但作为“为人师表”的教师来说，仅仅做到守纪律、把握住道德底线是远远不够的，必须具备高尚的师德，正如《大学》所言：“大学之道，在明明德，在亲民，在止于至善。”

“古今事业必成于实”，“风成于上，俗形于下”。领导干部的一言一行，不仅关系到本人的品行和形象，更关系到党在群众中的威信和形象，对学校风气的形成、对师生生活情趣的培养，具有“上行下效”的示范功能。我作为真光中学的党委书记，认真贯彻落实党和国家教育方针政策，率先垂范，做到严以修身、严以用权、严以律己，踏踏实实做事，清清白白做人，为培养大批优秀人才而努力奋斗。

一、明准则，勤学以修身

《中国共产党廉洁自律准则》指出：“中国共产党全体党员和各级党员领导干部必须坚定共产主义理想和中国特色社会主义信念，必须坚持全心全意为人民服务根本宗旨，必须继承发扬党的优良传统和作风，必须自觉培养高尚道德情操，努力弘扬中华民族传统美德，廉洁自律，接受监督，永葆党的先进性和纯洁性。”这些内容对我们教育工作者来说，就是非常重要的准则。当前在一些党员干部中出现的种种问题，追根溯源是由于动摇和丧失了共产党员的理想信念。我们要把坚定理想信念作为安身立命的“主心骨”，作为修身立业的“压舱石”，从思想深处解决好这个“总开关”问题，用坚定的理想信念练就“金刚不坏之身”，具备“精神之钙”。

作为教育工作者，理想信念坚定体现为忠诚党的教育事业。要做到严守政治纪律，在政治方向、政治立场、政治言论、政治行为方面守好规矩，自觉坚持党的领导，自觉同党中央保持一致高度，自觉维护党中央的权威。习近平总书记在与中央办公厅成员座谈时指出，忠诚不是自然而然产生的，对党要有朴素的感情，更要有理性的自觉。因此他强调，要把系统学习、掌握马克思主义理论作为看家本领，只有学懂了马克思主义基本理论，才能心明眼亮，才能深刻认识和准确把握共产党执政规律、社会主义建设规律、人类社会发展规律，才能始终坚定理想信念，才能深刻认识到肩负着中华民族复兴的伟大使命，中国共产党人一代又一代接力奋斗，向着中国梦实实在在地努力、前行。我在此次教育活动中，进一步加强马克思主义基本理论、中国传统文化等的学习，认真领会习近平总书记重要讲话精神。深刻领会到习近平总书记多次就党风廉政建设和反腐败斗争开展重要讲话，是富有创建的新思想、新观点、新论断，形成了新时期党和国家反腐败战略思想，标志着党对长期执政规律和社会主义建设规律的认识达到了新的历史高度，是当前我们开展工作、依法治校的行动指南。

根据荔湾区教育局党委的部署，我校党委精心组织编制了纪律、师德教育学习活动日程，开展丰富多彩的学习活动。一是组织上好廉政教育课，组织党员干部开展违反八项规定典型案例警示教育专题讲座以及纪律教育学习活动动员。二是组织全校开展了“深入纠正‘四风’，防止问题反弹”“纪律教育，守住底线”专题讲座，组织观看了《沉沦》《蚁贪之祸》等警示片，以案为鉴，鲜活的正反两方面典型事例让广大党员受到了深刻的党性教育和反腐倡廉教育，给党员干部们打好了“预防针”。三是向全校师生“劝学”，勉励大家要爱读书、读好书、善读书。积极开展“廉洁花开，丁香书韵”廉洁读书月活动，引导和鼓励广大师生阅读廉洁书籍，积极参与廉洁和谐社会建设。四是组织党员教师参加师德征文比赛。五是开展“党内法规学习教育月”活动。组织全校党员干部以学习贯彻《中国共产党廉洁自律准则》和《中国共产党纪律处分条例》为重点，广泛学习党内法规，将其作为全体党员干部的“行为规范”，并将两项法规纳入党员干部教育培训总体规划。通过广泛学习，全体党员干部进一步树立了正确的世界观、人生观和价值观，增强了宗旨意识、责任意识和服务意识，达到明纪律、守规矩、促廉洁的效果。

二、正师德，正心以律己

习近平总书记指出，好老师有四个方面的品质，即有理想信念、有道德情操、有扎实学识、有仁爱之心。教师具备优良的师德，方能真正做到“传道受业解惑”，兴盛教育伟大事业，培养品学兼优之才。习近平总书记还指出：“建设一支德才兼备的高素质执政骨干队伍，是我们事业成功的根本保证。”党员干部只有努力塑造人格魅力，才能增强自身道德感召力，才能形成更为强大的凝聚力、向心力。

作为教育工作者，优良的师德至关重要，我在教育活动中进一步加强自身的师德修养。一是解决好心态问题。我时刻以优良党员标准要求自己，以优良人民教师的身份要求自己，以人民公仆的身份要求自己，坚持不懈地强化宗旨意识，把全心全意为师生服务作为自己的根本立场、崇高选择和价值追求。二是向广大师生学习。在中华民族几千年的历史发展进程中，人民群众作为道德实践主体，创造了丰富的道德文化，积淀了优良的道德传统，成为滋养当今时代党员干部个人品德和从政道德的营养之源，是党员干部加强道德修养取之不尽的精神财富。学校里有许多为人师表的好老师和品学兼优的好学生，我常怀“君子检身，常若有过”的态度，既“见贤思齐”，向广大优秀的师生学习，把自己的道德修养根植于广大师生的美德之中，做到接地气、有营养，永葆教师本色，又同时做到“见不贤而内自省”，加强自我防范、自我剖析、自我批评、自我纠正，提高自身的免疫力和抵抗力，不断修正自己在思想和行为上的不足之处。

我大力加强校风建设，在全校形成崇德尚义的好风气。我校开展“廉政文化进校园”活动，推行阳光管理、校务公开、廉洁从教等系列活动，以进一步形成良好的校风。2015 年，我校积极推进校务监督试点工作，学校廉政建设得到加强，这是我校推动教育系统廉政建设的又一有益探索。与此同时，我校也把廉政教育作为学校青少年思想道德教育的重要内容，定期开展法制教育课，并利用团队会、集会、橱窗、校园网等多种渠道宣传廉洁文化。学校每个星期一还有专门的班会课，对学生进行思想道德教育。不仅如此，学校还通过家长学校开展思想教育，收到很好的效果。

三、兴教育，实干育栋梁

古人说，“道虽迩，不行不至；事虽小，不为不成”“为政贵在行，以实则治，以文则不治”。历史上空谈误国的教训不胜枚举。毛泽东同志要求共产党员一定要有“认真实干”的精神，强调“一件事不做则已，做则必做到底，做到最后胜利”“什么东西只有抓得很紧，毫不放松，才能抓住。抓而不紧，等于不抓”。邓小平同志强调“少说空话、多干实事”，凡事都“要落在实处”，“开会、讲话都要解决问题”。江泽民同志强调“落实，落实，再落实，因为这是做好一切工作的关键环节”。胡锦涛同志强调“脚踏实地，埋头苦干”。习近平总书记提出“空谈误国，实干兴邦”，作为领导干部，关键在于实干、有担当。

习近平总书记引用古人的话说，“为官避事平生耻”。他还说：“我认为认认真真地当好共产党的‘官’是很辛苦的。我也没有听到哪一个称职的领导人说过当官真舒服。”当干部就要真干，“不干，半点马克思主义也没有”。干部担当大小，体现着干部的胸怀、勇气、格调，有多大的担当才能干多大事业，尽多大责任才会有多大成就。我坚持做到：视事业如泰山，认真贯彻落实党的教育方针政策，以身作则，率先垂范，把岗位看作为党的教育事业奉献的机会，当作为人民服务的机会，真正做到“为官一任，造福一方”，当前以“三严三实”“明准则、知条例、守纪律”等教育为契机，进一步做到“以人为本，求真创新”，提高全校师生的思想政治素质，特别是加强教师的师德教育，发挥党员干部先锋模范作用，增强他们拒腐防变的能力，营造公平、公正、和谐、奋进的校园风气，培养更多的社会栋梁之材，让“尔乃世之光”更闪亮！

践行校务监督，推进阳光管理

校务监督是推动教育系统廉政建设的又一有益探索，是推进民主政治建设，依法行政、依法治校的有效手段和客观需要。它整合了校务公开、工会、教职工代表大会以及原有的校务监督等资源与成果，突出监督意识，优化监督机制，提升监督实效。它筑起了教师、干部廉洁从教的防火墙，规范了教育教学行为，树立了教师乐教、善教的师德、师风新形象，催生了一股“以学校和谐发展为己任”的向心力。

在新的形势下，我校积极推进校务监督委员会（以下简称校监会）试点工作，学校廉政建设得到加强，教育教学质量得到提高，办学条件得到提升，社会影响力得到扩大。

一、积极探索，努力践行校务监督机制

校务监督工作，实行党组织统一领导，行政主持，纪检监察，工会监督协调，职能部门各负其责，教职工、学生积极参与的工作机制。校监会是为加强校务监督的领导和监督，按照市、区校务监督的新要求，进一步健全校务公开和监督的组织机构。

校监会由学校党委书记任组长，成员由纪检委员、工会干部和教职工代表组成。其职责包括监督校务公开的内容、方式、程序、时间等是否规范；教职工、家长反映的问题是否得到解决；组织教职工对公开情况进行评议、测评，对涉及的有关问题进行调查核实并反馈给有关部门，同时督促落实。

校务监督小组组长：李延彬；组员：谭东明、叶炳健、周光新、周伟英、赵元发、罗步操。

二、积极参与，明确校务监督的主要内容

一是学校层面。对学校重大问题决策、重要干部任免、重大投资项目决策、大额资金使用等“三重一大”事项，阳光招生、绩效考核、干部竞聘、职称评聘、评优评先、经费审计等校务公开以及其他社会、教师关注度较高的重点与疑点事项进行全程监督，主动收集、受理并及时向学校党组织反映教职工对校务管理的意见和建议，让学校管理在阳光下运行。

二是教师层面。校监会有责任与义务支持和配合学校行政、党组织正确履行职责，协助做好师德教育。通过安全与师德警示教育、微型党课、校本培训、签订承诺等，多形式、多角度开展廉政教育活动，开展有偿家教督查、师德师风评议、行风自查自纠调查等活动，为树立教师廉洁从教新形象，赢得社会、家长的认可和满意，进行民主监督。

具体表述为10项内容。学校的办学理念、办学目标、发展规划、年度计划、总结等制定与落实；领导分工、责任目标和干部任免；教职工聘任、奖惩、职称评定、晋级、评先评优等；教职工奖金、福利分配、课时津贴及其他涉及教职工切身利益的事项；学校基建、物品采购、投资经营、大额服务项目；学校财务工作：学校年度经费预、决算情况，学校教育经费和其他各项收入的来源、支出情况，包括接受社会、个人捐赠款物的使用和管理情况以及食堂、工会收支情况，

学校执行财务制度情况；学校收费工作：学校收费项目、标准、依据、程序、时间和代办的项目及程序；学校招生工作：招生政策、纪律、录取和排班等情况；涉及学生切身利益的专项公开：省市级优秀学生、三好学生、优秀学生干部、优秀团干、团员评选，特困生及困难补助，批评处分等；领导班子成员廉洁自律情况。

三、多一些春风化雨，优化监督方式

1. 收集意见建议

根据教职工大会和教职工代表大会决议事项，围绕教职工关注的热点、难点问题，或根据学校党组织、教育局纪委的要求，广泛收集教职工的意见和建议。

2. 确定监督事项

根据收集到的意见和建议，进行研究分析，按照防控廉政风险、强化教育行风建设、加强教职工队伍建设、维护学校和教职工权益等工作要求确定监督事项。

3. 开展调查研究

围绕监督事项组织开展调查，查阅、收集有关资料，了解、核实相关情况，如审核校务公开的内容、时间、形式及程序，检查账目和集体资产处理情况，对学校财务公开的内容进行审核等。最后对收集到的情况进行认真研究，形成监督意见。

4. 落实监督意见

根据监督意见，认真细致、客观公正地监督学校相关部门落实情况，及时发现和纠正存在的问题，并提出制定和完善各项规章制度的意见和建议。

5. 公布监督结果

通过公开栏、召开会议、个别反馈等形式及时公布监督结果，对教职工的询问质疑做出解释说明，及时向教育局纪委和学校党组织反馈，并协助上级纪委查处学校教职工违纪违规行为。

整个监督的过程如“春风化雨”，温暖的不仅是所有教职员工，还有被监督的人和事，它能唤醒自律，树立诚信，营造风清气正的良好教育环境。

四、多一些宽容理解，探索校务监督的有效意义

校监会组建初期，往往由于大家在工作中总怀有一种彷徨思想，容易导致工作浮于表面，走形式无实质，不能真正发挥监督的实效。因此，首先要打消校监会成员的思想顾虑，强化校务监督的必要性。

一是社会发展必然趋势。权力必须置于监督之下，失去监督的权力必然会被滥用。当下，从中央纪委到基层单位，都在提倡公开、公正，怎样才能做到公开、公正？监督绝对是必不可少的，有了监督才能证明公正，有了监督才能体现公开。

二是教师渴望还政于民。教师都渴望推行校务公开，加强民主治校，使学校大到决策和财务，小到教师考评和分班，都能完整地置于阳光下。学校做到倾听师生心声，走群众路线，还决策权和知情权于教师，能大大改变教师的工作作风，提高工作热情。

三是强化校长风险意识。学校实行校长负责制，权力的过于集中容易滋生腐败。校监会责任明晰，监督到位，从多方面约束校长的权力实施，形成权力制衡机制，使校长在做事之前形成风险意识，强化道德底线，有效预防职务犯罪。

四是学校管理内在需求。学校领导在管理执行中需要监督，有了监督才具备强有力的说服力。更重要的是，科学的监督不但能融洽干群关系，增强其间的默契和信任，而且学校的领导力、执行力也会相应提高。

综上所述，校监会的工作并不神秘，其实它就隐存在我们日常管理当中，不需要我们创造，只需要我们重视。在推行校监会工作过程中，只要能不断壮大监督队伍，有效运行稳固监督渠道，挖掘资源拓宽监督项目，敢于创新优化监督手段，服务好学生，服务好教师，就能传递教育正能量，就能推进百年真光的阳光管理和阳光发展。

真光文化

关于“爱”的故事

新中国成立前，在岭南地区有几所教会名校，培养的学生各具风采和特点，从此都有了自己的名号，既好玩又便于记忆：真光“猪”，岭南“牛”，培正“猴”，培道“温柔柔”。

“猪”，肥肥胖胖，呆头呆脑，用它来比喻“真光女子书院”的大家闺秀们，可能有调侃和逗趣之意。其实我更多地看到的是“猪”的长处：雍容大度、胸怀宽广、无私奉献。校祖那夏理女士历经千辛万苦从大洋彼岸来广州建校并为之服务51年就是其怀有一颗博爱之心的体现。华人第一任校长罗刘心慈女士秉承校训精神，升华出“真光就是爱，爱就是真光”的解读，将真光教育发扬光大。从“尔乃世之光”到“真光就是爱，爱就是真光”，再到“爱国、爱校、自爱”，真光的历史就是一部“爱”的历史。

在真光园，可能在你身边经过的每一个人都是你要找寻的故事源。

2015年初夏的一天早上，当第一缕阳光穿过云层照射在大地上、知了在翠绿的榕树上勤快地歌唱时，一位满头银发、目光深邃的老人稳健地走入真光实验学校校门，亲切地与门卫聊家常。进校门的老师都喜出望外，敬重地叫一声：“林老，早上好！”

他是谁？

他就是真光的元老！80岁高龄的老校长林文华。脸上的皱纹爬满他高高的额头，喻示着他有着丰富的人生经历——归国华侨，曾任真光中学副校长，退休后，又在真光实验学校任法人代表，继续在真光大家庭发光发热！虽然年事已高，但对教育事业的热爱，使他精神焕发，他对真光的情、真光的爱，感动着每一位“真光人”。目前，他就是真光的一面旗帜，鼓舞着每一位“真光人”！

2014年7月，林老虽然辞去了真光实验学校法人代表的职务，但他时常挂念着大家，经常回校走走，每位老师的姓名，他都能和蔼地以昵称叫出来，让人倍感亲切。

大家忘不了2014年8月的一天，林老专程回校为新初一师生讲话的情景。

那天，晴空万里，天空出奇的蓝。8点30分，太阳发挥着它的威力，炙热地烤着大地。新初一的学生经过几天的军训已能笔直地站立、安静地倾听。

林老穿着洗得发白的短袖衬衣和深蓝色的长裤，虽已80岁，但仍能笔直地站在国旗下，空气中回响着他响亮的、殷切的话语。

阳光照耀下，国旗在上空飘扬，林老向300名新生提出了人生思考问题："即将踏入初中的你们，在这一刻，需要认真思考：你为了什么而读书？你将会怎样读书？"

"小时候，鞭策我学习的是为了国家的强大而学习。"林老如是说。

这一刻，在场的师生陷入了深深的思考中，大家心中都感受到林老强大的读书动力！

"下面，我希望用小时候老师教过我的歌曲和大家一起共勉。"

"小呀么小二郎，背着那书包上学堂，不怕太阳晒，也不怕那风雨狂，只怕先生骂我懒哪，没有学问（啰）无颜见爹娘。"

校园里响起林老中气十足、富有感情的歌声。歌声飘进师生的心中，泛起层层涟漪，林老对学生深层的殷切期盼让大家动容。歌声在新初一学生心中播下了爱学习、爱父母、爱校园的种子，"尔乃世之光"开始在心中萌芽。

最让大家感动的是林老最后的结束语。他平缓、清晰地说道："我最后能奉献的是我的身体，我已与家人写好遗嘱，并找医院签好协议，等我百年归老后，我的眼睛将捐献给需要的人，我的身躯将提供出来做科研。"这一刻，在场的师生再次陷入沉思！此时，阳光刚好落在林老的身上，一层薄薄的金光环绕在他的身上。

林老用他的实际行动践行着真光爱的教育。他朴素地、毫无保留地把人生奉献给教育和社会。他是值得每一位"真光人"敬重的元老！他的真光情"润物细无声"地感染着所有真光师生。

素有"男高音"之称的丁洪生老师讲课的声音变小了，而且还坐着讲课。原来他做完肠胃手术之后第四天就来上课了。医院让他至少休息两周，但他放心不下即将高考的学生，手术后三天坚决要出院，第四天清晨就上班了。王玉兴老师脚伤了，拄着拐杖上课；黄丽华老师做完胃镜检查，打完点滴马上回校上课……"真光人"以校为家，用自己的言行实践着"真光就是爱，爱就是真光"。

受这种"爱"的熏陶，"真光人"坚守"人为本，爱为基"，追求"德为先，业为重”，处世“和为贵，容为大”，为人“诚为恒，勇为新”，工作“慎为敏，勤为尚”。

在真光校友间流传一句话：“一日真光，终身真光。”的确，当一个人能够把个体生命与过去、现在的许多生命接续起来时，他一定能够获得源源不断的人生智慧和创造灵感。就像一棵树，当它把根系深深地扎进大地母亲的怀抱时，它呈现给世界的，一定是一派生机勃勃的景象。“真光”二字像刻在骨子里一样，不管走到哪里都是“真光人”。历届校友在国内外成立了真光校友会，建立真光奖学金、奖教金，并多次为学校捐款建楼。

今日的真光校园，就是师生们共同谱写一首无尽的爱的心曲。“真光教育”发扬爱的精神，让爱根植于教师的心里，体现于教师的行为，真正理解学生，赋予其真挚纯真的爱，引领学生将爱铭刻于心坎，显现于人格上，让每一颗鲜活的心灵在爱的滋养与释放中欢悦。

一代又一代“真光人”沐浴在真爱之光下，凝聚成真光特有的品格，洋溢着一种卓尔不群的气质，也积淀成真光独特的“爱”的文化。

这种“爱”的文化，促进了学生的发展、教师的发展、学校的跨越性发展，形成了真光的办学特色。

真光的爱是朴实的，是实在的，是真真切切能感受得到的。真光爱的精神正是靠这样的“真光人”代代传承，才有了百年的历史，有了辉煌的历程。

真光之爱，薪火相传！

“真光人”的一面旗帜

真光校园，绿树成荫，鸟语花香。

18 年前山东小伙小李来到真光中学，第一个见到的就是他——罗新强校长。

罗新强校长给我留下的第一印象是非常健谈，思路清晰。

记得当年红墙绿瓦的真光楼前有一个大大的花坛。一年四季，斗移星转，不变的却是每天早上、中午、晚上总能看到罗校长站在那里，碰到老师、学生都能叫出他们的名字，我感到非常不解，校长事务繁忙，几乎能够叫出全体学生的名字，这使得我常常惊叹于他的记忆力。在真光的时日一长，与学生和老师也相熟起来，交流也多起来，我才真正明白，这一切源于他对学生的热爱和尊重。

现在真光堂前的大花坛已成历史，后来者无人知晓，每当我走过，就仿佛看到他执着的样子，他瘦削的形象已不仅仅耸立在真光堂前，而是已根植于我的内心，陪伴我从他口中的“小李”到如今的“老李”。当年的小李刚过而立之年，风华正茂，而如今华发已生，腰背也开始有少许的佝偻，但不变的是那颗教育人的心。

前几天碰到罗校长，校长见面的第一句话就是“你不能离开真光啊”。罗校长知道，近20年的时光，成就了真光：1995年被评为广州市一级学校，2003年被评为广东省一级学校，2008年被评为广东省首批国家级示范性普通高中。当年的小李也在他的慧眼下起步，在他的关心指导下成长，已经肩负起与校长一道带领真光团队可持续发展的重任。

百年真光，英雄辈出。罗新强校长用自己的方式帮助了很多人：李爱华、关治雄、何冰、刘晓林、刘鸿雁、李延彬、陈广明、李斌、胡俊春、江惠庄、宋玲、谭东明、华敏、张伟荣及“北师大四大才子”（谢富强、钟翠婷、赵香甜、范文勇）等。

真光就是爱，爱就是真光

校长的办学理念要引领学校的发展，要成为学校各管理部门的共识、全校师生员工的共识。要化为具体的、自觉的行动，就必须把校长办学理念渗透到学校的各个领域，内化为管理部门系列理念。

真光中学的德育理念体系是根据“求真”二字，追逐一百多年的办校历程，凝练出一个沉甸甸的“爱”字，把德育理念确定为“爱国、爱校、自爱”。

“爱国、爱校、自爱”的德育理念内涵，就是发扬142年来学校的文化积淀和优良传统。校祖那夏理女士历经千辛万苦从大洋彼岸来广州建校也是怀着一颗博爱之心，华人第一任校长罗刘心慈提出了“真光就是爱，爱就是真光”的名言。与时俱进的办学理念，对传统的“爱”字有了深入的理解：过去，无论是“仁爱”还是“博爱”，都不可避免地有着某种局限性。新时期的“爱”应包括爱自己、爱学校、爱国家。爱自己并不是个人利益至上，而是要关爱自身健康与精神修养，要做一个身体健康、人格健全的真正的人。只有如此，人才能具备爱的能力，只有懂得爱自己，懂得重视个体的存在、个体的价值，才会去爱他人，去尊重他人存在的独立性，才能知道如何去关爱他人，才会懂得宽容，与人和谐相处。与此同时，还要爱人类以外的其他生命，尊重大自然中的其他生物的生存权利，与它们和谐共处。珍爱美好的青春，珍惜时间，奋力拼搏，勇于创造，建功立业，并由此延伸到爱学校、爱国家。爱学校就是尊敬师长，爱护学校的一草一木，努力学习，善于学习，学有所成，为自己能成为真光的一员而自豪；爱国家就是有远大理想，有国际胸怀，有报国之志，有强国之才。

真光“爱”的教育通过多种途径开展：“道德大讲堂”、升旗礼、主题班会课、学科课堂、实践活动、节日庆典、真光六大节日等。每班每学期都会开展形式生动活泼的“爱”的主题班会，让学生懂得在家孝顺父母，在校尊敬老师，在社会尊老爱幼、礼敬他人。学科课堂渗透“爱”的理念，如语文课利用世界文学遗产引导学生感悟亲情、友情、乡情、爱国之情等。每年 3 月组织学生参加学雷锋社区服务活动，走进广船国际老人院，走到街头宣传雷锋事迹并参加一系列的服务活动。10 月，利用学生的成人宣誓日组织献血活动，让学生以实际行动为社会献爱心。这样就把国家、学校、个人三者的关系融成一体。爱自己就会有远大的理想、积极乐观的生活态度、顽强的拼搏精神和百折不挠的毅力，勤奋学习，学业有成；爱学校就会热爱学校的一草一木，尊敬师长，友爱同学，成为优秀的学生；爱国家因为有了具体的内容和行动，让我们有了体验，有了心灵的悸动，祖国也更加亲切可爱了。在德育工作中，我们还坚持一个中心：加强未成年人思想道德建设。落实两个渗透，即学科渗透、环境渗透。构建“三全”德育模式，即全员育人、全面育人、全方位育人。强化“四 J”教育：“敬、净、静、竞”四字教育。静能生慧，创造良好的、安静的学习环境，让每个学生静心学习，沉心思考。净能健康，一是环境的整洁干净；二是个人卫生、仪容仪表的规范；三是心灵的洁净，具有远大的理想、高远的志趣、蓬勃的精神。竞能发展，具有竞争的意识，形成竞争的氛围。敬能养德，尊敬老师，尊敬老师的劳动，认真听课，讲文明，讲礼貌。

“真光”二字的内涵新解

1868 年，校祖那夏理受美国长老会的委派远渡重洋来到广州。1872 年在广州六二三路荣安街的一栋小楼创办真光女子书院，开岭南女中的先河。

据考证，“真光”二字出自基督教的《圣经》，它的含义就是真光儿女来到这个世界就要发光发热，温暖他人，为这个社会做贡献，影响身边的人，照亮身边的人。

141年来，“真光人”根据时代的发展，不断赋予“真光”二字新的内涵和理解。那就是真光儿女是真理之光，来到这个世界，不仅要发光发热，照亮别人，温暖别人，还要时时对照“真光儿女十标准”“真光儿女十六字精神”检讨自己：我的肩膀够不够宽，能否承担家族的责任；我的胸怀够不够宽，能否承担民族的重托，能否担当国家的重任。

岁月悠悠，真光情怀16年，我好像读懂了“真光”二字的丰富内涵。而我的学生们呢？我也试图讲给他们听，用最浅显的比喻和语言，贴近他们的认知和心灵需要，讲明白“真光”二字的分量，说清楚“真光人”的集体性格，赋予“真光猪”新的内涵。

何为“真”？

如果我们单一解释为真理之光，未免有些含蓄抽象，而今天我找到了一个非常形象的载体，那就是我们日常生活中常见的盐。“真”就是生活五味中的“咸”。经过揣摩，我认为盐有三种特性：一是颜色是白色的，它代表着洁白、纯净，我们每个人活在社会上就要保持人性中最美好、最单纯的东西，体现我们的人性之美，并成为每个人的追求和目标。二是盐具有防腐杀菌的作用，面对现实社会浮华有余、踏实不足、拜金主义至上、道德底线缺失、诚信缺失、有毒食品渗透我们的生活等问题时，作为社会的人，特别是作为“真光人”，怎么办？敢于担当就是“真光人”的底色：面对社会的丑恶、社会的腐蚀、金钱的诱惑，就要敢于发挥盐的消毒作用，既保持个人的本色，也要保持家人、朋友、学生、同事、邻里的本色，同时还要为保持社会的正能量竭尽全力。三是盐的调味作用，我们的生活本身就是丰富多彩的，有了盐的参与，我们的生活变得更加有味、更加有趣。大家可以设想一下，如果我们生活缺少了盐的参与，那将是何等的寡淡无味，我们的味蕾将是最大的受害者，“舌尖上的中国文化”也就无从谈起。

何为“光”？

如果仅仅是从字面来理解，我可以列出火光、灯光、星光、烛光、曙光、萤火虫的光等，但是“真光”的“光”的外延明显扩大，它的内涵更加丰富，对我们的道德修养提出新的要求，我们不仅要心地向善，还要关注他人；我们不仅要关爱家人和朋友，还要敢于担当，在民族大义面前，敢于牺牲，在人民面对天灾和人祸时，我们要挺身而出，出钱出力，更要影响、带动身边的人投身其中，这都是作为公民的基本义务。如果仅仅这样理解，可否？可以，而且境界还不低，但是我认为还是不够全面和透彻。愚人之见有三：其一，“光”就是光亮，也就是你本人要具备的品质、品行、德行，让别人能够看得到你的行动，感知到你的存在，不仅仅是自己的精神财富，还能照亮身边的人，影响一个家庭、一个团队，影响局部直至整个社会。其二，指引的光、引领的光，就像透光窗户让心处黑暗的人看到光明和希望，就像港口的航标灯为船只照亮航行的路线和入港的路径，就像马路两边的路灯为趁着夜色赶回家的人以及趁着夜色忙碌生活的人照亮前路，照亮梦想和期盼。这正如我们人生路上的最早的引领者——爸爸和妈妈，牵着我们的手，教我们走路、说话、写字；这也正如我们刚刚走向社会时需要名师的指点，也需要贵人的慧眼；也像我们的基础教育发展到今天，困惑越来越多，教育理念和所谓的教育思想五花八门，话说得越来越漂亮，可惜有些不是真正地从关心个体差异出发；身已疲，心更累，自己付出很多，感觉也非常良好，殊不知你的劳动在不知不觉中已从原来让人羡慕的脑力劳动变为体力劳动，校长变成矿长，教师变成矿工，学生变成矿石，心中的教育理想荡然无存，只是随着时代的大潮盲目前进；校园文化也变为校园伪文化，让每面墙都说话，让每个角落都说话，实际上无人问津、无人喝彩，只有校长一人在孤芳自赏，并不断地到处卖弄自己的文化，殊不知个别人的文化只是独角戏，距离师生的生活和需求太远；学校的课改也沦为一场游戏，只关注形式，不关注内容，只关注教师，不关注学生，所谓的关注也变成一场大戏，表演的痕迹太明显。“灯”在哪里?就在脚下。其三，光还具有警示作用。赤橙黄绿青蓝紫，最醒目的颜色就是红色，所以街头的交通灯就是红、黄、绿。到了路口遇到红灯就一定要停下，这就是红灯的警示作用。否则，轻者因违反交通规则受罚并进一步学习交通规则，重者出现交通事故，个人受皮肉之苦不说，还有可能给家庭造成伤害，同时也给别人的家庭造成不必要的困扰。所以说，我们是光，就要警示身边的人，不能越过道德底线、社会公德底线、法律底线、家庭伦理道德底线。

这就是“真”！这就是“光”！

这就是“真光人”的追求——国际视野、人文情怀和现代人的基本素质养(勤实践、强体魄、有爱心、养智慧)！

这就是我的追求——尔乃世之光！

真光教育的卓越追求

真光中学是一所有百年历史的岭南名校，具有丰富的文化底蕴，并形成自己独有的文化和核心精神。校长乐于将教育理论研究和实践相结合；教师关注学生的差异化发展，关爱学生的成长；学生认同学校的文化，并在丰富多彩的社团活动中，形成自己的智慧，提升个人的思维度和解决问题的能力。

在亲身感受真光中学近十年快速发展和取得卓越成绩的同时，我更想从利于学校进一步发展的角度，谈一谈自己的想法和意见。

面临当前世界新格局和我国的教育环境现状，真光中学的德育工作如何开展？我认为首先要传承，把前辈留给我们的财富继承下来，消化吸收，变为“真光人”品质的滋养；同时更要注重创新，一是内容的创新，二是形式的多样性，符合时代的要求。特别是真光爱的教育理念，不能只停留在爱自己、爱老师、爱同学、爱家人等这些初级范围和领域，这些爱很重要，也是学生道德品质的基本底线，但还不够，我们需要培养学生具备更高的境界和远大的情怀，那就是家国情怀、领袖气质。家国情怀就是将真光 1872 年建校初期的“人爱”上升到民族大爱、人性之爱；领袖气质就是要有牺牲精神与更多的担当和社会责任感。

当真光培养人的方向和目标明确了，接下来就是如何培养的问题。

我认为关键是从习惯入手，一是行为习惯，二是学习习惯。真光德育的 30 个关键细节，我认为可分为两个系列：15 个良好行为习惯、15 个规范学习习惯。在习惯的养成过程中，要强调注重自觉和自律，注重方法的正确引导和跟进；同时还要根据自己的校园环境，以多样的渠道彰显校园环境，把静态的东西变为美的动态；学科渗透也很重要，各学科在实施研学过程中，也要注重昭示关爱和境界。级社文化做得很有特色，学生的社团更是校园的一道亮丽风景线。关于学校的课程资源还要继续深挖，围绕爱国主义的旗帜，深挖家长的资源。微型课程的打造、社区资源的整合，这些都要与爱同行。交给学生的不仅仅是人与人之间的坦诚，还要在体验中唤起人性和对社会的义务与责任。所有这些“习惯”都是真光中学再发展的支撑，是让爱互助、提升的催化剂。

同时“香梅特色课程班”作为我校的特色，本来是一件很平常的事情，信息公布于众后却引起社会的热议，各家媒体争相报道，还有华南理工大学的男生穿上裙子到我校的门口示威。我认为这完全是一场闹剧，女生班有何不妥？关键是我们的定位，校友陈香梅、司徒梅芳、郑儒永、宁焕美等都是社会名流，巾帼不让须眉，她们为国家和社会都做出了卓越的贡献，我认为办女生班还不够，应该办成岭南的女中，告诉社会我们培养的不是“花瓶”，而是弘扬真光文化，培养女生的大智慧，特别是像宋氏三姐妹那样秀外慧中的人，像陈香梅那样具有领袖气质的人，像郑儒永院士那样为祖国科学做出卓越贡献的人，像全国优秀人民警察宁焕美那样全心全意为社区百姓服务的人。

这就是真光教育的卓越追求！

这就是真光教育未来发展的新亮点！

理念新探

金鳞岂是池中物，一遇风云便化龙

关于“教育是什么”的回答，说到底就是回答“什么样的教育才是好教育”。

我认为，好教育是教师和学生实现生命意义、追求幸福的教育；好教育是能引领和指导学生的身心健康成长，给予学生切实有用的知识和本领的教育；好教育是着眼于每一位师生潜能的开发和特长的发挥，并为学生终身的幸福打好基础的教育；好教育就是让每一个前行的人听到有力的召唤、看到光明的指引的教育；好教育就是培养适应现代需要的人的教育。

什么样的人才是现代需要的呢？他应该具备哪些素质呢？

一是国际视野与本土情怀的融合。我国对外开放的进一步扩大，为广大未成年人了解世界、增长知识、开阔视野提供了更加有利的条件。《国家中长期教育改革和发展规划纲要（2010—2020 年）》对于学生国际化的问题给予关注。全球化的经济发展，要求现代教育培养懂得国际的活动规则和游戏规律，而又活跃在这个舞台的人。当然，国际视野还要与本土情怀相融合，培养的学生要具有爱心，爱自己的家庭、父母、师长、同学，还要眷恋自己出生和长大的这块热土，爱这块土地上的人。我们要注意这样一种现象，近几年很多学校都在办国际班、国际部。北京的有些学校收费高达 25 万元，这些学校的老板的办学目标就是赚钱，他们追求的是金钱，根本不可能考虑人文情怀的培养，更不可能考虑爱国情怀的培养。广州四大名校的出国人数占在校学生总数的 20%；上海某外国语学校 209 人，参加高考的只有 9 人，出国留学热出现井喷之状，这不能不引起我们的思考。人才走向国际舞台学习交流是好事，在全球化的今天，将来的学生在哪工作不是最主要的，最主要的是心中的根一定要种在中华大地，这是我们每个教育工作者的天职和使命，也是我们培养的人必须具备的素养和素质。

二是精英素质与平民意识的结合。各级各类学校的培养目标是不一样的。

1993 年《中国教育改革和发展纲要》提出育人目标：培养数以亿计的高素质劳动者、数以千万的专门人才、一大批拔尖创新人才。而现在学校采用的是千校一面的中学教育模式，如果不改变现有的管理模式、课程模式、育人模式、科研模式等，我们育人的质量要达到世界先进水平就是一句空话。只有大家有了清醒的认识，教育的春天才能来临，我们已看到希望。放眼世界，改革开放 30 多年，中国的经济突飞猛进，成为世界第二大经济主体。谁在推动？我们自己培养的人才在推动。在未来世界的发展格局中，我们要想再有进一步的发展，能领世界风骚，就要培养出更多像乔布斯、比尔·盖茨一样的人才，领导一个行业的发展，成为全球的风向标。当然，我们培养的这些社会栋梁之材除了要具备爱读书、会思考、有才情、敢担当的精英气质外，还要有爱生活、会实践、有爱心、能自强的平民意识，挥舞大旗，在世界商界、政界、军界、文化界等领域服务国家，回馈百姓。

三是科学精神与人文素养的统一。现代是高科技时代，信息技术发展迅猛，发展的速度大大出乎人们的想象，3D 打印机等产品已进入我们的工作和生活，让人振奋。而在中国，科技发展为首，而学校的热情不高，究其原因，负担重，课程超标。现代的教育培养了一批利己主义者。科技可以推动社会，也可以伤害社会。复旦大学投毒案、南京航空航天大学杀死同学案等，犯罪嫌疑人的杀人动机都非常简单，同学开门晚了点、同学比自己优秀点等。说到底，这是他们缺少人文素养和精神养料的结果。

现在有一种疑问：这种惨无人道的杀人案件，根源在哪里？北京航空航天大学一知名教授有言："出在大学，根子在中小学。"一开始不顾教育规律提出"孩子不能输在起跑线上"，媒体、家长、社会推波助澜，大家只关心分数，对于学生的品德心理和成长过程中的疑问、困惑甚少过问。对于该教授的观点我不敢苟同，更不赞同，我认为根子不在中小学，而在大学。华东师范大学教育部中学校长培训中心陈玉坤主任在《大学社会责任》一文中提到，名牌大学只认分不认人，清华、北大到处抢状元、抢尖子生，起点出问题是因为终点设置不合理，大学不能逃脱自己的责任，大学只认分，中小学就只育分不育人，两者都要改变才行。

四是身体发展与心理健康的和谐。学校最有活力的课堂是体育课，能让学校学生感觉快乐的地方是运动场。学校最安静的地方是心理咨询室，学生的心灵能够靠岸的地方就是心理课堂。每天坚持一个小时的体育活动，已写入《国家中长期教育改革和发展规划纲要（2010—2020 年）》并指导学校教育未来三年的发展，从而保证身体的健康，现在看来很有必要。当然心理健康也要引起我们高度的重视。2012年江苏有5个学生跳楼自杀，孩子心理有问题。据权威部门的统计，目前，中小学教师有8%存在心理问题，其中三成表现明显，这样的教师就会影响学生。所以，我们不仅要关心学生，还要关心我们身边的同事。他们是撑起教育的核心力量，如果他们不“给力”，我们的教育目标如何完成？祖国、民族的希望在哪？

五是鲜明个性与团队协作的协调。在一个团队中，人云亦云就是和谐、就是合作吗？有个性并不意味可以脱离群体。强调团队合作，现代科技更要求加强合作，在工作实践中，体验与合作把自然人变为社会的人。比尔·盖茨提出“未来学校”的理念。“未来学校”没有围墙，没有校舍。想法固然超前，理念也很先进，但实施起来会很艰难。社会始终是需要人和人交往的，未成年人在成长过程中需要伙伴，需要伙伴的影响、引领。现代是数字时代，充分利用电子产品作为工具提高工作效率是可以的，但不能完全替代学校将自然人培养成社会人的职责和途径，对于这一点，学校的管理者要给予高度的关注。

“兴教当为国家计，育人当为终生谋”！学校如同一片森林，学生应该在其间自由跳跃，任意摘吃各种营养丰富的坚果。

我想，倘若学校真能如此，那在这样的学校里，学生必然会有强烈的进取心、丰富的想象力、旺盛的求知欲、多样化的个性特长，每个人都能健康、和谐地发展。

社会在变，大学也在变，基础教育怎么办？

世界著名人力资源调查公司麦肯锡在白皮书中提到：“现在的中国有多少大学生的工作是专业对口的，北京大学等名牌大学50%左右，华东师范大学60%左右，普通大学20%左右，有的大学则不好说。”为何出现这一局面？企业和用人单位的观念发生变化。例如，国际某知名保险公司到复旦大学招人，校方拿到的名单，保险专业的一个也没有，录取的人涉及物理、化学、生物学、医药等。这一事例就给大学的招生、职业规划、学生培养方向等以启示，社会和用人单位对于专业看得不重，他们更看重专业知识以外的东西，这些东西才是一个人未来事业发展的潜在核动力。

面对社会对于人才需求的变化，我们的大学做了什么？

大学的招生在变革。2004 年国家教育部重点大学的招生试点工作放在上海交通大学和复旦大学进行，原则上本科面试占一定的比例。时至今日，重点大学的招生 70% 通过自主招生进行，而不是只看高考成绩。

大学本科教育的课程和育人重点也在变革。以前的本科教育更加侧重专业知识的传授，而现在的本科教育更加注重学生的通识教育，文理兼修，重在突出价值观和思维方式，而掌握专业知识退其次。当前国家要求培养创新人才，就要培养学生的批判精神，给予学生更多的体验机会。复旦大学曾经做过这样的实验：历史系教授、中文系教授、哲学系教授、教科院教授同开《论语》精读课，结果四个院系的教授各有各的精彩！历史系侧重讲历史，中文系侧重文笔鉴赏，哲学系侧重儒家思想的研讨，教科院主要从先人的教育思想入手。由此可见，大学教育就要给予学生不同的答案，弘扬民主精神，允许并保留批判精神，同时还要强化科学的思维方式。有志之士提出，所有的学生都要学习自然科学的知识，解自然科学的题目，了解自然科学家怎样思考问题。广大教育工作者一定要明确，本科教育的通识教育，不在于教给学生多少东西，学生学了多少知识，而在于传授给学生正确的价值观念。

社会在变！大学也在变！那么，人人关注的基础教育呢？

当今小学到高中的学习与往日科举的十年寒窗苦读相比，可以认为是有过之而不及，主要表现为学生课余作业（包括自愿或不自愿参加课外有偿补习的作业）之多、之重达到了登峰造极、无以复加的地步。早上起来只见星辰、晚上就寝又见孤月是许多学生一日作息的始与终，特别是到了各毕业升学阶段，往往是每日六七节主课、四五张试卷，这还不行，到了周末和假期还要参加收费高昂的校外补习班，总之，五六年甚至七八年的数千个日日夜夜，学生的头脑与精力全部用在过来人与外国人看来毫无必要与画蛇添足式的所谓知识上，以至到了整天穷于应付、神经紧绷、头昏脑涨、腰酸背痛的境地，于是数年下来学生中普遍的高度近视、驼背、贫血、脊椎变形、消化不良、发育不良等病症自然成为中国特色教育的主要副产物，学生昏倒在教室、猝死在寝室这种教育悲剧也屡见不鲜。到了中考、高考前夕，学生身体的极限承受能力更是屡创新高，有的早上四点起床，有的半夜两点就寝，此时条件好的还有各种营养品与健脑品支撑着，不少三餐粗茶淡饭之辈，等到考试一结束，身体与刚重病出院的人并没有什么两样，少数人为此还落下终身的病根。

面对以上情景，我们不得不反思下，是什么出了问题？有人说是现代社会的浮躁、现代人的功利；有人说我们实施多年的素质教育是“挂羊头卖狗肉”；有人说是学校的快餐文化作祟，莫衷一是。而我却在想：社会在进步，时代在发展，具有中国特色的教育方式和理念培养出的所谓人才能否跟上社会发展的要求和需求？能否跟上教育国际化和经济地球村的大环境呢？

现实确实叫人不能乐观。大家都在变：学生一茬又一茬，教师一拨又一拨，教法翻新层出不穷等，而唯一不变的是“高考就是硬道理，没有成绩是万万不能的”。它是学校的生命线，更是家长和学生的生命线。正是人人看到了它的潜在利益，才有学生提出“只要学不死，就往死里学”的豪言壮语，给人悲壮之感；才有家长提出“你是战斗员，我是后勤兵”的温馨表白，给人无奈之感；才有学校提出“没有高考成绩，不要谈素质教育”，给人阴谋之感。

困惑、疑虑不断冲撞我的心胸，基础教育应该如何变革？党的十八大报告关于教育的精神和《国家中长期教育改革和发展规划纲要（2010—2020年）》（以下简称《纲要》）为我们的教育发展亮起航标灯，进一步明确了中国教育的办学方向和育人目标。

党的十八大的有关教育精神要求：努力办好人民满意的教育，教育是民族振兴和社会进步的基石。要坚持教育优先发展，全面贯彻党的教育方针，坚持教育为社会主义现代化建设服务、为人民服务，把立德树人作为教育的根本任务，培养德、智、体、美全面发展的社会主义建设者和接班人。全面实施素质教育，深化教育领域综合改革，着力提高教育质量，培养学生社会责任感、创新精神、实践能力。

《纲要》政策框架中的学校教育任务：巩固、提高九年义务教育学生在校率。主要是提高义务教育阶段学生入学率，降低辍学率。《纲要》提出了九年义务教育在校生和巩固率指标，这是每一所义务教育学校都要承担的任务。对学校来说，这主要是一个如何以高质量的学校教育吸引学生的问题。任务一，探索高中学校特色化发展。高中教育多样化发展是针对整个高中教育而言的，对具体学校来说，主要是特色化发展问题。任务二，深化课程教学改革，优化人才培养模式，提高学校教育质量。在这方面，无论是九年义务教育学校还是普通高中学校，都面临着相同的任务。任务三，减少中小学生课业负担，为学生身心健康发展创造有利条件。主要是为学生健康发展创造条件，重点是避免学生体质下降。任务四，有效运用信息技术，提高教育质量，重点是探索运用信息技术改进学校教育，构建与信息化时代相适应的学校教育新模式。任务五，加强教师队伍建设，重点是提高教师队伍的教学水平和职业道德水平。任务六，完善中小学校管理制度，主要是改善学校内部管理，不断提高管理的质量和效率，为教育教学工作创设良好的组织环境。任务七，提高对外开放的水平，主要是引进优质教育资源，提高国际交流合作水平。这一任务主要与城市少数优质学校有关。

方向已明，东风渐起，教育的春天如何开始？我们的接班人和劳动者如何培养？这些问题成为摆在校长和广大教育工作者面前的头等大事。

让学生学会求知、学会做事、学会生存、学会共存，这是我们共同的追求，也是历史赋予我们的责任。

实现中国梦，从我做起！培养真正的“精英”，从我做起！

什么才是人民满意的教育？

前几年提出“办人民满意的教育”，什么叫“人民满意的教育”？

放眼每年的6月，多少学生经过搏杀进入全国最好的大学？有的学生说“高考就是要在千军万马中杀出一条血路”；更有甚者说“我的高三是在含着眼泪裸奔”。面对此情此景，教育工作者不应该反思我们的教育吗？社会经济发展了，人们的生活水平提高了，我们的学生幸福吗？在十七八岁最好的年纪，他们无法为自己的青春做主。

放眼当今的国际形势和我国建设人力资源大国的需要，大学的入学考试必将发生重大变革，近几年大学自主招生考试已初露端倪，名牌大学用此方式招生的比例将逐年加大，直至70%的比例，一改“一考定终身”的办法。

作为基础教育的从业者，如果对自主招生的发展趋向不关注，不予以足够的重视，校长和员工“起得比鸡早，干得比驴累”也是瞎忙。“不重视考试成绩和教学质量死在今天，只重视考试成绩和教学质量死在明天”。现实的变革环境要求我们必须正视大学招生的变革，重新思考我们的教育和培养什么样的人的问题。

镜头一：江浙地区某重点中学，每年高考考入十大名校，特别是前五大名校的学生占据本省的半壁江山，一个状元学生参加过复旦大学的自主招生，结果名落孙山，校长问原因，复旦大学的负责人哈哈大笑，说：“你看过他的千分考（千分考涉及10门课程的知识）的成绩吗？”这个状元学生考得一塌糊涂，结果被拒录。复旦大学给的理由就是这个学生不适合复旦大学的培养。

我的思考：今后“985工程”大学的自主招生比例会逐年增加，高考的分数将不再是唯一的录取标准，今后重点大学自主招生录取的趋向是不要最高的，只要适合的——适合学校培养的。同时招生比例会逐年增加，未来将达70%。

镜头二：一个学生曾进入全国高中学生化学竞赛总决赛，其参加某大学的自主招生考试，根据其参加比赛的成绩本来可以直接录取的。老师问："你用饭盒吃一块肥猪肉，边上有油，怎样才能洗干净？加满水，放进冰箱，油没有了，为什么？"学生回答："老师，超纲了。"结果被拒录！

我的思考：该生没有被录取是有原因的。一个遇到事、遇到问题没有超越意识的人，其创新能力如何培养。就像驴拉磨，它已习惯别人给它围着圆圈跑的范围，怎么培养它也是驴，不可能成为日行千里、夜行八百的千里马。其创新精神可想而知，更别说创造知识、解决问题、服务生产、提升生活。

镜头三：一个男生参加复旦大学的面试，面试官给他两分钟介绍自己。该生说："我的情况在推荐信中已有介绍，我就谈谈我读万卷书、行万里路的体会：我和父亲在腾格尔大沙漠，周围没有生命的迹象，体味到人的渺小；在四川爬雪山，距离山顶还有100米，但当时我的高原反应非常厉害，在别的驴友的帮助下登顶成功。"

我的思考：现在高校的自主招生不考知识性的东西，要考高考考不出的东西，如社会责任感、对生命的尊重、对大自然的敬畏等。我们从男生的身上都能体味到，他的经历是他一辈子的财富，如此的恶劣环境他都能承受，在以后的人生历程中，还有什么困难能够压垮一个真正的"小男人"呢！这不就是中国未来的脊梁吗？这不就是未来社会的精英吗？

镜头四：一个从来没有担任过班级任何职务的男生参加复旦大学的自主招生考试。老师问他："在校期间，你为什么没有担任班级、学生会、团委等的任何职务？"男生没有正面回答，而是问考官："你知道复旦的精神吗？"（复旦精神：深深的水，静静地流。）老师问："你想说什么？""我认为一名学生，不在于他担任多少职务，而在于他为集体做了什么。"然后列举了几个事例。谈完后，大家给予一致好评！

我的思考：好一句"深深的水，静静地流"！现在整个社会有一股浮躁之气，学生不能安心读书，沉迷于网络漫画；工人无心工作，热衷炒股、搓麻将；官员无心为民，热衷称兄道弟，拉帮结派；司机无心开车，情绪暴躁易火；教师无心教书，热衷老婆孩子热炕头等。党的十八大的召开像一声春雷炸醒所有中国人，习近平总书记提出的"中国梦"，给人民打了一支强心针。面对新的形势，全社会正需要成为"深深的水"，学习学习再学习，踏实踏实再踏实；需要"静静地流"，埋头苦干，发愤图强，励精图治，实现"中国梦"。

好一句"我认为一名学生，不在于他担任多少职务，而在于他为集体做了什么"！这就是担当，这就是同学之爱，这就是人间大爱：担当、宽容、气度和不争。这不正是我们未来社会需要的人吗?

镜头五:一个学生参加复旦大学的自主招生考试,考官问他有何特长,他说爱吃。考官说:“既然爱吃,那你就说说‘一日三餐的饮食文化’(该生曾提交一份研究性报告《谈日本饮食文化》)。”学生回答:“那我就说一下扬州炒饭的流派,什么米做,是蒸出来,还是煮出来,先放蛋还是先放米,先放蛋清还是蛋黄等。”考官的真正用意不是问他会不会做饭。福建的报纸曾登过此事,题目是“自主招生考题:你会不会做蛋炒饭”,引起社会的广泛热议,其实不然。

我的思考:一个高中生对于饮食有如此深的了解,可见兴趣和爱好在其中发挥的作用,从中也窥视到该生对生活的热爱,生活充满情趣,这样的孩子一定会非常阳光,不会自闭,一定会给同学带来正能量,一定会给集体带来欢乐和笑声,即使该高才生将来做厨子,也是做中国的好厨子,厨子做到一定份上,他的作品就不是“扬州炒饭”那么简单,而变成艺术,变成文化,成为民族传统。

镜头六:某大学自主招生现场——一个男生是全国青少年科技创新大赛一等奖获得者,根据他的特长,面试老师一致认为他应该读物理、电子等专业,男生却说自己家人几代都是医生,自己有志成为一个最棒的外科医生。自己喜欢机器人,做机器人只是为了锻炼手的稳定性。多有想法啊,他一讲完,大家一致认为他能成为一名好的外科医生。

我的思考:众所周知,一个人的兴趣通过考试是考不出的。试想一下,一个没有兴趣爱好的人,生活多么乏味,这样的人也不可能对科学的某个领域有所先见,更不可能有创新精神和探究推演的冲动与沉静。对于学生来说,兴趣是最好的老师,因为天才不是教出来的。

男生的经历告诉我们,他不仅对医学有兴趣,还已经开始为未来自己要做的事做准备,古人打仗有“兵马未动,粮草先行”之说,这样的孩子不成才,谁能成才?不录取这样的学生,录取何人?

镜头七:某重点大学医学院自主招生,对某考生的提问不是医学方面的,而是社会学方面的。考官问:“作为一名医生,你到病房看一名生命将走到尽头且自己不能动的患者,并要给他翻个身,你如何做?”考生答:“此时的老人生命将走到尽头且自己不能动,对于触觉和痛觉已不敏感,帮他翻下身就可以了。”听罢,考官摇了摇头。

我的思考:现代医学培养的不是看病的医生,而是看患者的医生。

对于一个生命将走到尽头且自己不能动的老人,医生也要遵守职业操守和临床规则。要完成以上要求,作为医生,首先要跟患者说:“为了你的康复,咱们翻个身,好吗?”这个过程体现的就是医生的人文关怀,这就是发自内心的尊重,这也是成为一个优秀医务工作者，甚至成为医学大师的基点。正因为如此，世界上最好的医学院的学生本科阶段的学习前两年不是学医术，而是送到综合大学读两年。

我不由得想起坊间流传的一段话："很多患者不是因病而死的，因何而死？三种情况：一是被医生治死的，二是被医生吓死的，三是被医生忽悠死的。"

是否属实？我不能妄加评论！但我在想：中国大学的医学学科何去何从？

前有车，后有辄，变革正在悄悄地走近我们。

未来教育

教育实力是“第一生产力”

为深入落实党的十八大以来党中央、国务院关于深化教育改革与发展的一系列战略部署，推进《国家中长期教育改革和发展规划纲要（2010—2020年）》的贯彻实施，中国教育学会第27次学术年会于2014年11月29日—12月1日在北京隆重举行，全国基础教育领域近千人参加会议。教育部副部长刘利民出席会议并发表讲话。

刘利民副部长在会议讲话中指出，要充分认识当前基础教育改革发展面临的形势和任务。党的十八届三中全会做出的《关于全面深化改革若干重大问题的决定》，对教育事业给予了高度重视，对深化教育领域综合改革进行了全面部署。基础教育涉及两亿多中小学生，关系国民整体素质和民族长远发展，改革发展的任务十分艰巨，需要坚持普及与提高并重，规模与质量并重，改革与发展并重，努力为广大人民群众提供更加方便、更加公平、更加优质的教育。一是要坚持立德树人，全面深化课程改革；二是要坚持普及提高，推进基础教育协调发展；三是要强化制度建设，大力推进考试评价制度改革；四是要坚持管办评分离，深入推进基础教育治理体系和治理能力现代化。

刘利民副部长在讲话中要求，中国教育学会要发挥优势，积极为深化教育综合改革贡献力量。一是要加强组织自身建设；二是要不断提升专业服务能力；三是要主动担当历史责任。

此次年会充分体现了广泛参与的原则，共搭建主报告、嘉宾访谈、对话专家、9个分论坛、9个微论坛等多个平台，并运用微博、微信等新媒体进行实时互动，使100余名著名专家学者和一线校长、教师，充分与参会人员对话，广泛深入开展热点问题探讨、教育学术研究、实践经验交流。

著名教育专家谈松华、清华大学副校长谢维和，就考试招生制度改革、中小学课程改革的路径选择为大会作了主报告。民进中央副主席朱永新、中国教育学会会长钟秉林等嘉宾，就考试、评价与基础教育综合改革进行了高端访谈。不久前荣获基础教育国家级教学成果奖特等奖的著名特级教师李吉林、清华大学附中校长王殿军现场进行对话。年会高端的学术报告和论坛，以及对教育深层次问题的探讨，受到基础教育工作者的欢迎。

本次年会给我最大的启示就是“学习是硬道理”。孔子云：“三人行，必有我师焉。”目前，身处大数据时代的我们，事事皆学问，人人皆我师，实力是“第一生产力”。

提供合适的教育，打造超前的课程

2010 年国务院颁布的《国家中长期教育改革和发展规划纲要（2010—2020 年）》提出要以学生为主体，以教师为主导，充分发挥学生的主动性，把促进学生健康成长作为学校一切工作的出发点和落脚点。关心每个学生，促进每个学生主动地、生动活泼地发展，尊重教育规律和学生身心发展规律，提供合适每个学生发展的教育。

中国青少年研究中心副主任孙云晓在接受主流媒体采访时说，以他 33 年从事儿童教育和研究的经历，尤其是做了 23 年父亲之后，发现仅靠某一种具体方法的教育是注定要失败的，因为孩子是千差万别的，没有任何一种方法适合所有孩子。

著名教育专家加德纳的“多元智能理论”，给我们的教育提供科学的实施依据。“多元智能理论”认为，人具有 8 种智能区域，而且发展极不平衡。语言智能强：作家、诗人、演讲家；数理逻辑智能强：文学家、物理家、数学家；音乐智能强：音乐家、指挥家、演奏家；空间智能强：画家、设计师；身体运动智能强：运动员、工艺师；人际交往智能强：善于沟通，外交家；自我认识智能强：反思能力强，哲学家；自然智能强：动植物学家。加德纳的科学理论告诉我们，人类的智能是多元的，人的发展是多方面的，可以表现在各个活动领域。

所以，我们要因材施教，给每个人提供合适发展的教育，并对我们的课堂和课程实施更大胆的尝试。

睡着的 2.5 个“学生”

钱学森世纪之问：为什么我们的学校总是培养不出杰出的人才？一问道出教育界的多少悲哀。我认为原因主要是国民和教育工作者的急功近利。

前几年有人提出不让孩子输在起跑线上，社会各界跟着起哄，推波助澜，使得全社会掀起早教热，此风到现在看不到一点收敛。

2012 年中央电视台《焦点访谈》报道，记者到北京某早教中心进行采访，当时有 3 个小朋友在进行早教，一个睡着了，一个半睡半醒，还有一个似听非听、跑来跑去。记者问家长：“孩子能听进去吗？”家长答：“能听一句是一句，对孩子实施早教越早越好。”

其实不然，著名教育专家格塞尔说过，不成熟无从学习，学习只是对成熟起一种促进作用；遵循成熟规律，反对拔苗助长。他对此进行过跟踪实验：一对双胞胎兄弟参加实验，学爬楼梯，一个从出生后 48 周开始学，6 周后才学会；另一个从 53 周开始学，学了 2 周就会了，而且比前一个爬得还好。

这一事实告诉我们，孩子不宜过早进行教育学习。小时候，孩子的玩就是学习，孩子与同伴一起玩就是最好的学习。

当然，这也不是绝对的，对于个别学科和项目，如能开展适合的早期教育，对于孩子的成长也是非常有利的，如音乐，适合早期教育，遗传影响大，高峰期长。莫扎特 4 岁就能作曲，郎朗也是很小就开始学习音乐。

凡事无绝对，我们要科学思考，尊重科学，别把不适当的超前教育当成先进的理念。

小学数学教师的三问

何为素质教育？

浙江某高级中学校长说：“我认为中国的素质教育就是告诫式教育，而国外先进的素质教育是鼓励式教育。”

告诫式教育和鼓励式教育的区别何在？

告诫式教育主要看人的短处，总拿一定的参照物来比较，长此以往，比掉的是信心。

镜头一：某小学一年级数学课堂。

老师问：“妈妈买了10个苹果，小明吃掉3个，还剩几个？”

学生们纷纷举手答道：“7个。”

老师问：“为什么呢？”

学生们一下子懵了，不为什么，就是7个啊。

老师接着说：“小朋友知道吗？10是有很多种组合方式的，如1和9组合成10；2和8组合成10；3和7组合成10……”

学生们一下子糊涂了，觉得数学真难。

镜头二：某小学二年级数学课堂。

老师问：“老师买了3支铅笔，一支4角钱，一共花去多少钱？”

学生回答：“3×4=12（角）=1.2（元）。”

老师说：“错。”

学生不解，回家告诉家长，家长也摸不着头脑：“没错啊。”这下家长也糊涂了。

第二天，学生到老师那寻找答案。

老师说：“你们的结果没错，是计算过程错了。大家想一下，乘法的规律是怎样的？被乘数在前，乘数在后。”

学生听后，感觉无所适从。感叹道：“我觉得数学更难了。”

镜头三：某小学二年级数学课堂。

过了几天，老师说：“今天我们学习乘法的交换律，3×4和4×3一样。”学生更糊涂了。

就这样，学生从小被有些大人“敲打”着，明白的东西越来越糊涂，反复告诫式教育，让学生失去信心，看不到希望。

多年的教育实践告诉我们，学生学习时间更长，并不一定带来更好的成绩，更长的时间与学业成绩并没有简单明了的正比例关系，而自信心与焦虑程度对学习成绩的影响更大。

让优势发展为卓越

上海某初级中学的校长曾经感叹：姚明是我们学校毕业的，但从来没有到过学校，也从来没有在公共场合说过我们学校是他的母校，他只是讲某某小学是他的母校。

为什么会出现这种情况？

读初中时，姚明的父母经常要接他到体校训练，作业完不成、成绩不及格是常事，结果数学老师经常把他的家长叫到学校训话，一再要家长关注孩子的数学学业，其他多门学科的教师也有此行为，更可怕的是姚明初中毕业时，校方以姚明多门学科不及格为由，拒绝颁发毕业证书给姚明。

大家试想一下：如果姚明按照学校的方法去发展，数学 60 分的姚明在哪？语文 70 分的姚明在哪？英语 80 分的姚明现在谁认识？而现在的姚明已是上海的名片，也是中华民族的名片。在美国打球期间，姚明的表现给中国人争了光，最主要是让美国人改变了以往对中国人“拖着小辫”的印象，原来中国人也可以长这样高、这样帅，球打得这样好。他影响的已不是一个国家，而是整个世界。

姚明的经历告诉我们，全面发展不是把所有的面都发展到最好，而是让优势发展卓越，弱势有所发展。尽可能把优势和弱势扯平，这样可能适得其反。

畸形的励志口号，谁来买单？

改革开放 30 多年，我们的教育成果丰硕辉煌，义务教育普及率和大学入学率都非常高。特别是每年 600 多万大学毕业生、60 多万硕士毕业生、6 万多博士毕业生的强大“人才库”，引起美国高度惊慌，立即派出教育代表团来到中国，实地调研。看罢我们的高中素质教育，特别是高三年级的教室文化，他们原来惊慌的神情很快舒缓了，并且说此类素质教育只能称为“具有中国特色的素质教育”“具有中国特色的中国校园文化”，并预言未来 30 年中国对美国不可能构成威胁。

请看我们熟悉的高三教室的励志口号：

①生时何必就睡，死后自会长眠。

②用三年的时间换来一辈子的幸福，还是用一辈子的时间来忏悔这三年？

③十年磨剑，梦想驻清华；六月试锋，腾飞北大。

④破釜沉舟，博它个日出日落，提升一分；背水一战，拼它个无怨无悔，超越两千。

这就是美国人眼中的中国畸形素质教育。难道教育就是把幸福交付未来、把痛苦留在现在吗？这种高三文化是一种落后文化的表现，对学生是一种折磨，后遗症就是考上大学恨中学、骂中学，走出学校不愿再回头，走出国门不愿再回来。

我在思考，什么才是我们首先要做的呢？高考成绩固然重要，高考背后的东西呢？学生的未来呢？所以我们要实施适合的教育，适合的教育就是给学生以发展的选择权，让他们各得其所，各展其长，每个人的优势智慧得到充分发挥。

狮子王办学失败了

曾经一度我们要培养全面发展的人，其实全面发展的愿景是好的，可是反观结果，新中国成立60多年，我们的教育走过的路是更宽了，还是更窄了？世人自有自己的评价。而我认为全面发展不是叫众人齐步走，因为这样未必等于卓越发展，最主要是要发展人的优势潜能，正确处理好优势潜能和弱势潜能的辩证关系。

这让我想起了美国动画片里“狮子王要当校长”的故事。

狮子是森林之王，有一天突发奇想，要办一所森林学校。一是召集森林里的适龄动物入学；二是为它们制定了全面发展的课程。结果一个月未到，就有学生老虎提出了退学的要求。老虎说：“我是肉食动物，天天无肉不欢，而学校却叫我经常吃素，简直是折磨。”鸭子也赶来退学，鸭子说：“我的长处是游泳，却非要叫我跟兔子赛跑，就是不让我参加游泳。”兔子也跑来要求退学，兔子说：“我跑得快，却非要叫我跟袋鼠比跳远。”老鹰也跑来退学，老鹰说：“有一门课要我们上树，规定只能爬上去，不能飞上去。”

动物们纷纷退学，不到一年，狮子王的学校就关门了。

狮子王感叹道：“校长真难当啊！培养全面发展的学生，设置全面的课程，统一的时间、地点，相似的老师，没有什么不好啊！”

局外人一听，附和道：“是啊，不挺好的吗？”

狮子王的办学为什么失败呢？根本原因是什么？

我认为，主要是没有发挥每个学生的长处，反而显露他们的短处，希望每个学生都能全面发展，没有考虑学生的智能区差异性，没有考虑学生兴趣特长的差异性，也没有考虑男女生的性别差异性。结果，短处没有补上，长处也无地发挥，久而久之，学生信心全无，乐趣全无，枯燥难耐，只好退学。

作为教育工作者，我们必须要清醒地认识到学生的长处可能是他们未来的立足之本，学生的优势潜能可能是他们未来的创新之本和成功之本。

适合学生的教育方式
——翻转课堂

翻转课堂（Flipped Classroom）的起源是什么？

2007 年，美国科罗拉多州林地公园高中（Woodland Park High School）两位教师乔纳森和亚伦大胆实验，开始了一种全新的教学模式——翻转课堂，使教育发生了一场全新的革命。翻转课堂模式在美国逐渐盛行。

什么是翻转课堂？

翻转课堂是指一种教师创建学习视频，学生在家中或课外观看，回到课堂师生面对面交流和完成作业的教学形态。

翻转课堂带来了哪些变化？

学生对学习开始感兴趣，喜欢学习，对学习的责任感增强了；课堂中师生讨论互动、合作学习的机会多了；学生的成绩有了明显的提高；教师体验过后再也不愿回到原来的课堂；家长给予高度认可和支持。

信息技术的发展、云时代的来临，给教育带来全新的革命。全世界的教育家都在积极探索，在信息技术高速发展的今天，如何培养 21 世纪的人才。高效的学习形式不断被创造，这其中，利用在线资源开展有效的学习活动，尤其引人注目。

当今美国教育界最热门的话题之一是萨尔曼·可汗创办的可汗学院（Khan Academy）及其“翻转课堂”的教育理念，2012 年，萨尔曼·可汗被美国《时代周刊》评为“世界 100 位最具有影响力的人”之一。

可汗学院现在共有 3 000 多个视频，涵盖了从基础算术到微积分的全部内容。每个月有 200 万个学生上网点击使用。每天的观看量是 10 万～20 万次。全世界已有 1.56 亿人次观看了他的教学视频。萨尔曼·可汗以适合孩子个性化学习的网络视频教学方式，赢得了全世界儿童的心。

可汗在线课程突出“学”而非“教”，微知点为核心，微视频、电子黑板系统、非教师形象、进阶式学习及时检测，让每个学生按照自己的步骤学习。

翻转课堂为什么能迅速走红呢？因为它使所有学生积极学习，对自己负责；它使所有学生都得到个性教育，增进了师生互动，改变了课堂教学结构，使教师角色发生转变，由讲台“圣人”变为“教练”，课堂知识可以永久保存，随时复习、践行布鲁姆的“掌握学习”，关注中间大多数人，给每个学生留出空余的时间，充分学习。

翻转课堂的最大价值是所有学生可以按自己的节奏学习课程。当他们完成一个单元，必须证明已掌握了学习内容，证明方式是通过评估，如果评估中得分低于 85%，必须重新学习，并再次考试。

翻转课堂对教师的素质要求包括教育理念的改变、对信息时代下的学生的深度了解（对电子产品和互联网的天生亲近感）、对在线教育的双刃剑的认识、较高的教育信息化素养（上网、制作 PPT、编制教学视频）。

翻转课堂对我国课程改革的启示：国家课程的另一种以学定教、先学后教的有效学习模式。在中国实施的导学案，在美国变成更乐于学生接受的网络视频，比我们的文本更加直接、吸引人。重庆聚奎中学、深圳南山教育集团及上海的一些学校正在积极探索和实施翻转课堂的实验，并初见成效。

翻转课堂的核心就是让每个学生按照自己的节奏来学习。颠覆传统的课堂，是一种引领未来教育发展思路的教学新形式。

广州，你做好准备了吗？

结束语

追求有真爱的教育

意大利著名作家亚米契斯认为教育即“爱的教育”，爱是教育的第一法则，没有爱的教育是残缺的教育，他为此而写下具有划时代意义和教科书般的教育经典《爱的教育》。直到今天，这种教育的思想仍然具有无限的魅力和生命力，依然是我们这个时代和学校教育的价值追求。夏丏尊先生在翻译《爱的教育》时就说过这样一段话：“教育之没有情感，没有爱，如同池塘没有水一样。没有水，就不成其池塘。”所以，他下了一个非常鲜明的结论：“没有爱就没有教育！”

一、时代教育，呼唤真爱

（一）“爱”的教育

1. 教育的现状

中国60多年来的教育，尤其是改革开放30多年以来，教育所培养的人的综合素质决定了当今国家与社会的面貌，即国家的信仰与国格、社会的道德与秩序、民族的个性与未来。当代社会出现不少令人不安的问题与隐患，与教育所提供的“产品”有着必然的联系；反过来看，中国教育现状与建立文明强盛的国家以及和谐安康的社会对教育要求的差距非常明显。

（1）中国的学生学习生活单调。他们平时将过多的时间放在课本、考试及补习，快乐的儿童不见了，兴趣多元的少年不见，思维活跃的青年不见了，能见到的是学生身体素质的下降、读书兴趣的消失和家长的焦虑。更严重的是，只要成绩优异，在人们眼中就是好孩子，而往往把影响学生未来发展的品行、心理、身体素质、兴趣等放在了次要位置，这是多么可怕的事情！

（2）中国学生神经绷得太紧。中国初等教育的残酷程度与紧张氛围足以与一场决定生死的战斗相当，看重的只是分数和升学率。

（3）中国学生的创造力被应试教育扼杀。强行灌输死板的书面知识是中国教育的最大症结所在，所谓死板就是一个问题只要你记住一个所谓正确的答案即可，在学习中几乎没有学生发挥的余地与想象的空间，向老师提问提多了，特别是当问题将老师难住了，多半会遭到老师的冷眼甚至斥责。

（4）中国学生的天性与人性没有完全得到释放与满足。中国教育的特点之一就是试图培养符合当时意识形态的、在信仰上整齐划一、在思维上模式雷同、在言语上用词一致、在行动上听从指挥的千人一心万人一面的新一代，学生好像是用于雕刻的石头和待装程序的电脑。

（5）中国学生的人格尊严与自信不够。我们的学生在接受了十几年的教育之后，其独立的人格与自尊、自信也未能完全建立起来，其直接的后果往往是创造力不够、科学好奇心不够、对真理的探索与崇尚不够、对人文人道精神的追求与渴望不够，从而自身很难有资本畅谈建立文明民主与法治的美好国家，以及奢谈重建有信仰、有道德与有理想的和谐社会。

（6）中国学生因只抓学习成绩而形成急功近利的心态。一纸文化考试定终生是导致中国学生急功近利心态与行为的罪魁祸首，这就是平时表现不重要、道德情操不重要、品性优劣不重要，所有的目光与精力都汇聚到考试那一时刻，长年昏天黑地、夜以继日地学习，满脑子装的是预习、学习、复习、考试，再预习、再学习、再复习与再考试，没有时间、没有精力，也没有动力、没有必要去反省与提高那些对素质起决定作用的非智力因素，即树立坚定的信仰、良好的道德、坚强的意志与无畏的精神，以及培育包含善良、爱心、宽容、尊重、诚实、信用、自律在内的人文与人道涵养。

2. 教育的怪象

（1）“反教育”：认分不认人的教育，忽视人的个体差异。

“反教育”就是违反规律的教育，认分不认人的教育。拔苗助长，无视孩子的兴趣，忽视孩子的人格，说到底，就是不把人当人的教育。在根本上违反了教育的本意。

（2）“假教育”：就是行教育之名，收自己名利之实的“教育”。

浙江杭州长河高级中学校长陈立群说，对孩子的爱有“真爱”与“假爱”之分。假爱：名曰爱学生，实则爱自己，教师把学生的成绩当作自己捞取名利的工具，校长把学校当跳板，贩卖文凭是“假教育”的典型。

面对以上种种情况，我的内心不免有些伤感、不解、痛楚和沉重。

30多年的改革开放，30多年的教育探索，30多年的教育发展和素质教育深化，我们与国外发达国家的教育距离不但没有拉近，反而更远了。面对世界强国美国的一枝独秀，面对周边国家的崛起，面对第三次工业革命浪潮的冲击，我在思考：我们的教育怎么了？

“挂羊头卖狗肉”的事屡见不鲜、层出不穷。我在沉思：我们教育的真谛到底是什么？

（二）教育的真谛

教育的真谛就是让人成为人，创造有尊严的生活，有尊严的生活就是追求有“真爱”的社会生活，而不是披着“爱”的外衣，打着“真爱”的旗号，露出自己的“小”。

1．“正教育”——真爱的教育

何为“正教育”？“正教育”就是为了孩子成长的教育，也就是回归生活的教育。

“正教育”是经得起时间检验的教育。“兴教当以百年计，育人当为百年谋！”中国当今教育积弊之由大概多是以眼前之虑替代了百年大计，用膏粱之谋遮蔽了生命之树，急功近利的倾向让本来雍容大度的教育变得短视、浮躁、萎靡。为此，要“把‘人的成全’作为教育的至上追求”。

“正教育”是为了孩子成长的教育。社会需要一大批创新拔尖人才，然而，也需要数以亿计的高素质劳动者。我们周围更多的是平凡普通的人，他们说不上多么富有，有多高的地位，但以干净得体的衣着、礼貌谦恭的态度感染他人；他们说不上才华横溢、学识丰富，但明事理，懂得关心温暖他人。他们活得幸福知足，虽然说不上对国家发展、社会进步起多大作用，但在平凡的岗位上默默奉献，做好一颗闪闪发光的螺丝钉。他们是社会发展的和谐音符、重要基础。

“正教育”更是“与祖国共命运”的教育。杭州二中的“赤子之钟”上刻着一段铭文：“一切皆不能将我和祖国的命运分开，无论是天灾，还是人祸，是金钱，还是权势，是疾病，还是劳累。”

2．“真教育”——真爱的教育

何为“真教育”？

“真教育”就是拒绝任何人把教育当作谋取私利的工具的教育。

“真教育”就是遵循教育规律，一切为了学生的教育就是“真教育”。它把学生的成长当作学校教育成功的标志。“一切为了学生，为了一切学生，为了学生的一切”，这才是“真教育”的真谛，真谛的核心就是对学生的真爱、大爱。

二、光耀岭南，传承真爱

老广州人都知道在教育界有这样的俚语：真光“猪”，岭南“牛”，培正“猴”。它彰显的是“真光学子”的秀外慧中、“岭南学子”的孜孜以求、“培正学子”的聪慧精灵。这就是岭南百年名校的学生符号、文化痕迹和美丽记忆。

（一）百年真光的发展

1. 真光溯源

广州市真光中学是一所历史悠久的名校，它从1872年创校以来，经历了清朝、中华民国、中华人民共和国几个时期，校址几经迁移，从沙基到仁济路，再到白鹤洞山顶。尽管历经沧桑，但真光中学从未停止过办学。今日真光，枝繁叶茂，业绩辉煌，成为海内外真光儿女的骄傲。

2. 创校金利埠

真光中学前身为真光书院，始创于1872年。那时侯，外国传教士取得了在中国传教的权利，为了传教的方便，他们纷纷在中国设立教会学校，他们把这样的做法称为“设学校以教育传道”。1867年，美国长老会差派女教士那夏理（1844—1924）来中国传教。1868年，那夏理女士抵达广州，经过一段时间熟悉情况后，即进行传教活动。为建立传教基地，1871年，美国长老会决定在广州设立女子学校以便对妇女进行传道，并指定那夏理女士为创校负责人。

3. 那夏理女士

校祖那夏理女士，1844年3月5日生于美国吉尔福德。其父为牧师，传道终身，生子女10人，那夏理女士排行第三。她6岁入学，12岁入中学，17岁升大学。那夏理女士13岁已有志出外传道，15岁时美国南北战争爆发，那夏理女士参与北方的后勤工作，为黑奴的解放出力，当时那夏理女士负责食物营养院一个部的工作，要指挥12人开展工作，刚开始时那夏理女士没有信心，她对一个军官说：“予未尝任此工作，未知将来能有成绩否？”军官对她说：“永远不可对人说不能做某事，倘事之来临，只有努力去做。”那夏理女士很受启发，从此按照这话去做，不但在后方服务成功且一生事业的成功，也与此大无畏的精神分不开。那夏理女士21岁决心出洋，奉美国长老会委派东来。当年交通不便，航程艰险，那夏理女士经过70多天狂风恶浪的旅程，于1868年1月14日来到广州，读中文，学粤语，在城西金利埠建立书院。

4. 迁校白鹤洞

为进一步扩大教会在中国的影响力，那夏理女士与美国西差会商议扩建新校，之后，美国西差会以11 000元港币在白鹤洞蛇岗上购得土地60亩，建造新校，指派牧师祁约翰博士负责办理，并特聘工程师靳先生具体负责。1917年，新校主体工程完工。从1872年真光书院创建到1917年白鹤洞新校招生，45年内共培养学生3 724人，其中担任女传道的约310人，占8.4%，成为教师、护士、医生的学生也不少，达到了通过办学校以传道的目的。

5. 早期校园

早期书院的教员多数为外籍教员，真光书院开办后，除了那夏理女士为校长外，美国西差会还先后派遣毕美意（E. M. Butler）、廖霞地（Harriette Lewis）两位女士协助那夏理校长开展工作，后来为了缩小教员与学生的心理差距，书院开始在自己的毕业生中挑选教员。书院里校长、教员均身兼数职，就好像是全科医生，能治百病。教员分为正教和助教，正教被称为“教书先生”，助教被称为“解书先生”，即用俗语解释字句。每天分班解书，每人一节。上堂叫“埋位”，下堂叫“散班”。

6. 辗转办学

1937年“七七”事变，日本帝国主义发动全面的侵华战争。1938年1月到10月广州沦陷前，广州无月不遭日机空袭，教会学校纷纷迁往香港、澳门，许多中小学被迫停办。1937—1945年，白鹤洞真光中学辗转香港肇辉台、连县三江圩、曲江县上窑、连县双喜山等地坚持办学，同时，师生更配合时势国情，积极开展抗日救亡支前宣传和训练活动。

7. 红色办学

新中国成立后，学校交由广州市人民政府管理，学校的育人目标是培养社会主义的合格建设者，一批厦门大学、华侨大学毕业的年轻教师加入真光团队，真光师生感受和沐浴着新中国带来的自豪和奋进。1966年“文化大革命”开始，真光中学易名广州第22中学，在那特殊的时期，大炼钢铁、深挖洞、广积粮、上山下乡等符号深深刻在真光的历史墙上。“文化大革命”过去，一切渐渐趋于平静，“真光人”发挥居于广州市郊的优势，悄悄改变课堂和课程，积极开展学好知识、走向田野的两结合学校模式，继续传承真光创造建设的精神。

8. 光耀岭南

改革开放30多年，真光中学的发展实现三级跳，连上新台阶。1995年通过广州市一级学校的评估；2003年通过广东省一级学校的验收；2007年通过广东省首批国家级示范性普通高中的督导验收；2007年至今，连续多年进入广州市高三毕业班工作一等奖十强行列；被誉为低进高出、高进优出的示范校，被民间赞誉为广州最有活力的学校，被官方盛赞为广州发展最快的中学。

（二）“真光”的出处与诠释

（1）“真光”校名的出处：基督教《圣经》马太福音6：13～19。

（2）“真光”二字的诠释：真光儿女来到这个世界就要发光发热，温暖他人，为这个社会做贡献，影响身边的人，照亮身边的人。

（三）“真光”的传统精神

真光中学建校初期办学的校训“尔乃世之光”、倡导的“平等、民主、博爱”思想一直贯穿于整个发展历程，并由此而演化为“真光十六字精神”：创造建设、爱群服务、克己牺牲、力求完美。“真光十六信条”：我是守纪律的、我是有礼貌的、我是诚实的、我是服务的、我是谦谨的、我是负责的、我是勤勉的、我是劳动的、我是要反省的、我是肯尝试的、我是注意敏捷的、我是守公德的、我是守卫生习惯的、我是节俭的、我是友爱的、我是爱国的。“真光儿女十标准”：真光儿女要使人获得丰富的生命；真光儿女要有大公无私、牺牲服务的人格；真光儿女要有与人合作的态度、服务于社会的能力；真光儿女要认识时代的现状和需要；真光儿女要具备专门的知识与技能；真光儿女要多才多艺，不断改造环境；真光儿女要专心致志，能够勤学、慎思、明辨、笃行；真光儿女要有谦虚有礼、诚实守法的态度与行为；真光儿女要有刻苦、耐劳、坚毅、不屈的精神；真光儿女要有强健的体魄。这些都是真光的传统特色，也是真光的一笔财富。

为了实现“真光人”再创辉煌的愿望，我们继承“以人为本，求真创新”的优良传统，把学生培养成为具有国际视野和民族精神的可持续发展的人。根据“求真”二字，追溯百年的办校历程，凝练出一个沉甸甸的“爱”字。

新时期，与时俱进，我把我的教育追求确定为“追求有真爱的教育”。

三、时代特色，发展真爱

真光大爱大行的传承在不同时代有不同的体现，如何使这笔财富历久弥新，发扬光大，将传统文化与现代文化相结合，寓传统“爱”于现代教育之中，是新时期真光教育的主要内容，也是新时期真光德育的特色，更是真光这架马车滚滚向前的不竭动源。

（一）爱国爱校、完善自我

在市场经济时代，利益至上的错误观念带来了人与人之间的隔阂，导致了人与自然的对立冲突，只有爱才能使这个世界走向和谐。爱是一种感情，也是一种奉献。爱国、爱校、爱家、爱自己，听上去似乎是一个大而空的主题，做起来却要从很小的事情开始，中学生正处于心智走向成熟的关键阶段，注入爱的理念，让他们学会以一双充满爱的眼眸去注视这个世界是至关重要的。

两千多年前孔子曾提出“仁者爱人”，校祖那夏理女士历经千辛万苦从大洋彼岸来广州建校并为之服务 51 年也是怀着一颗博爱之心的，华人第一任校长罗刘心慈更提出了“真光就是爱，爱就是真光”。但无论是“仁爱”还是“博爱”，都不可避免地带上了封建或宗教色彩，有着某种局限性。现代社会中的“爱”应包括爱自己、爱他人、爱生命。爱自己并不是个人利益至上，而是要关爱自身健康与精神修养，要做一个身体健康、人格健全的真正的人，只有如此，人才能具备爱的能力，只有懂得爱自己，懂得重视个体的存在、个体的价值，才会去爱他人，去尊重他人存在的独立性，才能知道如何去关爱他人，才会懂得宽容，与他人和谐相处。与此同时，还要爱人类以外的其他生命，尊重大自然中的其他生物的生存权利，与它们和谐共处，并由此延伸到爱家、爱校、爱国。

（二）诚实守信，行胜于言

唐代杜甫发出“安得广厦千万间，大庇天下寒士俱欢颜”时，他作为一名寒士是有切肤之痛的；而白居易吟唱“地不知寒人要暖，少把人衣作地衣”时，尽管他位高爵厚，但也是语出真诚的。因为我们曾经太贫苦，所以诚信可能总是一种在梦中浮现的奢侈品。

现在中国渐渐地走向富裕了，诚信问题却一下子凸显出来，我们身边涌现出了各种不诚信的企业和个人，各种精通骗术的骗子大行其道。例如，在馒头里放洗衣粉、给猪喂瘦肉精或注水等，让人叹息不已。为了利润，各种企业的虚假广告、伪劣产品层出不穷。

随着科学技术的发展，现代社会已进入网络时代，而网络交往的虚拟性，使人们对诚信的评估较为困难，使非诚信的言行较易逃避责任和惩罚，使诚信稳定性的维护由以外控为主转变成以内控为主，也就对诚信的认同与维护，产生了更高的要求，如何实现网络诚信也就成了这个时代的新命题。

诚信的缺失已经开始影响社会的每一个角落，甚至是平静的校园。就个人而言，在市场经济中讲究诚信，树立良好的信誉才能赢得发展；就国家而言，中国与世界上许多国家和民族发生越来越多的关系，市场经济的高速发展要求中国既要与国际接轨，还要扮演游戏规则制定者的角色。只有树立诚信的形象，才能赢得别国的信任，才能屹立于世界民族之林。学生不仅是个人，更是国家的未来，因此，让学生树立诚信意识，要着眼于学生人生，更要着眼于民族的未来。

诚信是人在群体社会中立足的根本，人无信不立，有“信”才能博得他人的信任，与他人和睦共处。中国自古以来是个“重信”的民族，李白高歌道：“将炙啖朱亥，持觞劝侯嬴。三杯吐然诺，五岳倒为轻。”诚实守信，这是中华民族的传统美德，也是当今中学生应具有的基本品质。

真光中学立足校园，以“真光儿女要有谦虚有礼、诚实守法的态度与行为”这一标准为中心，在真光儿女中开展蓬勃的“诚信教育工程”，以校园宣传栏、学校广播台作为纵向的宣传，以班会课、知识竞赛与演讲比赛作为横向的教育。当中穿插国旗下的讲话、考前学生培训等形式多样的活动，创设了良好的诚信氛围，以此建立学生的诚信意识。

（三）重义尽责，关心社群

中华民族自古以来就具有崇高正直的传统。欧阳修所说的“夫正直者，不可屈曲”，杜甫“达士如弦直，小人似钩曲”的诗句，都以屈曲为耻。陶渊明“不为五斗米折腰”，张确用“头可断，腰不可屈”表明气节。爱国诗人陆游“白发向人羞折腰”，一生正直有骨气，决不趋炎附势、奉承谄媚。这些名人正义的言辞与行为，无不令后人敬佩。

现代社会中的“义”应赋予新的内涵，那就是正义感和责任感。只有重义尽责，关心社群的人越来越多，我们的社会才更稳定、更和谐，我们的生活才更美好、更幸福。

培养学生正义感和责任感是改变社会风气的重要途径。当学生踏入社会之后，能够不畏强权，扶弱济贫，尽自己的能力去帮助社会的弱者，与恶势力作不懈斗争。同时，能热爱生命，关爱群体，担负起对自己与家庭的责任，对社会、国家、民族具有牺牲精神。同时，现代道德对个人生命与权利的尊重，又需要我们在强调重义尽责的同时，做到义与利的辩证统一，责和权的辩证统一，这是对“义”“责”这些传统美德的时代升华。

真光中学的艺芸社传承百年，其社训就是“敬业乐群”，“敬业”就是强调学生要尽责，在学生时代要努力完成学业，工作时要保持良好的职业道德，在一处就要尽一处的责任。“乐群”就是强调要视同学为知己，在净友、挚友的陪伴下度过美好的中学岁月，更在这种氛围下，形成热爱群体、积极为群体做贡献的精神。

（四）知书识礼，遵纪守法

“礼”曾是中国封建社会的法则，养育了中国古代文明，塑成了中国人的基本性格，至今仍有现实意义，但必须去除它所附着的封建色彩，注入新的内涵。习近平总书记提出的“依法治国”其实为现代的“礼”做了注解，新时代的“礼”就是以遵纪守法为核心的社会最基本的道德操守准则。社会主义市场经济的良性发展需要有完善的法制护航，同时也对国民的法律意识提出了更高的要求。在现代生活中，“礼”不仅是形式和语言的礼貌，更在于对他人的尊重、对他人生命的尊重、对大自然的尊重和敬畏。因此，在基础教育系列学制中，通过课程和课程活动渗透知书识“礼”及法制意识是最有效的途径和方法。

四、卓育英才，追求真爱

（一）校训：尔乃世之光

校训诠释：“尔”的解释是“你”。“尔乃世之光”的解释就是“你是世界之光”。

（二）教育理想：追求有真爱的教育

教育真爱的诠释：体弱生爱在关心、病残生爱在得体、过失生爱在信任、屡错生爱在耐心、向师生爱在珍惜、背师生爱在主动、个性生爱在尊重、普通生爱在鼓励、进步生爱在赏识、后进生爱在鞭策。

（三）办学目标：示范性、高质量、有特色的国家级示范性普通高中

“示范性”：示范性体现在更新教育观念，实现应试教育向素质教育的根本

转变、创新办学模式和管理模式，提升高中教育整体改革水平，积极进行课堂教学改革，全面提高教育质量，加快教育信息化建设步伐，真正实现资源共享、提高服务意识，发挥名校名师的带动作用，注重校园建设的文化气息，铸造学校精神。

“高质量”：全面贯彻党的教育方针，规范执行教育法律、法规和有关政策，办学思想端正，加强德育，积极开展教育教学改革，教师素质、办学条件、办学特色、学生德智体等方面全面发展，社会和高等院校对学生的评价好，学校的管理水平高，有较长的办学历史，在省内外有较高的声誉。

“有特色”：真光中学的办学特色就是发展性主体教育，其核心是促进学生的全面发展和素质提高，促进教师专业水平的提升和发展，促进学校的全面发展，成为素质教育的典范。

（四）育人目标：培养具有国际视野和人文情怀的可持续发展的人

国际视野：中学生应该具有中国情怀和“世界公民”的素养与责任感，有创新精神和实践能力，能敞开胸怀了解世界动向，融入世界，服务世界。

人文情怀：人文情怀是指人文主义情怀。人文主义是一种哲学理论和一种世界观。它以人，尤其是个人的兴趣、价值观和尊严作为出发点；强调人与人之间的容忍、无暴力和思想自由是人与人之间相处最重要的原则。

可持续发展：学校是读书的地方，培养学生良好的读书习惯，是学生可持续发展的基础；学校是育人的地方，培养学生良好的人格、品行和心理，是学生可持续发展的保障；学校是育才的地方，发展学生搜集和处理信息的能力、获取新知识的能力、分析解决问题的能力以及交流与合作的能力，是学生可持续发展的核心。

（五）育师目标：培养有真爱、有责任心的教师队伍

真爱和责任心的诠释：热爱学生，尊重他人，通晓学科知识，通晓教育学、心理学知识，有一项特长或技能。

五、培育真人，弘扬真爱

（一）与时俱进，弘扬“真爱”的文化

文化是一种潜移默化改造人、影响人的力量，走遍校园，感到学校内有一种激涌着的生命活力，感悟一种令人感动的氛围。

1. 传承真光“行”的文化

“行胜于言，言若不行，不若不言”，真光校祖那夏理女士如是说，亦如是做。1868 年校祖那夏理创办真光书院，其后的 51 年为真光发展孜孜不倦，无怨无悔，终身未嫁，为真光打下“行”的烙印，这里的“行”，是行动，更是品行、德行，德为先，勤为径。真光发展的历史是“以德树人”的历史。真光教育精神强调“生活即教育，教育即生活”，每个“真光人”都成为“乃世之光”，以教育影响生活，以生活影响生命。

大行遂为真光百年传承的底蕴。

2. 弘扬真光“爱”的文化

“真光就是爱，爱就是真光”，我校第一任华人校长罗刘心慈如是说，亦如是做。服务真光 61 年，践行心中有慈、慈中有爱的导师（校祖那夏理）的厚望。其家族 5 代人情系真光，服务真光，弘扬真光“爱”的文化。

现代“真光人”与时俱进，对传统的“爱”字有了更深的理解，这种“爱”应包括爱国、爱校、自爱。大爱遂成真光百年传承的底色。

3. 弘扬真光“级社”文化

真光“级社”文化历史悠久，我校于 1872 年创校，已有级社制度，互相砥砺、相亲相爱。它的构架是同一年级共同组成级社；级社的名称通常于中学一年级便确立，而以毕业的年份冠在社名之前。级社把同一年级的同学团结、联系起来，校内的比赛活动，以级社为单位，为自己的级社争取荣誉，表现合作精神；即使离校了，因有共同生活的回忆，无价的友谊便因此而孕育起来，在毕业后仍能保持联络。真光级社的历史，其实就是真光精神的培育、成长、发扬的历史。在级社形式的背后，我们看到的正是求实、奉献、互助、进取的优秀传统。

4. 提升真光“创造”文化

20 世纪 30 年代，留美博士何荫棠校长提出了“创造建设精神”。为了实现这一精神，他又提出了“四 H 教育”[注重美好的道德和心灵（Heart），知识传授（Head），实践行动（Hand）与强健体魄（Health）]，即有爱心、会思考、勤实践、强体魄。他开创了真光“创造”文化的先河，开创真光“素质教育”的先河，成为真光文化的一个重要组成部分，为我们“求真创新”办学方向的提出奠定了坚实的基础。“求真创新”是让我们的传统文化与时代精神有机融合，是认真落实科学教育观的体现。为切实打造“创造”文化，实现了以国家课程校本化为中心的校本教研与新课程改革的有机结合，打造出了学生社团、科技创新、英语教学、足球和垒球等特色项目，打造出了“香梅课程”特色品牌，培养女生的大智慧。

5. 建设真光“书香文化”

学校校园环境优美，校园文化有丰富的德育内涵，有浓厚的书香气息，体现学校办学特色和办学理念。

（1）书香网站。

真光主体网站全面展示了真光的素质、内涵与风采，大到学校，小到图书馆，各个班级都创建了书香校园的专门网站，既有小说的品读，也有名著的鉴赏；既有美文的赏析，也有与大家的对话；既有自己的大作，也有他人小试牛刀的处女作等，内容丰富多彩，有关读书的活动都能得到及时的更新。

（2）丰富多彩的活动。

展示读书活动的形式也多种多样，有以学生自主管理为主的真光广播电台、真光电视台、真光宣传栏，还有语文科主办的校刊《晨曦》、艺芸社主办的《艺芸文摘》等。学校还积极引导学生健康上网，充分用好图书馆的电子阅览室，扩大学生的阅读量和信息量。

（3）“三书香”建设。

近年来，学校大力培育厚德载物的环境氛围，注重挖掘和培育传统文化、真光文化和校本文化，积极推进“书香校园、书香社区、书香家庭”即“三书香”建设，发挥环境对师生思想道德潜移默化的作用，积极构筑校园和谐生态环境。创新学校、家庭、社区相结合的教育工作机制，让浓郁的书香充满家庭、洋溢校园、飘香社区，让真光学子在浓郁的书香氛围中成长为好学生、好公民。

（二）立足真爱，科研引领

学校在课程实施过程中，抓住科研这个提升教学质量的根本，以课改促进教学研究，以教研深化课改。

1. 以教育科研引领新课程，有机整合课程内容

根据教育部和省教育厅的新课程改革精神，结合学校的实际情况，课改的总体思路是开足开好新课程，有机整合课程内容，强调“三性”“三化”。“三性”：其一，强化必修课的主导性。必修课注重课程实施过程的“互动”，教学情境的创设，让学生在课堂上真正“动起来”，在活动与反馈中逐步形成探究的意识与需求，以培养学生的创新思维，形成学生学习能力。其二，增加选修课程的自主性。注重课程实施过程的开放性和民主性，以培养学生自主学习的能力，如物理、化学、生物的实验课，英语、语文的阅读课，历史、地理、政治的拓展课，艺术、体育的选修课等。其三，拓展活动课的多样性。为学生自主学习提供充分的发展空间，重在培养学生的学科兴趣实践能力及科研能力。这类课程主要包括气象观测、学科兴趣课、各类竞赛辅导课、计算机网页制作、无线电、机器人等。“三化”：其一，国家课程校本化。我校在实施新课程中，全面推进素质教育，抓好学校实施的课程整体优化。课程资源的开发与利用，是保证新课程实施的基本条件。教材越来越不可能成为唯一的课程资源了。我们的要求是：①充分调用教师的教学经验和智慧，合理重组教材内容和配套训练，使教材的内容更有利于学生学习，更有利于学生结合自己的经验建构知识结构；②各种版本的教材，建议教师在备课时以选定的教材为蓝本，根据学生的实际，汲取其他版本教材在内容选取和知识呈现上的一些特点与优势，使课程资源更为优质和有效地达成课程标准；③将教材与各种课程资源合理整合；④要把学生看成最大的教育资源，在教学设计中体现出学生本位观念，学校构建以学生发展为本的更合理的基础教育课程教材体系。积极进行国家课程校本化与优化的探索实验。其二，综合实践活动整合化。我校综合实践活动主要涵盖学军、学农、学陶艺、春游、秋游、参观禁毒展览、理化生实验、值周班、远足跋涉、参观历史博物馆等，每项活动都有详细的活动方案和成果要求，对学生进行学分管理，取得了很好的成效。其三，综合实践活动与学生社团活动整合化。在实施新课程中，我校实现了综合实践活动与学生社团活动的整合。我校的学生社团非常丰富，现注册社团大体分为四大类：学科类、社科类、艺术类和体育类。

2. 着力于课堂教学的优化与提升

新课程改革的归宿是全面实施素质教育，课堂教学始终是素质教育的主渠道。新课改要成功，课堂教学是关键。

我校各学科在新课程的课堂教学中，积极进行教学方式和学习方式的转变。充分发挥学生的自主性、能动性和创造性，培养良好的学习态度、学习方法和学习习惯，形成民主、平等、和谐、互动的师生关系和教学环境。充分重视培养学生创新精神和实践能力，培养学生个性、特长，积极进行教学改革，优化课堂教学结构，形成各具特色的学科教学，如数学“四合一”合作学习，物理“教师指导下的学生自主学习”，政治“问题教学法”，语文“合作、探究性学习的课堂教学”，化学实验中“发现—探究式教学模式”等。

我校的课堂教学，特别重视学生情感、态度、价值观的养成。教师在重视基本知识和基本技能的同时，关注学生学习的过程与方法，更关注学生情感、态度、价值观的养成。在对学生的评价中，学习过程的评价占学生学分评定的30%以上，以此促进学生在学习过程养成科学思维和学习方法；教师把情感、态度、价值观的教育渗透在教学中；在新课程的教学中，充分利用课内课外的综合探究，发展学生的情感。

在课堂教学中，教师还允许学生不按课本和教师的讲解去建构新知识、解决新问题。教师有意识地使创设的问题情境富有探索性和开放性，学生则可围绕情境性问题展开合作互动学习，从而产生一些“超常规的”，甚至是出乎教师意料的看法或结论。

3．加强校本培训，强化教师专业化发展

（1）校本培训。

教研室负责，开设“教学案合一研究”、校本培训和“宽银幕”课程培训。为“宽银幕”课程的实施提供了有力的支持。

（2）组织青年教师说课比赛。

参赛的教师以他们精心的准备、深刻的钻研、横溢的才华展示了他们的风采，表现出了他们对新课改精神的深刻理解，对新课改观念的自觉运用。

（3）“求真论坛”。

如年度论文评选、名师教育艺术分享、年度课题申报、科研年度总结、青年教师撰写读书心得等，为教师的专业化发展搭建平台。

（4）打造真爱教师团队。

品牌教师首雁计划——动起来：针对职业倦怠；

骨干教师飞翔计划——活起来：针对品牌打造；

青年教师育鹰计划——秀起来：针对后势发展。

（5）实施教师行为的自我检测。

教师行为的自我检测，主要是通过良好教育的七项原则，及时发现自我存在的问题，以便及时改进教育教学和管理工作。

自我检查单中的问题，提出了与教育的良好实践相符合的活动，并帮助使用者确认他们可能希望改进的活动。使用这些检查单是为了改进教育教学，而不是为了对教师做出评价。

（三）真爱行动，创新育人

围绕学校的育人目标，在德育实施过程中，我校强调研究“真”的问题，真的解决问题。

1. 真光之爱，博大精深

真光特殊的文化氛围和特有的文化积淀以及特别的文化素养，形成了真光教师的品牌。坚持“一个方向、两个重点、三种风气、四高素质、五自意识、六种精神”的方针。“一个方向”是把握教育教学改革方向，实施新课程标准；“两个重点”是抓师德、师能建设，使教师具有高尚的道德情操、高品位思想修养、较高的业务能力、娴熟的教学技巧和现代教学手段运用能力，以及对学生发展性评价能力；“三种风气”是学习之风、团结之风、实干之风；“四高素质”是高品位、高学历、高能力、高成效；“五自意识”是自律、自信、自尊、自强、自创；“六种精神”是终身从教的敬业精神、勇于改革的创新精神、共同进步的协作精神、爱生如子的园丁精神、奋发向上的拼搏精神、不计得失的奉献精神。

2. 真光之行，大德无形

“尔乃世之光”是校训，是信念，更是一种激励。学校开展“三爱”“四J”“五大道德底线”“六大节日”活动，建立起多层次、多渠道、全方位的德育工作网络体系。“三爱”即“爱国、爱校、自爱”。“四J”即“敬能养德、静能生慧、净能健康、竞能发展”。“五大道德底线”即“一是以‘爱自己的母亲’为主题，立足爱的底线；二是开展‘学会学习，学会共处，学会做事，学会做人’的实践活动，守住做人底线；三是抓紧、抓实‘纪律、卫生、早读、午休、晚自习’等一日常规工作，夯实行为规范的底线；四是重点关注‘早恋、偷盗、安全’等问题，严守生理、心理健康底线；五是开展‘荣誉、信仰、精神’教育激励活动，确立精神底线”。“六大节日”即“环保节（3月）、读书节（4月）、科技节（5月）、体育节（10月）、英语节（11月）、艺术节（12月）”。

3. 真光创造，大业有声

早在20世纪30年代，学校就提出了“四H”教育和“创造建设”精神。真光中学在继承传统的基础上，创造性地发展了创造文化，促进学校发展。学校以实施新课程标准为契机，坚持走“国家课程校本化”的道路，在创造性的教学设计中体现学校“以人为本”的爱生观念。校本课程特色化，学校编辑出版“爱校、爱环境、爱学习”的校本教材近30种。

4. 真光社团，有声有色

广州市真光中学学生社团分为四大类，在团委正式登记注册为50个，其中学科知识类型13个，占26%；社会科学型11个，占22%；艺术熏陶型14个，占28%；体育健身型12个，占24%。参加社团人数占全部在校生人数80%以上。社团组织结构如下：

学科类社团：业余党校、晨曦文学社、数学奥赛训练营、物理奥赛训练营、化学奥赛训练营、天使英语俱乐部、动植物研究学会、辩论队、有间珍藏社、皓星天文社、信息技术协会、科技创作协会、OM 头脑奥赛训练营，共 13 个。

社科类社团：国旗班、新绿亚运小记者站、电视台、电台、义务图书馆员协会、红十字会、爱心社—志愿者服务队、巧灵家政坊、出版社、奇幻魔方社、阳光礼仪学会，共 11 个。

艺术类社团：祈祭动漫协会、DA 街舞队、Yoga－Yoga 瑜伽社、舞蹈队、挥毫书画社、聆韵器乐协会、云雀合唱团、艺翔棋艺社、天蓝剧团、意境摄影社、赏析影评社、百变折纸社、Battle Beat Box 口技社、真茗茶艺轩，共 14 个。

体育类社团：跆拳道协会、中华武术社、网球协会、游泳队、羽毛球俱乐部、田径队、男子篮球队、女子篮球队、足球俱乐部、飞雄醒狮队、双节棍联盟、乒乓球队，共 12 个。

真光中学学生社团保持了良好的发展态势，学生社团的数量、人数不断发展壮大，开展了丰富多彩的社团活动，呈现出百花齐放、百家争鸣的新局面，团结、活泼、健康向上的真光校园社团文化氛围日渐浓郁，成为真光园最亮丽的风景线。

六、任重道远，真爱之困

（1）在市场经济和社会大环境下，个别教师的世界观、人生观和价值观发生改变，职业倦怠的程度和范围呈上升趋势，学校的活力，有下降的势头，制约着学校的可持续发展。

（2）虽然我对学校的德育现状做过深入的调研，有过分层目标的尝试，并对学校的诸多活动进行变革，由过去的“纯活动”改变为体验式的教育。德育课程和校本也已全面启动，并取得不错的效果。从学校问题出发，省级课题“真光德育校本研究”和国家级课题“诚信为本，求真创新”都已进入中期验收阶段，德育示范也在省内外都有一定的影响。但真光德育的顶层设计还不够科学与系统，还未真正形成完整的、科学的德育体系，制约学校的德育向更高层次发展。

爱是教育的生命线，是教师职业道德的核心，是教育的源泉和动力，是教育的润滑剂、催化剂、黏合剂。有爱，才有投入，才有奉献。要爱得真诚、具体、深远、公正，爱得让学生信服。

不爱学生的教师不是一个好教师，教师的爱是人间最博大、最深厚、最纯洁、最无私的爱。教育需要爱，也要培养爱。没有爱的教育是死亡的教育，不能培养爱的教育是失败的教育。

教师要做到热爱学生并不困难，困难的是使学生体会、理解、接受这种爱。最好的教育方法、最好的教育艺术，都产生于教师对学生无比炽热的心灵中。

参考文献

［1］吴中辉：《“宽银幕”破解名校课改迷局》，《中国教育报》2012 年 10 月 29—31 日。

［2］刘海军、吴少清、董葳等：《王奚平对新时期学生社团的再认识与管理》，《东北电力学院学报》2003 年第 5 期。

［3］刘达中主编：《新课程教学改革十年回顾与前瞻》，广州：广州出版社 2012 年版。

［4］陈玉琨：《卓越校长的追求：陈玉琨教育评论集》，上海：华东师范大学出版社 2012 年版。

［5］陈玉琨主编：《教育：为了生命的幸福成长》，上海：华东师范大学出版社 2012 年版。

［6］沈玉顺主编：《走向优质教育：教育部中学校长培训中心精品讲座》，上海：华东师范大学出版社 2005 年版。

［7］沈茂德：《教育，真的不能简单：一位校长的教育叙事》，南京：南京师范大学出版社 2010 年版。

［8］亚米契斯著，夏丏尊译：《爱的教育》，北京：首都师范大学出版社 2014 年版。

［9］许慎撰，徐铉等校：《说文解字》，上海：上海古籍出版社 2007 年版。